U0888293

本书的出版得到以下资助：

2011 年中央财政支持地方高校发展专项资金项目“汉语言文学三维一体创新团队”（财教〔2012〕140 号）

广东省高等学校教学质量与教学改革工程项目“汉语言文字学课程教学团队”（粤财教〔2011〕473 号）

广东省普通高校人文社会科学研究基地重大项目“基础教育课程改革与教师专业成长研究（11JDXM88001）

广东省教育厅高等教育质量改革工程（粤教高函〔2012〕80 号）及湛江师范学院 2012 年度教学改革重点项目（ZSJG1207）“对外汉语专业课程体系整体优化与教学内容凸显特色的研究与实践”

湛江师范学院 2012 年度“对外汉语专业综合改革试点”项目（〔2012〕97 号）

汉语国际教育人才培养丛书

汉语国际教育研究

Studies in Teaching Chinese to Speakers of Other Languages

郑继娥　胡明亮　主编

Zheng Ji-e　Hu Mingliang

暨南大學出版社
JINAN UNIVERSITY PRESS

中国·广州

图书在版编目（CIP）数据

汉语国际教育研究／郑继娥，胡明亮主编. —广州：暨南大学出版社，2013.12
（汉语国际教育人才培养丛书）
ISBN 978-7-5668-0833-2

Ⅰ.①汉… Ⅱ.①郑…②胡… Ⅲ.①对外汉语教学—教学研究—文集
Ⅳ.①H195.3-53

中国版本图书馆 CIP 数据核字（2013）第 263369 号

出版发行：暨南大学出版社

地　址：中国广州暨南大学
电　话：总编室（8620）85221601
营销部（8620）85225284　85228291　85228292（邮购）
传　真：（8620）85221583（办公室）　85223774（营销部）
邮　编：510630
网　址：http：//www.jnupress.com　http：//press.jnu.edu.cn

排　版：弓设计
印　刷：佛山市浩文彩色印刷有限公司

开　本：787mm×1092mm　1/16
印　张：15.25
字　数：326 千
版　次：2013 年 12 月第 1 版
印　次：2013 年 12 月第 1 次
印　数：1—1000 册

定　价：35.00 元

序

我们国家的现代汉语对外教学算来也有近百年的历史了。1924 年，25 岁的老舍先生（当时叫舒庆春）赴伦敦大学东方学院执教汉语，还曾录制过“灵格风”的汉语教学唱片；1927 年，26 岁的魏建功先生赴朝鲜汉城京城大学，以《老残游记》为课本，既教授现代汉语，又传播中国文化；1939 年至 1942 年，萧乾先生也在伦敦大学东方学院教过 3 年左右的汉语。与此同时，国内许多重要城市，也曾开展过对外汉语的教学活动，但都是个别的、零星的，不成规模，未进体制。中华人民共和国成立之后，面向外国人的汉语教学被正式提上议事日程：清华大学于 1950 年开设了“东欧班”；外国留学生高等预备学校于 1962 年创立，并于 1964 年升格为北京语言学院，成为一所以对外汉语教学与研究为主要任务的高等学校。然而，对外汉语作为一个专业招收中国学生，学生毕业后从事对外汉语教学及其他工作，那还是“文化大革命”结束以后的事。

1981 年北京语言学院率先招收对外汉语专业本科生；1985 年，北京外国语学院、华东师范大学、上海外国语学院相继开设了这一专业，且为教育部“控制设点”的专业；2000 年以前，全国仅有 16 所高校开设对外汉语专业，2003 年也还只有 35 所高校设立此专业。此后随着国内外形势的变化和需要，国家放宽了对外汉语专业设置的限制，各省高校纷纷设立这一专业，遍地开花，争先恐后。迄今为止，全国约 300 所高校设有对外汉语本科专业，其中既有重点院校，也有普通高校和民办院校，招生人数每年已有 1.6 万人左右。同时，从 2007 年开始，“汉语国际教育硕士”专业也相继在全国数十所高校招生。

湛江师范学院的对外汉语教学活动也正是在这样的背景下开展的。2003 年开办了汉语言文学专业“对外汉语教学方向”，共招收两届学生 95 人。2004 年申报对外汉语专业并于 2005 年获得批准设立。经过十多年的努力，该专业已建成一支能满足对外汉语专业需要、结构合理、素质良好的师资队伍，并已初步形成良好的教学科研梯队。在专业建设方面，重视人才培养方案的调整、教学质量的提升、教材的优选精编、师资队伍的优化等，将教学研究与科研工作同等对待，激励教师参与教学改革，并动员和组织学生加入这一行列。这本论文集就是湛江师范学院的教师和学生们共同的教学研究成果，内容丰富，涉猎广泛。编者将其列为七大方面，我在拜读之后试述如下：

专业建设是对外汉语的立身之本。熊家良、黄高飞的《对外汉语专业“三型一化”人才培养模式改革初探》应对当前的形势、挑战和机遇，将宏观与微观结合，提出有必要配合国家与东盟发展的战略，打破传统的培养模式，进行专业改造，实现对外汉语专业学生由单一的对外汉语教育、教学师资培养模式向复合型人才培养模式的转变。郑继娥的《对外汉语（汉语国际教育）本科专业课程体系与教学内容凸显特色的研究》结合“三型一化”教学综合改革项目，对课程体系进行主辅结合、横纵联系的优化，并对语言、文学文化、教育类、辅修类课程的内容进行了有专业特色的细化。黄玉凤的《对外汉语专业学生对专业的认识及就业意向》以问卷调查的方式，根据其结果分别对实习生的专业素质要求和在校生的专业认同度及就业难的原因作了分析。尉万传的《汉语作为第二语言教学的两种形式刍议》从发展历史、教学范围和分布、教学对象、教学内容和教学目标、教材、师资、教学方法、教育背景和环境等方面比较了华文教育与对外汉语教学的异同，尤其强调了华文教育中的民族文化认同教育区别于对外汉语教育的特殊意义。

教学改革是专业建设的重中之重。郑继娥的《赴泰汉语实习教师的素质调查研究》强调了应从当地学习者、管理者以及实习教师的需求来考虑汉语教师素质的培养。梁晓明的《在3P教学框架下植入任务型教学理念》提出将新兴的任务型教学法植入传统的3P模式的教学框架，以便为学生创造更多使用汉语进行交流的机会，有效提高其口语交际能力。语言学概论是对外汉语专业的主干课程，陈宗林的《语言学概论课程教学方法的思考》立足于课堂教学，从五个方面有针对性地展开分析，以期对解决其难教难学的问题有所帮助。周东杰的《越南留学生汉语学习个案研究》以一名越南留学生为例，探讨动机、兴趣、学习方法和语言环境对汉语学习的影响，提出了一些令人深思的问题。

教材研究是专业建设的重要环节。郑军的《作为汉语教材的〈语言自迩集〉》从汉语教材编写的角度，细致探讨了一个多世纪以前英国人威妥玛的《语言自迩集》的科学价值。胡明亮的《对外汉语教材的语法问题》有感于教材的编写滞后于汉语本体研究，提出现在编写教材时，应充分吸收和利用汉语研究的成果，以弥补和纠正已有教材的不足。庄瑞华的《对外汉语综合课教材中的文化教学研究》着眼于文化因素、文化特点和文化导入等，从教材建设的角度把文化传播提上了议事日程。柏彩芹的《初级汉语综合课教材练习设计情况的考察》和江彩虹的《中级汉语口语教材中话题的编写问题》均从实际出发，抓住教材中的练习设计和话题编写来做文章，功夫下得较细。

在课堂教学方面，李玲的《越南中高级学生汉语词汇习得的偏误分析》、梁维玲的《对外汉字教学难教的原因与方法》、谭响芳的《对外汉语成语教学初探》、邓彩灵的《“上”和“下”的习惯用法比较及其教学策略》、甘楠的《泰国、越南初级汉语学习者语音教学方法探究》均为本科生的学位论文，它们分别从词汇、文字、成语、语法乃至语音的教学内容和教学方法等层面进行探讨。

网络与多媒体的发展为对外汉语教学注入了新的活力。尉万传的《网络时代的华文教育刍议》认为，充分利用网络中文资源，不仅可以缓解华文师资的紧缺现状，还能使优质华文教学资源实现网络共享，弥补教材供应的不足，一举多得。张鲁昌的《汉字的多媒体教学》认为多媒体作为一个重要的教学平台，在汉字的书写、讲解、练习以及文化展示等方面发挥了积极作用，意义非凡。罗东海的《对外汉语中高级电影课理论与方法的探讨》主要分析汉语电影教学对第二语言习得者在语音、词汇、文化习得等方面的影响，其原理和优势与我们平时观看英语原版电影以增强语言能力的动因是一样的。叶倩颖的《多媒体教具在少儿对外汉语教学中的运用研究》针对特殊对象的心理特征和习得规律，探讨了在不同教学环节和不同课型中使用多媒体的方式与技巧。

用比较的方法作跨文化研究无疑能够将教学引向深入。胡明亮的《汉英句法对比和语言教学》深入分析了汉语和英语句法形式中相对应的五种关系，以便在教学过程中更好地利用正迁移，减少负迁移。侯昌硕的《两岸汉语差异对海外华人教学的影响及对策》从语音、文字、词汇、语法、语用等多方面分析了大陆与台湾汉语的差异对海外华文教学的影响，并认为两岸应该携手合作，求同存异。庞纳敏的《汉日敬语比较研究》则从起源发展、划分类别、表现方式、使用语境等方面分析比较了汉日敬语的共性和差异。汤湘湘的《韩语汉字词在对韩汉语词汇教学中的作用》指出，对于同属“汉字文化圈”的中韩两国来说，韩语汉字词的大量存在无论是对中国人学韩语还是对韩国人学汉语都会有不同程度的干扰，因而正确理解和把握韩语汉字词和汉语词汇的异同，在对韩汉语教学中显得特别重要。

在汉语的应用研究方面，马显彬的《汉字字音频度动态统计与分析》具体统计了汉语各音素的使用频率，为对外汉语教学提供了重要的参考。郑军的《印尼棉兰华文牌匾语言调查分析》认为，牌匾语言既体现了中华传统文化特色，又具有当地华人特色，对其进行研究有助于了解海外华文的语言生活状况和海外华人的文化心理，也有助于国家语言政策的制定和汉语的传播与推广。张鲁昌的《跨文化交际中的不虞现象》指出不虞现象存在于文字、语音、语法、语义、语用等多个层面，分析了产生的原因及解决的办法，避免给言语交际造成障碍与不良后果，期望对对外汉语的教学也能有所启发。

进入新世纪以来，海外兴起了新一轮的“汉语热”，我们国家顺势提出了“汉语国际推广战略”，将汉语上升为国家软实力的重要组成部分，加大国际汉语师资的培训力度。这无形中也促成了“对外汉语”这门学科的诞生与迅速发展。湛江师范学院的对外汉语专业也正是在这样的大背景下建设和发展起来的。1988 年的全国第一次教学工作会议也曾明确提出，对外汉语教学是国家和民族的事业。从 1983 年算起，我国的对外汉语本科专业已经走过了近 30 年的发展历程，为对外汉语教学和汉语国际教育事业培养了大批专业人才，在汉语国际推广、中外文化交流等方面发挥了重要作用。随着世界范围内所谓“汉语热”的持续升温，到 2012 年年底，全世界已有 116 个国家建立了 430 多所孔子学院和 650 多个孔子课堂，成为汉语教学推广与中国文化传播的全球品牌和平台。另外还有数量众多的汉语培训机构。据教育部和国家语言文字工作委员会发布的《中国语言生活状况报告（2005）》显示，2005 年全球学习汉语的外国人有近4 000万，而从事对外汉语教学的教师则不足 4 万，师生比为1 000∶1。该报告还预测，到 2010 年时，全球学习汉语的人数将会达到 1 亿人，需要数百万从事对外汉语教学的教师。汉语教师的短缺现象在世界各国似乎普遍存在，在亚洲各国尤其突出。随着海外汉语教学的快速发展和学习汉语人数的急剧增加，海外汉语教师的供需矛盾似乎也日益突出。但奇怪的是，该专业目前就业的实际情况并不乐观。许多高校对外汉语专业毕业生的一次性就业率很低，有的甚至不足 40%；而找到工作的毕业生中，大部分从事的工作与所学专业不对口，转行的情况较多。全国目前能直接从事对外汉语教学工作的本科毕业生不到 10%，就连对外汉语专业的领军院校——北京语言大学对外汉语本科毕业生的专业对口就业率也不足 20%，甚至该专业的硕士研究生也出现了就业难问题。湛江师范学院的情况也不例外，从 2007 年算起，对外汉语专业毕业学生 412 人，平均就业率在 90% 左右，但是真正从事对外汉语教学的总共只有 30 来人，不到 8%，大多数都是到国内的中小学从事语文教学。

一方面是近乎天文数字的对外汉语师资的供不应求，另一方面却是毕业生的学用专业不对口。对外汉语专业招生生源似乎从来不缺，但毕业生的就业出口遭遇瓶颈，导致产生巨大的反差。问题到底在哪里呢？原因自然是各种各样的，诸如对形势分析预测的偏差、准入机制的过低与盲目上马、国家政策扶持力度不够、高校扩招引发的就业困难，以及专业特色的不够鲜明、来华留学学习汉语人数的不足、汉语国际推广机制的不够顺畅、志愿者的后顾之忧等，都可能影响到对口就业。我觉得与其一条道路走到黑，还不如多开辟一些渠道，以便取舍。

从对外汉语专业人才需求的多元化来看，其人才培养也应走多元化的道路。不要光是想当然地在意海外的“汉语热”，也要考虑外国人来华学语言的多种动机和需求层次，还要顾及国内涉外企事业单位对语言应用型人才的需求。因此，在专业共性的基础上，应该考虑在专业方向及课程设置上的多元化来适应毕业生就业或深造的需求，从而打破传统的培养模式，实现对外汉语专业学生由单一的对外汉语教育、教学师资培养模式向复合型人才培养模式的转变。其具体策略是采用“2+2”的培养模式，在第一、第二年加强学生基础素质的培养，着力培养学生的汉语、英语及一两门其他国家语言，开设中华才艺课；第三、第四年拓展学生素质，开设经济、商贸、文秘、法律等专业模块的课程。通过四年学习，学生既有扎实的语言文化基础，又懂得对外政治经济文化的相关知识。学生毕业后既可以在国内或海外从事对外汉语教学，也可以到国内涉外企业或外资企业以及国外企业从事经济贸易、文秘翻译、文化旅游等相关领域的工作，打破对外汉语专业就业难的局面。这就要求我们系统构建培养模式，扎实推进课程（群）建设，改革教学内容和教学方法，强化实践教学和创业教育，形成较为完善的专业培养方案，即构建汉语、外语、文化、经济、教育等学科知识结构，掌握语言、文化、经济、教育等应用技能，注重研究型教学模式的建设及创新创业精神的培养，形成国际化视野与竞争力。以此推动探索适应经济全球化背景下的“三型一化”的对外汉语人才培养模式，凸显应用型、复合型、创新型、国际化之人才特点。为对外汉语专业办学模式的纾困解危和对外文化交流贡献自己的力量。我想这也是师生们共同出版这本论文集的目的之一！

熊家良

2013 年 10 月

目 录

专业建设

对外汉语专业“三型一化”人才培养模式改革初探

熊家良　黄高飞*

摘　要：近年来，对外汉语专业存在学校布点多，就业竞争激烈，学生知识结构单一，就业专业不对口，专业设置雷同、缺乏特色等情况。本文在充分调查、分析的基础上，提出了对外汉语人才培养模式改革的设想，试图通过重塑“三型一化”人才，创新课程体系，改革人才培养方式，提高人才培养质量，为地方高校对外汉语专业的建设和改革提供参考。

关键词：人才培养模式；对外汉语；“三型一化”；改革

一、对外汉语专业人才培养模式改革的背景

（一）面临的形势

1. 专业布点过多，就业竞争激烈

对外汉语专业于20世纪80年代初开始设立，迄今已近30年了。全国设立该专业的高校最初只有8所，据不完全统计，目前已经发展到196所，仅广东省设立该专业的高校就有18所。最近几年，全国对外汉语专业每年毕业的本科生接近6 000人，数字相当可观。而从1991年开始，国家汉办实施对外汉语教师资格考试，截至2009年全国获得该资格证书的还不到5 000人，而总计派到国外孔子学院的志愿者也才3 400多人。该专业毕业生到国外任教的基本条件就是要拥有资格证书。据国家汉办公布的消息，对外汉语教师资格证书将停考两年。鉴于此，对外汉语专业本来已经日益严峻的就业问题将会雪上加霜。

2. 知识结构单一，工作用非所学

对外汉语专业的课程设置主要集中在汉语、中国文化概论、对外汉语教学法、外

---

* 熊家良，博士，湛江师范学院人文学院教授，2008—2012年担任人文学院院长，主要研究方向为中国现当代文学和教育管理学。黄高飞，暨南大学博士研究生，湛江师范学院人文学院讲师，主要研究方向为古代汉语和方言学。

国文化概论和一两门外语的范围之内。这造成了该专业的学生知识结构单一、知识视野狭窄的局面。与汉语言文学专业的学生比较，他们的中文素养明显不足；与外语专业的学生比较，他们的外语能力与之差距不小。因而，对外汉语专业的学生在就业方面相当被动。调查资料显示，对外汉语专业的一次就业率普遍较低，很多高校甚至不到40%。安博教育集团与清华大学合作的《2008 专业景气度调查报告》显示，对外汉语就业专业对口率更是不到 10%，90% 以上的学生从事的是与自己专业无关的工作。这无疑造成了国家教育资源的严重浪费。

3. 目标定位雷同，培养缺乏特色

大多数高校把对外汉语专业人才培养目标定位为："培养具备对外汉语专业基础知识与专业技能，通晓中外语言（英语、韩语、日语等）、文化与礼仪，具备对外汉语教学能力，能在国内外从事对外汉语教学工作的高级应用型人才。"培养目标决定办学定位，但是，全国高校的对外汉语专业并没有很明显的特色，只是这个学校的师资实力强一些，那个学校的地缘优势明显一些而已。专业人才培养目标定位雷同的情况比较严重。

4. 改革步伐较慢，专业前景堪忧

近几年，关于对外汉语专业人才的培养模式，部分高校的学者或管理者已经进行了一些探索和研究。例如，2005 年绍兴文理学院的校级教改项目"对外汉语专业人才培养模式研究"，2008 年浙江省新世纪高等教育教学改革研究项目"国际化背景下对外汉语人才培养模式的研究与实践"，2008 年红河学院校级教改项目"对外汉语专业应用型人才培养的立体化实践教学体系研究与实践"等。这些研究都抓住了对外汉语专业人才培养的主要问题，并且具有较为鲜明的区域色彩。然而，这些探索还相对比较保守，虽然提出了在专业的基础上加上文化、经济等课程，但是这些课程所占比例很低，有的只以讲座的形式开课，学生能否真正掌握相关知识，还有待观察。而到目前为止，还没有发现广东省其他高校对该问题展开过相关的研究。

当把目光从全国收回到本校，我们也会发现存在同样的问题。湛江师范学院的对外汉语专业在 2003 年作为汉语言文学专业的一个方向设立，2005 年作为独立专业招生，2009 年获得学士学位授予权，2007 年起，由非师范专业调整为师范专业，目前已有四届毕业生，但是，真正到国外或在国内担任对外汉语教师的总人数还没有突破两位数，大多数毕业生在广东省内中小学当语文老师，与中文专业的毕业生抢饭碗。双方都面临着巨大的就业压力。

（二）人才培养模式改革的机遇

1. 区域经济发展迅速，"两广"、"两南"独占一角

挑战往往与机遇并存。与国内、省内高校争夺欧美、日韩市场相比，湛江师范学院对外汉语专业自然没有多少优势可言。但是湛江地处北部湾的东北部，背靠珠三

角，面向东南亚，这就为对外汉语专业改造提供了很好的条件和契机。长期以来，东盟是我国的第四大贸易伙伴，从2010年1月1日起，中国与东盟十国成立了自由贸易区，中国与东盟的经济、政治、文化交流将会空前繁荣。有专家指出，这是全球近几十年来最值得期待的经济区。目前，国家的政策也偏向于“两南”（云南、海南）和“两广”（广东、广西），尽管“两南”和广西与东盟的一些国家有地缘上的优势，但是这四区中，广东的制造业最发达，因而广东的优势最明显。2010年1月4日，广东省政府已经举行了“走进东盟”动员大会，采取政策，推动企业到东盟投资。为了配合这一局面，国家已在湛江选定新址，准备建设粤西国际机场，届时湛江将会变成广东参与北部湾开发、与东盟贸易的桥头堡和枢纽港。著名学者丁学良指出，中国企业到东盟国家发展的第一个挑战是专业人才缺乏。湛江师范学院的对外汉语专业应该抓住这个机会，打破专业发展的瓶颈。

2. 人才需求前景广阔，改革先机不可多得

近几年，广西、云南、海南已经启动了东盟人才培养计划。广西大学“中国—东盟自由贸易区复合型创业人才培养模式改革实验基地”获批国家2008年度创业教育类人才培养模式创新试验区；广西民族大学也在加快国际型人才的培养，广西壮族自治区政府拨款1亿元人民币建设“东盟学院”；云南师范大学获批云南省“面向东南亚跨国创业人才培养模式创新实验区”；云南省政府还将云南民族大学列为“云南省中国—东盟语言文化人才培养基地”；海南师范大学取得了国家汉办“东南亚汉语推广师资培训基地”1 500万元人民币资助等。然而，目前广东高校的对外汉语专业建设还在传统的人才培养模式框架内徘徊不前。中国与东盟的发展离不开广东，广东的全面发展离不开粤西，没有了湛江北部湾的发展也是不完整的；广西、海南和云南的高校不能够涵盖东盟所需人才的全部。因此，我们应该未雨绸缪，抢占先机，尽早尽快地进入与东盟对接的前沿阵地，促使广东加强对东盟及相关人才培养的重视。

3. 师范教育优势明显，专业改革基础较好

湛江师范学院的师范教育始于1904年，经过长时间的发展和积累，逐渐建设起教育学、文学、法学、经济学、历史学、理学、工学、农学、管理学九个学科门类。原有的师范专业基础厚实，培养的人才层次较高，毕业生扎根粤西，挺进珠三角，深入京、津、沪、宁、藏等地就业，被国内主流媒体誉为“粤西过江龙”和“援藏良驹”。2000年成为全国第一所通过教育部本科教学工作合格评估的师范院校，2007年以优秀等级通过教育部本科教学工作水平评估。

湛江师范学院人文学院师资力量雄厚，专业建设成果显著。2008年12月汉语言文学专业获评为第三批国家级特色专业建设点。学院一直重视人才培养模式的改革，并取得一批层次较高的成果。与省内和粤西地区相比，湛江师范学院的对外汉语专业的办学历史较长，2003年作为汉语言文学专业的一个方向设立，2005年作为独立专业招生，2009年获得学士学位授予权。对外汉语专业的专业建设和人才培养已经发展

得比较成熟，适合作为实验单位实施人才培养模式改革探索。

综上所述，我们认为，我们有必要对湛江师范学院的对外汉语专业进行改造，配合国家与东盟发展的战略，打破传统的培养模式，实现对外汉语专业学生由单一的对外汉语教育、教学师资培养模式向复合型人才培养模式的转变。其具体策略是：采用“2+2”的培养模式，在第一年和第二年加强学生基础素质的培养，着力培养学生的汉语、英语和一门东南亚国家语言，开设中华才艺课；第三年和第四年拓展学生素质，开设经济、商贸、文秘、法律等专业模块课程。四年的学习可以让学生既有扎实的语言文化基础，又懂得对外政治、经济、文化的相关知识。学生毕业后既可以到东南亚国家从事对外汉语教学，也可以到东盟国家以及国内东南亚资企业从事经济贸易等相关领域的工作，打破对外汉语专业就业难的局面。同时，也可以为省内、国内高校对外汉语专业办学模式纾困解危提供经验。

一方面，当前国际化教育背景下的汉语为国内对外汉语专业的蓬勃发展提供了契机；另一方面，广东省及湛江市的有利地理位置、经济发展水平与对外经济文化交流程度都使得国际化人才需求旺盛，这些为我们探索新的对外汉语专业人才模式提供了有利条件。

二、重塑“三型一化”人才培养目标，创新主辅结合课程体系

（一）重塑培养目标，定位“三型一化”

如前所述，培养目标雷同，人才培养缺乏特色，这是对外汉语专业目前存在问题的症结；培养目标决定课程设置，课程设置影响学生的知识结构，知识结构影响学生的就业竞争力。因而，解决对外汉语专业人才培养与社会需求的矛盾，提高该专业毕业生就业的专业对口率，实现教育资源合理、有效配置的前提是重新确定人才培养的目标。在国际化背景下，我们将人才培养的目标定位为“三型一化”，即应用型、复合型、创新型和国际化人才。

1.“三型一化”的内涵与依据

具体而言，应用型指注重培养学生掌握汉语、英语、东南亚国家语言、文化、经济、教育等学科中的相关应用技能；复合型指整合优势资源，构建学生汉语、外语、文化、经济、法律、教育等学科知识结构；创新型指教学过程中注重教师的研究性教学，关注学生创新精神与创业能力培养；国际化指通过教学语言国际化、教学内容国际化、教师资源国际化、服务对象国际化等来形成学生的国际化视野与国际化竞争力。

我们认为，实现“三型一化”的人才培养目标有以下现实依据：应用型人才是高等教育由精英教育向大众化教育转变的产物，是社会经济发展的要求；当今社会的重

大特征是学科交叉，知识融合，技术集成，因而具备复合知识、复合能力，对本专业精通、对旁涉的知识和技术也能融会贯通的人才将是今后人才培养的主要方向；“创新是一个民族进步的灵魂，是国家兴旺发达的不竭动力”，加强自主创新，建设创新型国家，关键是人才，重点是创新型人才。随着互联网的发展，我们所处的时代，全球化的速度比任何一个时代都更快，对外汉语的关键词是“对外”，因而脱离国际化的理念来谈人才培养是不全面的，也是不实际的。

2. “三型一化”的知识与能力要求

“三型一化”人才的培养，有两个方面的基本要求，一是知识储备；二是综合能力。

“三型一化”人才要求掌握古今汉语的相关知识，熟悉西方和东南亚的语言；掌握中国文化的相关知识，熟悉西方和东南亚相关文化；掌握对外汉语专业的知识构架，了解教育学、法律、经济等专业的相关知识。

能力要求包括：①双语能力。能说比较标准的普通话，较流利的英语和最少一种东南亚语，掌握英—汉、汉—东南亚语的写作和翻译技巧，能够胜任日常生活中的文字工作和简单的翻译工作。②实践能力。学生能够将学到的知识应用到工作上，可以胜任教学，可以利用学到的法律和经济知识处理对外事务的相关问题。③科学研究能力。对专业相关领域有一定的认识，有问题意识，并能对问题进行深入的探究。这是区别于技术人才的更高的能力。

鉴于此，我们需要在课程体系、课程教学和实践环节进行相关的改革。

（二）创新课程体系，突显主辅结合

对外汉语专业课程体系的总体特点是：语言课处于核心位置，具体体现为中英双语及部分东南亚国家语言的强化，同时辅以中外文学文化教学和经贸类知识教学，在课程设置时要作全盘的把握，突出课程的主辅地位。

1. 汉语为主，英语与东南亚语为辅的语言课程

对汉语、英语、越南语、泰语、印尼语等的设置，要充分考虑这个课程群的性质和特点，汉语是专业的支撑，英语是现今通用的国际语言，这两者在教学中要强化；东南亚语（部分东南亚国家的语言）为专业辅助，要求掌握基本的生活用语和专业术语，便于教学和工作即可。在汉语、英语、东南亚语的支点上应适当倾向于汉语类课程的教学，强调其他语言学习归根到底也是为传播汉语和汉文化服务，因此在教学中应引导学生充分认识汉语知识在教学实践中的重要地位。

2. 中国文化为主，西方文化与东南亚文化为辅的文化课程

加强中外文化相关内容的比重，注重中外文化知识的学习与应用能力的培养。中国文化是对外汉语教学的主要内容之一，西方文化和东南亚文化是教学的参照点，是为将来在国外更好地进行教学工作的知识储备。因此，课程设置以中国文化为主，西

方文化和东南亚文化为辅。在语言和文化的关系问题上也应端正认识，避免过分强调文化教学、忽视语言技能的倾向。

3. 口语技能为主，翻译与写作技能为辅的技能课程

国际化人才，除了具备一定的专业素养之外，语言能力是最基本的要求。因而技能课程设置的原则要以口语技能为主，以翻译与写作技能为辅。独立开设普通话语音，英语听说课程和东南亚语的基础课程，加大课时量，实施双语教学；翻译和写作课程也非常重要，其辅助性主要体现在课时量相对少一些。

4. 教育研究能力为主，创作与学术研究能力为辅的研创课程

对外汉语是一门实践性较强的学科，但是并不意味着学术研究与之无缘。对外汉语面对的对象是外国人，对外汉语教育理论、语言习得、文化比较等方面还有很大的研究空间。因而要重视学生科研能力和创新能力的培养。在三年级和四年级开设“对外汉语教学法”、“对外汉语专业教学语法”等教育研究类课程，提高学生教学研究的能力；同时以选修课或者讲座的形式开设创作和学术研究的相关课程。

5. 对外汉语专业为主，经济、法律、教育等为辅修专业的主辅修制

我们把经济、法律、教育等课程引进对外汉语课程体系，但是也要有所侧重。对外汉语具备它的专业品格，课程设置要以之为主，增开经济、法律、教育等课程，突出实用性，主要是要适应中国社会经济文化国际化之需，因而以选修、讲座为主。

（三）加强纵横结合，优化课程体系

就课程联系而言，课程的纵向联系，是指每门课程的阶段联系；课程的横向联系，则指同一阶段各门课程之间的联系。把横向课程和纵向课程有机结合起来，根据侧重点，优化课程体系。

1. 横向课程体系

从横向的角度看，对外汉语的课程分为语言模块、文化模块、技能模块、研创模块、专业方向模块、辅修模块六个模块，每个模块通过辅修模块串联起来，做到主次分明；技能模块培养应用能力；研创能力提升创新思维。

2. 纵向课程体系

从纵向的角度看，纵向课程体系强调各个模块的连续性。在本科四年时间里，每门课程每个学期都有相关的内容要学习，做到语言不断线、文化不断线、技能训练不断线、研创不断线。例如，进行四年不断线的英语语言教育，开设英语听说、英语阅读、英语写作、英汉翻译、英语口译等课程，以保证英语教育的连贯性；在各个阶段开设双语课程，也可以在保证提高英语能力的前提下，打通语言课和文化课之间的壁垒，使之有机结合；细化现代汉语课，每个学期通过选修课的形式独立开设普通话语音、现代汉语词汇、现代汉语语法、现代汉语修辞、汉字学等课程，培养对外汉语教师应有的汉语素养。

（四）加快教材建设，提供优质资源

选用适合我校对外汉语专业培养目标的优秀教材，适时举行教材听证会，选择优质教材；编写面向留学生和对外汉语专业学生的教材，如留学生用《商务汉语》、《旅游汉语》、《经贸汉语》、《涉外文秘》、《话题交际》等，对外汉语专业学生用《古代汉语》、《普通话语音》、《现代汉语词汇》、《汉字学》、《对外汉语实用语法》、《中外文化概论》等，探索适合本校特色的教学新路。编写辅助教材和配套练习，扩充知识面，深化知识点，形成知识链。

课程是构成专业培养计划的基本单元，是教学活动的基础。它是体现培养规格的基本要素，也是向学生传授知识、培养能力、提高素质的主要途径，是提高教育质量的关键所在。加强课程建设、提高教学质量，就能促进教学内容和课程体系、师资队伍及教学条件的全面建设，提高学校的办学水平。因此，对外汉语专业也需要大力加强精品课程建设，通过教学名师的培养、教学专家的理论指导和示范授课，全面提高对外汉语教学水平，最终实现课程质量的提高。

三、改革人才培养模式，提高人才培养质量

“三型一化”人才培养目标的实现，课程体系是基础，人才培养模式是保证。只有与人才培养目标相适应的培养模式才能保证人才质量。

（一）加强通识教育，促进学生多向发展

综观对外汉语专业毕业生就业的现状，其就业专业不对口，很大程度上是由知识结构单一造成的。为此，我们要加强通识教育，促进学生的多向发展。“三型”之一的复合型人才的培养也主要通过通识教育来提升。在具备专且精的专业知识的基础上，选修一些经济、法律、管理领域的课程；参加一些自然科学、人文学科的讲座；精通一两门中华才艺，掌握书法、舞蹈、乐器演奏的表演、操作技巧。这些都能使学生的知识面广博、视野广阔、人格阳光、发展后劲足、潜力大。

（二）加强合作培养，强化学生的实践应用能力培养

一是“交换”留学。客观地说，湛江师范学院有着较好的教育国际化氛围，已与泰国、越南、印度尼西亚等多个国家的高校建立合作互派关系，正待开展“3+1”、“1+3”等国际教育合作项目。对外汉语专业可以充分利用这一有利条件，争取到国外“交换”学习，以适应国际化要求。

二是语言“结对”。湛江师范学院现有来自泰国、越南、韩国、美国、加拿大的留学生，有较丰富的留学生资源，为了提高外国留学生的语言文化水平，采取中外学

生“语言结对”的方式，可以促进双方交际能力的提高，获得双赢效果。

三是校企“联姻”。湛江地处北部湾，背靠珠三角，面向东南亚，是广东在中国—东盟自由贸易区的“桥头堡”，将会陆续有“正大”集团等东南亚国家企业来此落户。我们应该采取走出去、请进来的方式，与企业挂钩，建立留学生实习基地，促使产学研结合，提高学生的实践能力，为应用型人才的培养创造良好的条件。

（三）改革课堂教学方式，增强课堂教学效果

1. 针对语言课的特点，加强双语教学

相对于对外汉语教学而言，汉语是目标语言，要完成知识和信息的传递，往往需要借助媒介语。掌握一定的媒介语对对外汉语专业的学生来说有很大的好处。将来到涉外部门和外资企业工作，流利的英语和东南亚语言，将会大大提升他们的竞争力。在每个阶段给对外汉语专业配专业外教的同时，鼓励本校教师在授课时也用双语，营造双语的氛围。此外，可以利用留学生来校学习，在学生结对单独辅导时使用双语教学。

2. 针对文化课的特点，发挥多媒体教学手段的作用

在教学过程中应改变传统的单一讲授方法，强调学生自主学习。教师要善于启发总结，讲练结合，突出重点；积极进行教学手段的改革，通过多媒体和网络等现代化手段丰富教学内容、提高教学效果。

3. 针对技能课的特点，加强课堂互动

通过教师与学生全方位参与课堂教学过程，实现参与主体认知和情感等多方面和谐、主动、全面发展。根据所授课程的实际特点，在课堂教学中加以创造性地应用和发展，使课堂真正互动起来，切实提升教学水平，保证教学质量，提高学生灵活运用知识解决实际问题的能力。

（四）研创学一体化，培养学生的研创能力

1. 网络教学与博客平台

积极拓展网络教学空间，鼓励教师建设精品课程网站和博客教学平台，为学生的自主学习和研究提供丰富的资料和最新的信息。

2. 实施导师制，师生合作研创

依托导师制的平台，让学生在教师的指导下开展科研活动；鼓励教师进行对外汉语教学本体研究和应用研究，以成果推动教学。鼓励教师积极争取科研项目，参照校级科研项目的要求，引导学生参与，为学生的科研能力培养提供平台。

3. 三个课堂结合，研创贯穿其中

第一、第二和第三课堂紧密结合，引导学生进行研究性学习，培养其自主创新能力，改变传统的以单一的卷面形式进行评价的方法，采用多种形式对学生的实际能力

进行考核评价。

（五）鼓励技能考证，提升学生的技能水平

目前，考核学生能力的凭证和物化指标是相关证书的取得。在职场环境中，获得相应的专业证书越多，优势越明显。“三型一化”人才是否达到要求，除了实际的能力之外，主要参考相关的证书。英语四六级证书、普通话等级证书、对外汉语教师资格证书和计算机水平证书要达到国家相应的要求。

技能考证的过程，实际也是一个提升个人技能水平的过程。投入了大量的时间和精力，对相关的问题就会有所了解，同时操作能力也会有极大的提高。为此，我们要加强考证辅导，在提高考证通过率的同时，提升学生的技能水平。

四、小　结

综上所述，对外汉语“三型一化”人才培养模式的改革切中对外汉语专业目前人才培养与社会需求不协调的要害，这也是全国大多数院校对外汉语专业面临的困境。具体来说，我们就是要抓住学校地处北部湾中心的地缘优势，抓住我国与东盟建立自由贸易区的契机，突破对外汉语专业传统的培养模式的框架，把东南亚小语种作为必备语言能力，把经济、文化、商贸和法律等课程引进培养计划，与云南、广西、海南等省区的高校人才培养优势互补，按照国际化背景下对外汉语人才素质要求，依托粤西地区社会经济文化特点，调查全国高等院校对外汉语专业培养方案及设置特点，比较不同学校地域分布、办学历史、资源分配以及学校的定位取向等差异，根据湛江师范学院自身的学科特点，系统构建并实施国际化背景下人才培养新模式，扎实推进课程（群）建设，改革教学内容和教学方法，强化实践教学和创业教育，形成较为完善的专业培养方案，以此推动广东省对外汉语人才培养模式之研究，为广东及国内其他高校培养应用型、复合型、创新型、国际化人才提供借鉴，为粤西的经济发展和对外文化交流贡献力量。

参考文献

[1] 安博教育集团，清华大学. 2008 专业景气度调查报告 [EB/OL]. http://www.docin.com/p-60201077.html.

[2] 湛江筹建粤西国际机场，原机场或迁址吴川 (N). 南方都市报，2010-02-10.

[3] 广东举行“走进东盟”动员大会，推动企业下南洋 [EB/OL]. 中国新闻网，http://www.chinanews.com.cn/cj/cj-gncj/news/2010/01-05/2053333.shtml.

[4] 丁学良. 抓住六百年来最大的机遇 [EB/OL]. 南方网，http://view.news.qq.com/a/20081012/ /000012_1.html.

对外汉语（汉语国际教育）本科专业课程体系与教学内容凸显特色的研究

郑继娥*

摘　要：汉语国际教育专业课程体系是对外汉语专业的继承和发展。结合“三型一化”对外汉语专业教学综合改革项目，在对其课程体系进行主辅结合、横纵联系的优化基础上，对语言、文学文化、教育类、辅修类课程的内容进行专业特色的细化，主要是实现培养国际汉语教育优秀师资、中外文化优秀交流人才的目标。

关键词：课程体系；教学内容；专业特色

一、汉语国际教育专业课程体系的现状和研究意义

我国对外汉语专业从1985年开设本科专业，2012年底全国有342所高等院校设此专业。教育部为贯彻落实教育规划纲要提出的要适应国家和区域经济社会发展需要，建立动态调整机制，不断优化学科专业结构的要求，在《普通高等学校本科专业目录（2012年）》中，把对外汉语专业改为“国际汉语教育专业”。新的专业名称更加符合国际汉语教学的大环境，也与汉语国际教育硕士研究生相衔接。名称变了，但专业培养方案与课程设置还基本一致。

2008年、2010年分别召开的全国对外汉语专业建设研讨会表明很多高校已经从人才培养的定位、性质、方案、课程设置等方面进行探讨改革。已有教师从自己上课的经验出发，对本专业的英语教学（黄河，2010：123～129）等个别课程作了思考[2]，2013年的全国对外汉语专业研讨会上，更多的教师关注具体某门课程的专业特色，如傅思泉（2013）对现代汉语的语音、汉字部分提出对外汉语视角的考虑[3]，连晓霞（2013）[4]、童小娥（2013）[5]对现代汉语特色教材的编写提出自己的看法，林源（2013）对古代汉语的思考等[6]，都说明任课教师已经意识到在基础课程中凸显对外汉语专业特色的必要，这些对本课题的研究有很大的借鉴作用，但都囿于其本校的

* 郑继娥，博士，湛江师范学院人文学院副教授，主要研究方向为对外汉语教学和古汉语语法。

条件，没有从体系上探讨课程内容的配套和衔接，也未对专业所涉及的内容进行细化。

我校地处湛江，是广东面向东南亚发展的“桥头堡”，依据生源以广东省为主，学生考研少、只希望早日就地工作的现实情况，配合国家的东盟发展战略，2010 年我校提出以“三型一化”为主的人才培养模式改革方案（熊家良、黄高飞，2010），即语言文学等知识的复合型，教学、翻译技能的应用型，关注学生能力的创新型，以及教学内容、服务对象、教师资源的国际化等。我校从 2011 级开始采用“2 + 2”培养模式，在第一、第二年加强学生基础素质的培养，着力培养学生的汉语、英语和一门东南亚国家语言，开设中华才艺课；第三、第四年拓展学生素质，除了语言、教学法等类课程，增开经济、商贸、文秘、法律等专业模块课程予以分流。课程设置上创建了主辅结合的课程体系，即汉语为主，英语与东南亚语为辅的语言课程；中国文化为主，西方文化与东南亚文化为辅的文化课程；口语技能为主，翻译与写作技能为辅的技能课程；教育研究能力为主，创作与学术研究为辅的研创课程；对外汉语专业为主，经济、法律、教育为辅修专业的主辅修制。讲究语言模块、文化模块、技能模块、研创模块、专业模块与辅修模块主次分明，强调每个模块在大学四个年级的衔接性。[1]

但课程如何合理设置，每门课如何凸显本专业特色，综合改革还没具体谈到。这样在实际教学中，任课教师对专业基础课、辅修课程的专业特色不明确，也不了解汉语国际教育专业的培养目标与改革方向，于是不能围绕该专业知识和技能要求进行更切合的教学，内容不能真正切合专业需要，也很难满足国际化背景下社会对人才的要求。因此，有必要在总结以前对外汉语专业经验的基础上进一步细化国际汉语教育专业的课程。为配合我校对外汉语（现在的国际汉语教育）专业“三型一化”的综合改革，本文拟对专业课程群及其内容作出切合专业的细化研究。

全面总结对外汉语专业课程，对新时期汉语国际教育专业的课程进行细化具有很深的意义和价值。第一，可使对外汉语专业任课教师明确专业方向和要求。教师在备课、讲课中能结合对外汉语的专业要求进行。第二，使对外汉语专业的学生从不同的课程中了解专业的特点，抓住重点，从基础课、核心课中尽早地熟悉专业特点和要求。第三，可使编选的教材更加符合本专业学生。因此，在进一步优化课程体系的基础上细化教学内容，有利于提高教学质量，有利于学生了解专业特色，促进教学内容、师资队伍及教学条件的全面建设。

二、课程体系的细化

我们对专业课程和专业拓展课程从对外汉语人才培养目标所需的知识结构、能力结构以及技能结构出发，依照《国际汉语教师标准》分析出共性与对外汉语特性，并确定成文，写进教学大纲。先对各类课程的专业特色进行总结，并作如下概述。

（一）语言类课程

现代汉语课程是本专业学习的重点基础课程，是汉语国际教育本科专业学生从事教学时的客体和材料。如果基础知识学不好，就会影响学习者语言教学的能力。该课程除了课时跟普通中文专业的一样，设置2学期，每学期3课时。在此基础上，我们还按照语音、汉字、词汇、语法、修辞、语用设置专业选修课程，从第二学年开始每学期1门。这些选修课不仅要扩大、加深原先的知识体系，还要适当加入留学生学习的偏误，使学生在学习中把专业知识和教学技能融汇在一起，了解外国学生的常见问题，以期在实习和未来的教学中能预见偏误、防止偏误。也有人主张就在3课时的现代汉语课进行四要素教学法[6]。我们认为现代汉语本体知识已经非常丰富，能够指出一些偏误，引起注意已经达到目的，如果讲怎么教，则有点喧宾夺主。

古代汉语是我们现代汉语的源头，知古才能更好地理解今天的汉语知识。古代汉语课程相对来说比较难，有的人建议用学外语的方法学习它，说明古今的差异较大。古代汉语课程所设课时跟中文系一样，但教师如果能重点讲授古今同用的常用字词和句式，讲清楚常用字形、字义的联系，重视古今词义发展变化的联系，加强古今对比，将会对学生理解、解释以及扩展现代汉语词汇有很大的帮助。汉语国际教学中的语素教学法就是以常用字为核心，懂得字形、字义，对以此字形成的复合词词义的理解很有帮助。如“城”原来指城墙，“长城”就是长长的墙，是秦汉以来为防御北方少数民族的南下掳掠而建的，后来意思不明显了，又增加了“墙”形成“城墙”。以“城”为中心，可以组成城市、城墙、城管，或者长城、围城等。

语言学概论课程是语言学理论课，不仅介绍语言学基本概念和理论，还阐述语言一般现象及发展规律。它不仅是学习语言类课程的入门课程，也是进行深入研究的理论依据，对于其他课程的学习不仅具有奠基作用，而且具有指导价值。抓住世界语言的共同规律、特点讲解，同时也可以结合本专业学生实习、就业将去的国家的语言进行举例说明，让学生了解就业国的语言特点，这会使他们更加有兴趣。如我校学生的实习是去泰国中小学任教，就需要任课教师对泰语有所了解，在语言学概论课程中举出一些语音的对比，语法的对比等。

外语类课程方面，我们连续7个学期都开设了不同的英语课程，力图在不同阶段突出训练一种技能。大量英语课程的目标是培养学生熟练的听说译能力，适应在不同国家进行工作、生活的沟通交际需求。

综合英语课程开设4个学期，原来要求使用英语专业的《基础英语》，考虑到我校学生对口就业的国家主要在印度尼西亚、泰国、越南等东南亚国家，这些国家中小学学生的英语水平还不足以听懂带有中国口音英语的讲解，英语在实际教学中应用不大等情况，现在我们把英语课纳入非英语专业体系，使用的是《新视野大学英语》，不再一味追求与外语系相同的课本。这样降低了英语难度，把学生的精力放到英语基础知识和基本技能的训练上，加强听说能力。同时专门开设了由外教任教的口语课等专项技能课，其中口语课是将学生分成30人一班的小班，请外教来教。

除了培养基础英语写作能力外，英语写作还着重从教学出发，开设通知、便条、申请表、总结等实用性文体写作。汉英对比课程则从语言对比角度入手，引导学生选准对比范围，具体描述，比较异同。同时起到了方法论作用，为学生进行汉语和其他语言的对比提供借鉴，并树立语言对比意识，在教学中主动对比，找到学生学习的难点和重点。英汉翻译的重点突出介绍了中国的传统美德、传统文化。

东南亚国家小语种方面，我们开设了越南语、印尼语、泰国语，并要求每个学生至少选修一门，学习一年。小语种的教学重点在课堂用语和日常会话，不追求阅读和写作。如泰语课程的内容一定紧扣教学语言、课堂指令设计对话，在学习基本母音、子音、声调的基础上，对话都是学生赴泰国实习教学、生活所需的实用内容。

中国文化课、西方文化礼仪要求教师双语教学，使学生了解文化知识的同时，会用正确的英语术语，便于向外国学生介绍中国文化或者跟外国同事交流等。

（二）文学类、文化类课程

文学类课程的课时，除了现当代文学课程与中文系一样外，古代文学、外国文学普遍比中文系少，如古代文学仅开设2个学期，而中文系开设2年；外国文学仅开设1学期，中文系开设2学期。

中文系的文学课重在理清文学发展脉络，掌握不同文学史阶段的文学现象和文学成就，以此培养学生的文学批评和鉴赏能力。而对外汉语专业的文学课则应从文学的内部研究中走出来，适当加强文学史课程与语言课程、文化课程的联系。即教学内容应带领学生领略最精确、地道、优美的汉语；从文学中分析中国传统审美习惯、民族心理、思维方式等，拓宽并加深对文化的理解。这样处理，可以使文学、语言、文化融合为一个整体，从文学的角度理解语言和文化的魅力。

文化类课程有中国文化、西方礼仪以及跨文化交际3门，必修的是中国文化，选修的是后两门。通过双语教授中国文化、西方礼仪，要求学生用英语就相关的文化现象进行叙述和解释，有利于其以后在中外交流活动时担当传播中华优秀文化的重任。

（三）教育类课程

在教育学方面，我们除了公选课有教育学、心理学外，专业课还开设了对外汉语教学概论、教学法、语法教学等课程。随着国外学习汉语对象低龄化的趋势，我们又开设了中外中小学生教育对比概论、中小学管理等类似讲座的课程。同时在专业课的教学内容、教学方法上着力介绍针对中小学生的教学方法和技巧。

对外汉语教学法课程，原来我们是从语音、语法、词汇、汉字语言四要素，以及读、写、听、说四个技能入手分别介绍展示、讲解和操练。现在则增加了针对中小学生的游戏、儿歌等内容，也增加了如何管理课堂纪律的方法和技巧。

针对广东学生不愿出省，女学生居多且愿意当中小学语文教师的情况，我们开设了《中小学语文教学理论》和《中小学语文教学技能》课程，希望她们能熟悉对内的教学理论和方法，期待着积累教学经验后，再赴国外任教。

（四）中华才艺课程

在大学一年级我们开设了公选课程三笔字，除了基本的硬笔书法外，重要的是教授毛笔字软笔书法内容。软笔书法是中国的传统文化之一，也是硬笔书法的源头。而且书法课除了能有效提高学生书写汉字的能力，为将来从事对外汉语汉字教学奠定良好的基础外，还能培养他们的传统文化品格和艺术气质。至于太极、武术、剪纸、民歌等中国文化才艺，要求学生凭兴趣必须掌握一种，可以到学校相应的俱乐部学习。虽然不开课，但在对外汉语专业的各种活动选拔中都要求有中华才艺，以此促进本专业学生才艺水平的提高。

（五）辅修课程

为开阔学生视野、扩大未来就业范围，在辅修课程方面开设的国际贸易、国际法、涉外文秘等课程，主要围绕中外交流活动进行设计，内容着重从涉外方面进行基础知识的介绍。如涉外文秘课程应使学生了解对外交往的有关方针、政策和法规，具有较强的公关协调能力、组织管理等从事实际工作和外事活动的能力，具有较强的书写英语公文的能力等。课程主要以讲座的形式进行，课时设立 1 学期 1 个学分。

三、培训任课教师，切实实行课程规划

有了完备的课程体系，真正实现专业特色教学，还必须让其他任课教师上岗前了解并落实到课程内容教学中。因此加强本专业教师的教学讨论会，培养任课教师的专业意识很重要。最好是在确定了开设的课程和教师人选后，系主任应该主动召集承担本专业课程的教师，尤其是外语、文学等课程的教师，进行课程说明会，并附上本专业的培养方案，让任课教师明白所教学生应达到的基本能力和要求，以便在选择教材、课堂讲授时能结合本专业培养要求。

英语口语经常是由外教担任，系主任也应通过听课，或者私下交流方式，告知学生外语的听说技能是一项重要指标，希望每个学生都能在课堂上开口，最后具有进行跨文化交际的沟通能力和使用外语上课的教学能力。

四、结　语

经过几年的建设，我们已经取得了一些成绩。第一，确定了以培养复合型、应用型、创新型和国际化人才为目标，明确了重视基础知识、培养应用技能、有创新能力的具有国际化视野的具体要求。第二，紧扣我校对外汉语专业综合改革规划，制定了主辅课程配套的优化体系，并对语言类、文学类、文化类、教育类等专业基础课程与拓展的商贸、法律等选修课课程作出详细的、适合本专业要求的内容要求。东南亚小语种已经开设过越南语、印尼语，现在正开设泰语、韩语。第三，2011 年本专业以总分第一的成绩获评学校优秀新专业，考研率、出国就业率逐年提升。第四，我校的实习生深受泰国各地中小学学校的青睐，跟我校签约合作的已经有 20 多个，有的学校指名只要我们学校的学生。展望未来，我校国际汉语教育专业的建设还刚刚开始，尚需不断探索和前进，在课程细化进入教学大纲、课程教师培训方面以及学生毕业对口就业方面还有很多工作要做。

参考文献

[1] 熊家良，黄高飞．对外汉语专业“三型一化”人才培养模式改革初探［J］．湛江师范学院学报，2010（5）：171～176.

[2] 黄河．对外汉语专业外语课程设置研究［A］．全国高校对外汉语专业建设研讨会论文集［C］．北京：北京语言大学出版社，2010.

[3] 傅思泉．“现代汉语”的对外汉语视角研究［A］．2013 年全国高校汉语国际教育/对外汉语本科专业研讨会会前论文（摘要）集［C］．北京：北京语言大学出版社，2013．364～374.

[4] 连晓霞．关于对外汉语本科专业现代汉语教材编写的思考［A］．2013 年全国高校汉语国际教育/对外汉语本科专业研讨会会前论文（摘要）集［C］．北京：北京语言大学出版社，2013．457～458.

[5] 童小娥．新形势下对外汉语本科专业现代汉语教材建设研究［A］．2013 年全国高校汉语国际教育/对外汉语本科专业研讨会会前论文（摘要）集［C］．北京：北京语言大学出版社，2013．479～480.

[6] 林源．汉语国际教育专业古代汉语教材研究［A］．2013 年全国高校汉语国际教育/对外汉语本科专业研讨会会前论文（摘要）集［C］．北京：北京语言大学出版社，2013．459～469.

[7] 孙春颖．对外汉语专业现代汉语课教学的探索与实践［J］．语言文字应用，2006（6）：103～110.

对外汉语专业学生对专业的认识及就业意向

黄玉凤*

摘　要：本文以全球“汉语热”为背景，以调查问卷为基础，着重介绍和分析湛江某高校对外汉语专业学生对该专业的认识以及就业意向的情况。经调查，该高校对外汉语专业的学生普遍对本专业了解不深，部分学生认为该专业开设的课程不合理，较多的学生对该专业的就业抱不乐观态度。针对以上情况，笔者提出一些相应的建议，希望能对对外汉语专业的完善提供参考意见。

关键词：汉语热；对外汉语专业；课程设置；专业认识；就业意向

一、引　言

随着我国经济的飞速发展，“汉语热”在全球范围内迅速升温，世界各国学习汉语的总人数已超过4 000万人（2009年最新的数据统计）[1]，有100多个国家的2 500余所大学和越来越多的中小学开设了汉语课程。例如印尼开办了8 000所华文学校[2]；欧美学汉语人数年增长40%；法国学习汉语的人数增长比学习英语的快；韩国来华留学人数是世界第一；而在日本，懂汉语成为找工作的筹码。因此，汉语已走进许多国家的全日制学校，成为当地的重要外语之一。见表1①。

表1　国外汉语热的情况体现（a）

国家	印度尼西亚	美国	英国	法国
中文学校数量（所）	8 000	2 400	200	140

* 黄玉凤，2010届对外汉语专业毕业生，现为广东廉江一中语文教师。本文指导教师为郑继娥副教授。

① 该表格的数据来源于2006年第二辑《国际汉语教学动态与研究》中的李朋义先生的《世界汉语教学的前景及其对出版业的冲击》一文。

表1 国外汉语热的情况体现（b）

国家	韩国	日本
学中文人数	130万	200万

但是，对外汉语教师资源严重短缺，因此各高校纷纷开设对外汉语专业，为国家培养对外汉语教学人才。对外汉语专业作为新兴专业，得到蓬勃发展。但在这股热潮中，出现了“专业热”而“就业难”的情况，该专业的学生在师范类招聘会上处处碰钉子，而该专业常被面试官说成是“两不像”的专业。因此我们应该冷静思考，正确认识该专业，找出利弊，扬长避短，从而发现问题并研究解决就业的途径。郑承军认为对外汉语专业毕业生的职业愿景是非常远大和光明的，除了对外汉语教学，还可以从事对外交流事业、外资企业文秘、新闻采编和翻译、文学创作等工作。[3] 这无疑为对外汉语专业的学生提供了一些就业方向的信息。

那么湛江某高校对外汉语学生又是如何看待该专业及其就业意向的呢？本文以191份调查问卷（发放调查问卷240份，回收有效答卷191份）作为基础，从课程设置、学生对该专业和就业的认识以及建议等几大方面分析湛江某高校对外汉语专业的一些基本情况。

二、课程设置

课程设置在很大程度上反映了专业课程的结构和方向，是实现培养目标的具体手段。

（一）该高校对外汉语专业的课程设置

该高校对外汉语专业主要培养具有扎实的汉、英语言基础，实践性较强、知识较全面的对外汉语教学人才。课程的合理设置是为了能更好地达到培养目标。该高校对外汉语专业的课程设置主要包括三个方面：专业基础课、专业必修课和专业选修课。见表2。

表2 该高校对外汉语专业的课程设置[4]

专业基础课	现代汉语、古代汉语、语言学概论、基础英语、英语听力、英语口语、英语写作、普通话训练、中国现代文学、中国古代文学、外国文学、文学概论、基础写作等
专业必修课	中国文化概论、对外汉语教学概论、对外汉语教学法等
专业选修课	现代汉字学、汉语语法史、中外语言学史、语用学、汉语修辞学、英汉语言对比分析、词汇学、英语翻译、中国民俗、西方文化、越南语等

可见，除了系统掌握扎实的汉语文化知识和对外汉语教学的基本理论知识之外，还要有较全面的英语听、说、读、写、译能力和相应的教学技能，以便更好地从事对外汉语教学及中外文化交流等相关工作。

（二）该高校该专业与汉语言文学专业、英语专业在课程设置上的比较

有些行外人士常常会问及对外汉语专业与汉语言文学专业、英语专业到底有什么不一样。下面就三者在主要课程设置上作进一步的对比分析。

表3　该高校对外汉语专业与汉语言文学专业的课程比较

类别 专业	主干学科	主要课程	
		相同	不同
对外汉语	应用语言学	现代汉语、古代汉语、语言学概论、文学概论、中国现代文学、中国古代文学、外国文学、写作等	越南语、基础英语、英语口语、英语听力、英语写作、中国文化概论、对外汉语教学概论等
汉语言文学	中国语言文学		新视野大学英语、外国文学作品选、美学、中国历代文学作品选等

表4　该高校对外汉语专业与英语专业的课程比较

类别 专业	主干学科	主要课程	
		相同	不同
对外汉语	应用语言学	基础英语 英语听力 英语口语	英语写作、实用英语翻译、现代汉语、古代汉语、语言学概论、汉语写作、中国文化概论、对外汉语教学概论等
英语	外国语言学及应用语言学		英语读写、英语语法、翻译理论与实践、英语语言学、英国文学、美国文学、应用语言学与外语教学、中学英语教材与参考书目分析与试讲、英语测试理论与实践等

从表3和表4的比较中可看出，三者的主要不同之处是，汉语言文学专业主要是学习和研究与汉语言文学相关的知识，对英语的要求较低；而对外汉语专业则是更加注重语言的应用及文化方面的培养，在给外国学生教授汉语的同时也传播中国文化，对英语水平要求较高。英语专业和对外汉语专业的侧重点则有所不同，英语专业主要侧重于对中国学生进行英语教学，而对外汉语专业注重汉语教学的同时还注重中国文

化的传播。

很明显，对外汉语既学汉语，又学英语，能胜任双语教学，符合当今社会企业需要复合型人才的要求，并非外界所说对外汉语专业中文功底比不上中文系，英语水平比不上英文系。外语在对外汉语专业中所占的比重还是比较高的，使学生的外语水平高于一般中文专业学生的外语水平，是该专业的特色之一。此外，该专业特色还在于注重“双语双文化”，在掌握全面系统的汉语文化知识的基础上，还拥有较强的外语能力，并且拥有良好的对外汉语教学技能。这些都不是汉语言文学专业或者英语专业所具备的，也恰恰是对外汉语专业学生的特长所在。

北京外国语大学罗小东教授认为比较适当的课时比例是：外语课时为50%、语言学课时为20%、文学文化课时为25%，剩余的5%应该开设如中外关系和与重要生源国有关的思想、文化、历史、政治方面的课程。而笔者认为，应该根据不同院校的学生情况设置不同的比例，因为该专业对学生的素质要求是非常高的，不同地区学生的素质水平参差不齐，但课程的设置必须涉及语言、文学文化、教学技能、实践技能以及中华才艺等方面，这样才能培养出更高素质的对外汉语教师人才。当然，该高校也考虑到该专业大部分毕业生不能从事对外汉语教学的实际情况，根据现有的师资为该专业非师范类的学生开设了一些符合社会需要并且实用性较强的选修课程，如教育学、心理学、语文课程与教学论、教学技能等。

三、学生对该专业的认识

（一）该专业的学生在入学前和入学后对本专业的认识

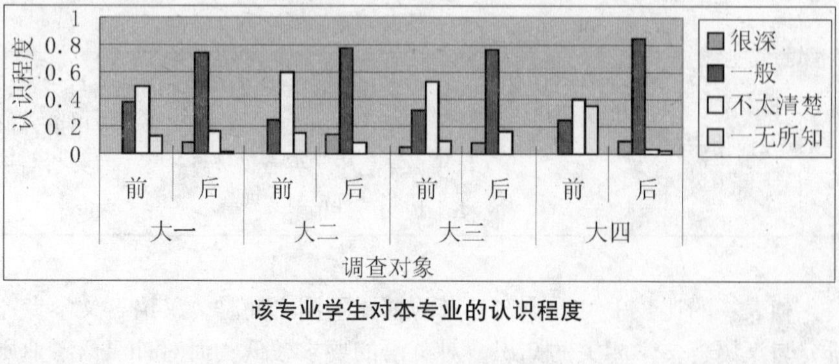

该专业学生对本专业的认识程度

笔者为了解湛江某高校对外汉语专业学生对该专业的认识，专门对该专业的学生进行问卷调查，调查了四个年级的191名学生在入学前和入学后对对外汉语专业的认识情况。（见上图，“入学前”简称“前”；“入学后”简称“后”）从上图可以看出，该高校对外汉语专业的学生在入学后对本专业的认识比入学前明显提高；随着年级的升高，学生对本专业的认识逐步提高，大部分学生对本专业理解比较深刻，但仍有2%的大四学生对本专业一无所知。因此，从上图的对比中看，该高校应该加大对本专业的宣传力度，让更多的人了解该专业。

据调查，33%的学生认为对外汉语是中英结合的，35%的学生认为是侧重中文的，30%的学生认为它介于中文和英文之间，还有1%的学生认为是侧重英文的，此外，0.5%的学生认为是中英结合后侧重中文，0.5%的人认为是侧重中文的语言部分、中国文化、中华才艺等。对此问题，华东师范大学潘文国教授认为该专业是一种以语言对比为基础、以教学为目的、以外国人为教学对象的特色专业。

该高校的培养目标是：对外汉语专业是培养具有扎实的汉语和英语基础，对中国文学、中国文化及中外文化交往有较全面的了解，进一步培养有潜能的高层次对外汉语专门人才，以及能在国内外有关部门、各类学校、新闻出版、文化管理和企事业单位从事对外汉语教学及中外文化交流相关工作的实践型语言学高级人才。

总的来说，该专业注重双语教学，培养具有较扎实的汉语和英语基础以及教学技能，对中外文化有一定了解的，能够从事对外汉语教学及中外文化交流工作的高素质实用型人才。

（二）该专业学生对对外汉语专业质量的认识

该专业培养的是全面发展的高素质人才，而该高校对外汉语专业的学生又是如何看待这个专业质量的呢？一般来说，主要从培养目标、课程设置、师资力量、实践机会、就业前景等几个方面来评估该专业的质量。据调查，7%的学生认为该高校对外汉语专业的质量很高，78%的学生认为一般，14%的学生认为差，还有1%的学生认为非常差。其中，15%的学生认为该高校该专业差的主要原因如下：课程设置不合理，师资力量一般，学校重视度不高，实践机会少，就业前景不好等。对此，曾经有19%的学生想过转到其他专业，主要是因为本专业不够精，在国内没什么实际对口的工作，有的单位不认可该专业，就业竞争力不强，出路难；该专业的师资力量不够雄厚；能真正出国教汉语的很少，尤其是本科生；除此之外，还有一些学生个人的原因，如不是第一志愿，而是被调剂过来的，不喜欢该专业，更喜欢中文专业或者英文专业以及不想到国外教书等。

（三）该专业学生对该专业被称为“朝阳专业”的看法

对外汉语专业曾经是国家控制专业之一，也被称为“朝阳专业”。据了解，该高校对外汉语专业的学生对此看法不一。通过调查，约有70%的学生赞同该说法，他们认为随着中国经济的快速发展和国际地位的不断提高，国内外已掀起一股汉语热，而且中国文化源远流长，有民族情结的华人正在努力学习汉语；另一方面，对外汉语教师短缺，就业潜力大，发展前景好，工资较高，需要的人才多。

但也有30%的学生不赞同这种说法，他们认为这个专业的要求高，仅有极少数人能真正从事对外汉语教学，目前国内外条件尚未成熟，而且开办此专业的高校过多，支持力度不够，质量不高，师资较弱。

（四）学生对目前该专业就业形势的看法

那么该专业的学生又是如何看待该专业的就业形势呢？按常理说，汉语热，师资紧缺，应该会让对外汉语专业的就业率猛增，可事实却与期望形成鲜明的对比，对外汉语专业的学生就业前景不容乐观，出现了“外热内冷”的情况。下面来看一下该高校该专业的学生是如何看待这种形势的？

通过调查，该专业93.2%的学生认为目前国内市场不能满足本专业的就业需求。因此，打算毕业后从事对外汉语教学的并不多，只有33%。没有确定的占30%，25%的人不打算从事对外汉语教学，还有10%左右的人会根据机会找工作。希望从事对外汉语教学的对象主要是欧美国家的人，有62%；其次是国内的学生，有21%；仅有17%的学生愿意到东南亚国家支教。希望从事对外汉语教学工作的年限也不一。60%的人希望工作2年，35%的人希望工作1年，只有5%的人希望工作3年以上。

那么面对这种严峻的就业形势，该高校对外汉语专业的学生有哪些就业意向呢？32%的学生选择出国支教，29%的学生选择在国内从事对外汉语教育事业，31%的学生选择当中小学语文教师，14%的学生选择考公务员，16%的学生希望在外企就业，还有4%的学生选择继续深造，此外，2%选择其他工作。

显然，选择出国支教的学生并不多，但大多数学生毕业后还是想从事教育事业，该专业“外热内冷”的情况确实使该专业的学生不得不考虑其他就业途径，如公务员、外企等。

（五）就业难的原因

出现就业难的情况是受多方面因素影响的，主要从客观和主观两方面来分析原因。

1. 客观原因

一是来华学习的留学生主要在高校，而高校的师资要求最低学历为研究生。该高校该专业52.3%的学生也认为读研后的就业前景会更好，可真正考研的学生仅有10%。二是国内的对外汉语学生只适合中小学教育，可小留学生在中国凤毛麟角。适合的岗位是在国外风起云涌的中小学汉语教学，可出国任教需要硕士学位，外语要求较高，而且出国渠道不畅通。三是该校远离大都会，地处经济欠发达的粤西地区，外企、外国人少，实践机会少；此外，该高校是从2003年开办对外汉语专业的，制度上还不够完善，投入经费较少，专业出身的对外汉语教师更是极少。

2. 主观原因

一是学生知识储备不够。而恰恰就有64.5%的学生认为要想在该专业成功就业，就必须掌握过硬的专业技能。二是缺乏该专业的实践经验。据调查了解，仅有20%的学生有教过或者辅导过外国人汉语的经验，其中的实践次数和时间又是非常有限的，能出国交流的学生更是少之又少，仅有5%。三是整体综合素质不高。几乎所有该专业的学生都认为普通话、英语口语、教学技能、中华才艺等是该专业的必备素质，但是仅有3.6%的学生认为自己具备了这些才能。四是对有关就业的问题了解不够，这主要体现在表5所列的四个方面：

表5 困扰该专业学生就业的因素

困扰因素	信息量少	能力不足	欠缺求职方法技巧	对招聘流程和基本要求缺乏了解
人数（%）	49	57	32	41

四、建　议

针对以上问题，该高校对外汉语专业的学生对该专业提出了以下建议，希望能更好地学好该专业以及从事与之相关的工作。

第一，在教学方面，该专业应该进行小班教学，尤其是语言部分；招生时应限制该专业的人数，此专业注重精而不是多；应该更新教学设备，使教学手段多样化；继续招募优秀师资，提高该专业的质量，创造本专业的特色。

第二，在课程方面，应与外国语学院联合开设更有市场竞争力的小语种，如韩语、法语等。应以就业市场为导向，开设更符合市场需求的课程，如中小学英语教学技能、东南亚国家概况、外贸翻译、涉外文秘等。也要开设一些与中国文化有关的课程，并纳入必修的课程，如书法、剪纸、民族舞、太极拳等。

第三，在教学实践方面，应重视教学技能，提前实践时间，尽可能在大二的时候就开始试讲；多开展与该专业有关的实践活动，提供更多出国交流或留学的机会；加强与海外学校的交流，吸引更多的外国学生来校交流和学习，与海外的一些学校结为姐妹学校，建立预科教育，最好是发达国家的一些学校。

第四，在就业方面，加大对该专业的宣传力度，提供更多与该专业相关的就业信息以及就业渠道。与本省甚至省外一些开设该专业的高校建立一个交流平台，增进交流，借鉴经验。

总之，还需加大对该专业对内和对外的宣传力度，拓展该专业的实践途径，举行双语（英语、越南语）翻译大赛，同时为已毕业从事对外汉语教学的学生建立一个网络平台，把该专业的特色风采展示于校内和校外等等。此外，也要吸取各高校符合自身发展的策略，以进一步改善该专业的不足，从而更好地提高该专业的质量和就业竞争力。

五、结　语

随着汉语教学在世界各地呈现出蓬勃发展的趋势，对外汉语专业毕业生的就业前景还是非常远大和光明的。在当前汉语国际推广的大背景下，我们也要认清自身发展的不足，不断提升和完善自己，时常关注该专业的发展动态，了解该专业的课程设置改革以及更多的就业信息，做好准备，为自己在对外汉语事业的长远发展制订更有针对性和可行性的计划。也希望该高校能够重视学生的问题和建议，以便能够更好地完善和创办出更具特色的对外汉语专业。

参考文献

[1] 许琳. 现在世界各国学习汉语的人已经超过 4 000 万 [EB/OL]. 中国网，china. com. cn.

[2] 印度尼西亚概况 [EB/OL]. 新华网，http://news. xinhuanet. com/ziliao/2002 - 06 - 18/content_ 445743. html.

[3] 郑承军. 汉语国际推广背景下的对外汉语职业愿景——对预备进入对外汉语职业者的寄语 [J]. 中国大学生就业，2007 (9).

[4] 湛江师范学院. 湛江师范学院对外汉语专业人才培训计划表 [Z]. 2006.

汉语作为第二语言教学的两种形式刍议

尉万传*

摘　要：汉语作为第二语言教学，目前主要存在两种似同实异的形式，即对外汉语教学与华文教育，本文主要从教学对象、教学范围及分布、教学内容、教学目标、教学方法、教学背景、教材等几个方面比较了华文教育和对外汉语教学的异同，并提出了关于华文教育发展的一点设想和展望。

关键词：对外汉语教学；华文教育学；辨析

一、引　言

近年来，随着中国的世界影响力日益增强，全球形成了一股新的汉语学习热潮。2004 年 11 月 21 日，中国第一所海外孔子学院在韩国挂牌成立，中国政府开始积极主动地推动中国语言和文化在世界广泛传播。目前，全球已开办了 282 所孔子学院和 272 个孔子学堂，全世界学习汉语的总人数已达 4 000 万。在经济全球化背景下，随着各国的频繁交流，语言及其承载的文化也在不断地交流、碰撞和融合。目前，海外“汉语热”正推动中华文化走向世界，对消除西方社会对中国的文化误读、促进世界和平具有重要意义。

然而，对于汉语作为第二语言的教学，目前仍然存在一些认识上的问题，其中之一就是对外汉语教学和华文教育的区分问题。这个问题一直以来并未得到足够的关注和及时的澄清，在大多数院校，对华人华侨及其子弟的汉语教育和对其他外国人的汉语教育基本等同视之，或者说，在某种程度上华文教育学是隶属于对外汉语教学的。从分班到教学，从教材到教学目标、教学内容、教学方法，再到教学管理大体未加区别。然而，这种做法实际上违背了华文教育自身的特有规律，同时也违背了因材施教的原则，存在着相当大的弊端，因而也很难达到相应的教学目标和要求。因此，从学科特点和学科建设的角度着眼，把华文教育和对外汉语教学二者区分开来是非常必要的。

---

* 尉万传，博士，现为广东外语外贸大学外国语言学及应用语言学研究中心博士后，湛江师范学院外国语学院副教授，主要从事语言与认知、第二语言习得研究。

二、华文教育学与对外汉语教学辨析

华文教育学和对外汉语教学同属于第二语言教学范畴（有的学者提出华文教育既非第一语言教育，也非第二语言教育，是一种介于第一语言和第二语言的特殊语言教育）。华文教育学，简言之，就是研究华文教育及其规律的一门科学，它是指以母语或者第一语言非汉语的海外华人、华侨为主要教学对象（也包括少数非华裔学生）开展的中国语言文化教育，有的国家或地区（主要是欧美）又称中文教育。华文教育的英文宜表述为：Education of Chinese Language and Culture（ECLC）。[1]华文教育学概念的提出不是随意的，也不是偶然的，而是华人教育工作者在从海外到海内、从华侨教育到华文教育的发展过程中提出来的。华文教育学从一开始就与对外汉语教学有着千丝万缕的联系，有的学者提出了对外汉语教学囊括华文教育的观点，认为所谓对外汉语教学，就是对外国人和海外华人进行系统的汉语和中国文化的教学。有的学者认为，应该用华语教学涵盖华文教育和对外汉语教学，以区别于国内对中国人的汉语教学。但目前比较一致的看法是：华文教育应纳入对外汉语教学学科，成为它的一个分支（这主要是从学科建设的角度而言）。[2]然而不可否认的是，它们仍各有所侧重：华文教育应该是指对华侨、华人及其后裔实施的中国语言文化的教育；而对外汉语教学则是专指对非华裔的外国人进行中国语言文化的教育（这主要是从教学对象的角度而言的）。因此，对外汉语教学有广义和狭义两种提法：广义的对外汉语教学包括了华文教育；狭义的对外汉语教学则与华文教育并列。若细细考究，华文教育和对外汉语教学还是存在诸多方面的不同。以下试将二者的异同（主要是异）作简要分析。

华文教育和对外汉语教学的异同表现在发展历史、教学范围和分布、教学对象、教学内容和教学目标、教材、师资、教学方法、教育背景和环境等多个方面。虽然华文教育的主体在海外，但作为第二语言和广义的对外汉语教学一部分的华文教育的研究基本在国内，并由之辐射开来，对海外华文教育产生实际的指导作用；二者在以上几方面均有相当多的共通之处。而且，对外汉语教学已经建立起来的相对完善的学科体系和丰硕的科研成果，正在为国内华文教育界所广泛吸收和借鉴；从总体上看，华文教育的理论研究与教学实际上都基本遵循对外汉语教学的模式，并取得了一定成绩。

从历史的发展来看，汉语作为第二语言教学有着悠久的历史。据史书记载，汉代一些少数民族就派人来长安学习汉语和汉族文化，一些国家也向我国派遣了留学生。这应该看作最早的汉语作为第二语言教学（或对外汉语教学）的萌芽。唐代国力强盛，经济、文化、教育发达，是我国古代培养外国留学生的鼎盛时期。宋元明清各代也接收了不少外国留学生，但到清代已渐趋式微。进入20世纪以来，由于列强侵略，战祸频仍，国势日衰，来中国学习的外国留学生就更少了。现代汉语作为第二语言教学即使存在，也不成气候。对外汉语教学真正发展成为一项事业、一门学科是从新中国成立以后开始的。我国的对外汉语教学，从 1950 年 7 月在清华大学成立第一个对外汉语教学机构“东欧交换生中国语文专修班”算起，至今已经有 50 年的历史。1978 年以前的 20 多年是对外汉语教学的开创时期。此间，我们对这项新的事业进行探索、试验并不断积累经验。1978 年以后的这些年则是对外汉语教学学科的确立和发展时期，是自觉进行学科建设，探讨学科规律，由经验型向科学型转变的时期。特别是世纪之交，对外汉语教学开始进入蓬勃发展、日渐壮大的新时期。[3]

自古以来中国就有尊师重教的优秀传统，华人华侨到海外后仍然非常重视教育。华文教育事业也有非常悠久的历史。由于经济的高度发展，汉朝出现了第一次中国人侨居国外的高潮，中国文化在海外传播开来。到唐宋时期，侨居海外的人渐多，创设的“蒙馆”、“私学”也越来越多。至明清，中国的一些儒学家纷纷到国外讲授经、史、礼、仪。鸦片战争后，又出现了大批中国人移居海外的高潮，海外华文教育逐渐形成规模，新式学校兴办起来。“二战”期间，华文教育基本上陷于停滞，“二战”后进入复苏期，五十年代末至八十年代初是衰弱期，八十年代末以来对外汉语教学进入全面的复兴期。[4]

可见，无论是对外汉语教学，还是华文教育，都有漫长的发展历史，都与整个中华民族的兴衰密切相关，但传承至今的华文教育的“蒙馆”、“私学”等形式，则是对外汉语教学所不具备的。

从教学范围和分布方面来讲，华文教育比对外汉语教学更为广泛。它不仅包含了国内的华文教育，也包含了海外各个国家和地区的华侨学校、中文学校（包括各种形式的华文补习班）对华侨华人实施的教育。几乎可以说，有华侨华人的地方，就有华文教育。而对外汉语教学，则主要限于国内的外国留学生汉语教育和国外的规模相当有限的汉语汉学教育。

从教学对象上说，对外汉语教学的对象主要是毫无中华血缘关系的外国留学生，他们的主体基本上是成年人；对于他们来说，汉语学习既是第二语言学习，又是纯粹的外语学习。华文教育的对象是华侨华人，目前大多为华侨华人的第三代、第四代，涵盖各个年龄层次，以青少年居多；他们习得的第一语言一般是居住国的主流语言，华文教学对他们来说虽然是母语教学，但实际上已成为第二语言教学。同时由于华人社会的历史传承和历史文化积淀的影响，他们学习汉语时与一般外国人在感受和认知上有一定程度的区别。外国留学生学习汉语的目的相对单纯，一般为实用性目的，或为工作需要，或为学习需要，当然也有少部分出于了解中国文化的需要，但其主要目的是学习汉语知识和汉语交际技能。但接受华文教育的华侨华人，其学习目的要复杂得多，他们除了想获得系统的汉语知识、比较理想的汉语交际能力外，很重要的一个目的是学习祖籍国优秀的传统文化，从中找到一种归属感，这就是文化寻根。作为对海外华侨华人所实行的一种民族文化教育，华文教育担负着双重使命。民族文化的教育在华文教育中具有独立而又重要的地位，它应该是与语言教学并列的。

目前，国内外的华文教育多以语言教学的形式出现，虽然其中的文化教学似乎和对外汉语教学中的文化教学一样从属于语言教学，但华文教育中文化因素的教学明显应该具有自身的特点。这是因为：绝大多数的华裔学生都有中华文化的背景——无论是深层的还是表层的。他们往往既能保持所在国主流文化的价值取向和处世原则，又能在一定程度上对中华文化的文化观念、思维方式、文化行为等泰然处之。相较于其他外国学生，受家庭或社团的民族文化传承濡染的影响而导致的语用偏误也会相对较少。文化不适应、“文化休克”现象在华裔学生中也较少发生。可以说，华裔学生已经预先排除了一部分语言学习中的文化障碍。非华裔和华裔对中华文化的认同水平不相同是显而易见的；多项调查表明，华裔学生对汉语有本能的好感和认同感，所以文化因素的教学就和对外汉语教学的文化教学有着本质区别，其中“教什么”和“如何教”的问题就显得尤为突出。如何寓文化于语言教学，更进一步地把中华民族在悠久的历史中积累起来的优秀思想成果和传统观念，即深层文化，教给这些学生，使其继承、发扬和光大，在一定程度上影响着海外华人作为一个族群的存在和发展。[5]

与此相应的是，教学的内容和培养的目标不同。对外汉语教学的对象，只要会说汉语、会写汉字、获得必要的语言知识和交际能力、了解些许中国文化就可以了，如能达到“HSK”（外国人汉语水平考试）等级考试合格，就基本成为合格的学生。华文教育的目标绝不限于此，在华文教育中，语言应与文化并重，以语言教育为基础，以文化教育为主导（其中包括了以汉语为媒介语的世界文化教学）。华侨华人青年不仅要能说汉语、写汉字，更主要的是牢固地保持中华民族的文化人格。如果华文教育培养出来的学生仅仅通过了“HSK”考试，这并不能表明华文教育是成功的。只有当他们不仅通过了这种语言考试，又能把所习得的中华文化融入所在国并发挥作用，这才有华文教育的成功可言。因为海外学子远涉重洋来到祖国求学，很多是出于文化寻根，以求达到族脉相传、完善人格，适应所在国的环境，特别是那些学生家长饱经沧桑的人生经历和在所在国居住的酸甜苦辣，使他们期望自己的子孙仍能保持中华文化的优秀传统品格，希望自己的子孙把中华文化的光辉传统代代相传，于是铸炼人格也成了他们教育子女的迫切愿望。

由于华文教育和对外汉语教学的对象和教育目标不同，这两种教育的教学类型和教学方法也必然呈现着不同的特点。对外汉语教学的教学类型相对较少，而华文教育的类型层次则是多种多样的。就层次而言，它可分为学前教育、幼儿教育、成人教育；就类型而言，它可分为学历教育和非学历教育；就学制而言，有全日制、半日制、业余班和家庭班等；就国外学校的性质分类，有多年坚持办学的老侨校、中文补习学校、新移民开办的周末中文学校以及已纳入本国教育体系的华文学校。华文教育的对象可能因为其家庭教育背景和所在国教育背景不同，语言起点和文化起点参差不齐（如有的有方言背景，有的既有方言背景又有外语背景，有的对中国文化一无所知，有的对中国文化略知一二，有的可能了解得相对较多但并不全面），这就要求教学也必然是多样性的、多起点的，必须因材施教，不能简单化或一刀切。就华文教育的师资而言，在国外的华文教育的主力军是所在国的华文教师，其执教水平也参差不齐，差别非常大。

另外，与对外汉语教学不同的是，华文教育还是我国侨务工作的一个重要组成部分，它还担负着争取侨心、凝聚侨心、维系侨心、涵养侨力资源的任务。成功的华文教育培养出来的华人后裔，将不仅是海外华人社会的栋梁，同时也是致力于中外亲善友好的桥梁和支持祖国建设和经济发展的海外中坚力量。进入新世纪，推进华文教育更成为国内侨务工作的四项重点工作之一，华文教育被作为一项国家与民族的事业而得到政府的鼎力支持。[6]

三、展望与对策

2009 年 11 月 1 日第二届全球华语论坛在暨南大学成功举办，在这次论坛上，来自中国大陆、中国港澳台地区、东南亚各国以及美国等国家和地区的专家学者已经普遍认识到了华文教育在汉语作为第二语言教学中的特殊性。他们认为，厘清对外汉语教学和海外华文教育的区别，认清两者的性质差异非常重要。郭熙指出："对外汉语教学着眼于非华人的外国人，最重要的学习目的是掌握交际工具。而在海外华侨身上，华文教育应包括三个方面：一是国家认同教育，二是民族文化认同教育，三是作为交际工具的语言学习教育。对非中国籍的华人来说，华文教育主要包括后两个方面，虽然他们生活在异国他乡，但也应认同民族文化根源。而非华人的外国人，在学习作为交际工具的语言过程中，当然也需要了解语言承载的文化，但这种文化了解是为了促进相互理解，避免人际交往中的误解和冲突，减少民族之间的文化误读。因此，对海外华侨华人进行的中华民族文化教育，和对非华人的外国人进行的对外汉语教育，两者性质不同，分别为家人型和朋友型。而对非中国籍的华人华文教育，则是亲戚型。"[7]

鉴于以上华文教育和对外汉语异同的比较，我们认为华文教育学研究应着重解决以下这些问题：

第一，充分吸收和利用对外汉语教学的科研成果，把语言学、教育学、心理学、社会学等基础学科的研究和华文教育学紧密结合起来，切实加强华文教育学的学科理论建设，明确华文教育的性质与任务，探索华文教育的特殊规律，为其准确定位、长远发展提供理论依据。20 世纪八九十年代曾有人提出建立独立的华文教育学科的构想。[1]

第二，深入研究海外华侨华人以及其他外国留学生的教育管理形式、内容、途径以及特点和规律；在学员充足的国内院校，应尽量实行华裔和其他外国人的分班教学，分班管理，使教学和管理更有针对性。

第三，编著适合华文教育的华文教材，包括国内使用和适合各国当地情况的教材，尤其要根据华裔学生第一语言的特点及其汉语习得规律编著一批“本土化”教材，而不是简单搬用对外汉语教材，这种教材在语言、内容及文化诸方面必须适应华文教育的需要。在有条件的情况下，还应适当地多为华裔学生开设古代汉语、方言、中国历史、地理、思想文化、艺术、民俗等选修课或必修课。

第四，为华裔学生提供更多接触中国社会、了解中国传统及现代文化风情的机会，建立“大课堂”观念，使华文教育从传统课堂延伸到社会，夏令营、冬令营以及李嘉郁等先生所提倡的“游学”教学形式都是非常必要的。

第五，加强海外华人师资队伍建设，可采取中国外派教师、外派专业人员进行海外师资培训、网络函授培训以及创造条件吸引海外教师到国内研习等措施。广东省侨办每年通过严格筛选来招聘义务华文教师，并提供相应的资金支持的经验是值得借鉴的。

随着中国改革开放的深入发展及中国国际地位的日益提高，海内外华文教育获得了蓬勃发展，学习华文的人越来越多，不同类型的华文学校（或中文学校）越办越多，华文教育的办学体系正在逐渐完善，教育质量也正在稳步提高。这就使得华文教育学作为一门独立学科的理论研究更加迫切，而目前华文教育事业的良好发展势头已经为此奠定了坚实的实践基础，提供了客观的理论依据。

参考文献

[1] 贾益民. 华文教育学学科建设刍议 [J]. 暨南学报，1998 (4)：47 ~ 48.

[2] 贾益民. 华文教育是一门科学 [A]. 语言与文化论集 [C]. 广州：暨南大学出版社，1996：1 ~ 6.

[3] 刘珣. 对外汉语教育学引论 [M]. 北京：北京语言文化大学出版社，2000：37 ~ 42.

[4] 林蒲田. 海外华文教育溯源 [J]. 海外华文教育，2001 (1)：22 ~ 26.

[5] 李嘉郁. 对华文教育中文化问题的几点认识 [J]. 海外华文教育，2002 (1)：72 ~ 74.

[6] 李嘉郁. 华文教育五题 [R]. 第七届国际汉语教学讨论会，2002.

[7] http：//www. hwjyw. com/info/news/200912/t20091209_ 34372. shtml.

教学改革

赴泰汉语实习教师的素质调查研究

郑继娥*

摘　要：文章通过问卷和访谈等形式，调查了曾赴泰国实习一学期的对外汉语专业的36名学生，随机抽取其教过的泰国中学生30名，所在中学校长30名，归纳出适应泰国中小学对汉语教师的需求特征及汉语教师的跨文化交际问题。并与《国际汉语教师标准》中提出的泰国需求下的汉语教师的基本素质要求进行对照。

关键词：泰国中小学；汉语教师；基本素养

一、绪　言

当前国际汉语教学的三难问题是教师、教材和教法，泰国的汉语教学也是如此。最近10年泰国的汉语教学蓬勃发展，目前已开设12所孔子学院，11所孔子课堂，开设汉语专业或课堂的学校达到2 114所，学习汉语的人数已经突破70万，居东盟国家的首位。学习的主力军是中学生和小学生。担任汉语课程的教师，有泰国本地毕业的，也有留学中国学成归国的，这些教师人数少、年纪轻、资历浅。[1][2]更多的是来自中国国家汉办委派的公派教师、汉语志愿者以及来自一些高校的国际汉语教育硕士研究生及对外汉语专业本科的实习生等。这些来自中国的汉语教师，尤其是研究生、本科实习生的素质如何，其教法能否满足泰国中小学生的汉语学习需求呢？

先前对此问题的研究主要来自汉语志愿者在某校的实践经验总结，如冯忠芳等（2009）[3]和曹慧覃（2011）[2]对清迈府，谢美（2010）[4]和赵丛娟（2012）[5]分别对巴吞府的私立小学、公立中学，范玮（2012）[6]对佛统府中学等的深入调查，并指出问题，提出建议或对策，属个案研究。也有如吴应辉等（2007，2008）[7][8]、江傲霜等（2011）[9]直接针对经汉办培训、派出的志愿者在泰国的情况进行调查提出建议的。以上研究成果都对我们了解泰国各地的汉语教学情况有很大帮助，但如果能扩大研究范围，选择调查不同方位不同学校的学生、管理者对汉语教师的需求，结合汉语教师

* 郑继娥，博士，湛江师范学院人文学院副教授，主要研究方向为对外汉语教学和古汉语语法。

在泰国各地的共同需求进行分析，所得结论应该更有说服力。

为研究适合泰国需求的汉语教师的基本素质和能力，我们通过问卷和访谈，调查了曾赴泰国15个府实习一学期的对外汉语专业本科生36名，随机抽取其所教泰国中学生30名，所在中学校长30名，结合文献中对赴泰志愿者和泰国本地汉语教师的研究，试图从教育体制、学习者、管理者以及教师等方面进行探讨。

二、泰国当前对国际汉语教师的需求特征

泰国对国际汉语教师的需求特征可以从基本情况、任教对象和校长等管理层的要求等方面入手进行探讨。

（一）层次多，中小学需求量最大

1999年泰国的《国民教育法案》将汉语教学写入教育大纲。2000年，教育部通过了高中汉语课程计划。2005年制订了专门的汉语教学发展计划，标志着汉语教学正式进入泰国国民基础教育（中小学教育）体系。2007年泰国教育部又制定了《促进汉语教学，增强国家竞争力的战略规划》，进一步加大对华文教育的扶持力度。[10][11]目前的汉语课，主要在大学及中小学，此外还有民间补习学校、职业学校等。其中，中学占51%，小学占21%，高校、职业学校及其他机构只占12%。另外，在中学学习汉语的人中，公立中学学生占89%。[8]因此我国的志愿者及高校实习生一般都在中学任教。

（二）泰国中小学汉语教育及管理的起步性与汉语教育的衔接性

泰国中小学校开展汉语教育的时间不长，因此依然存在“三个零”的现象，即小学、初中、高中同时从零起点开始。很多学校刚开始聘请中国老师，因此相应的教学和管理经验都比较缺少。具体情况是：

1. 无统一教学大纲，教学监督需完善

不像成熟的英语课程，目前泰国教育部对汉语课程教学还未制定出统一的教学大纲，很多学校也没有目标要求，只靠实习生自己制定教学内容。在评估方面，考试形式也没有要求。

2. 课时少造成每周复习多，学习少

通过我们的调查，中学40%的汉语课是必修课，46%是选修课，也有14%的学校同时分必修课和选修课。这里的必修课指全校学生都须学中文；而作为选修课，则是学校设置了文理科，文科学生需要选修中文；二者都有，则可能是学校在初中部、高中部都分别设置了中文课，一些高三的学生在申请大学的时候需要考中文，而且把中文作为必修，不需要考中文的班级则设置为选修课。当然，不同的学校开展中文课

有不同的类型，不一而足。

课时大多为一周 1 节，也有 2 节或 4 节的。课时为 1 节的学校，很不利于语言的巩固和复习，通常有学习效果差、学习进度缓慢的问题。

（三）泰国中小学生的特殊性对汉语教师的要求

1. 寓教于乐

泰国是典型的全民信佛的国家，人们喜欢闲适、悠然自得的生活。一方面其学校教育强调以佛教教义为核心的德育；另一方面其采用了西方教育理念，强调通过实践学习，发展创造力，这就形成了有泰国特色的“素质教育 + 生存教育”的现代教育体系。除了泰语、数学等必修课程外，还开设了许多选修课程，如烹饪、园艺、插花、折花、雕刻等。汉语只是其 3 门外语选修课之一。

其教育理念为“寓教于乐”，提倡学生快乐学习、参与性学习。而且泰国中小学校采用 KPA 考核法，平常的作业、笔记、出勤以及课堂表现占 40% ~ 60%，并要求教师务必让所有学生通过考试。即使不及格需要补考的，最后都应及格。因此在小学到高中 12 年义务制教学中学生的学习成绩一般不会影响升学。在这样的教育理念及体制下，学生平常的作业比较少，成绩容易达标。培养出的学生注重学习过程，动手能力强、多才多艺、性格活泼。同时，这也使泰国中小学生几乎没有任何学习压力，不太注重课后的预习和复习，上课时间观念、纪律观念比较淡薄，形成上课内容以兴趣第一，课堂上走动也比较自由的情况。

2. 学生活泼爱玩的天性要求汉语教师课堂管理技能高超，教学方法多样

中国赴泰国的志愿者和实习生们任教的对象大多是中小学生，其年龄较小，自主学习能力较低，对老师的依赖性很强。虽有华裔和本土之分，但华裔学生已经是第三代华裔了，和本土的学生一样，汉语水平都很低。这些学生学习汉语不是因为对汉语感兴趣，而是限于学校教学的安排不得不学。通过调查，学生学习汉语为了让父母高兴的占 58%。不过随着年级的升高，高中生因为自己喜欢而学汉语的比例比初中生高。

每个班学生有 40 人左右，人数较多，学生又调皮贪玩，加上汉语与泰语很不一样，所以，老师讲课的方法十分重要。调查发现，学生对汉语学习效果不佳的原因，普遍认为汉语难学的占 53%，自己不感兴趣的占 31%。最希望汉语教师具有的优点，首位是讲课方法得当，占 42%；第二是善于活跃课堂气氛，占 33%。可见，方法得当，就能够很好地引发学生学习中文的兴趣，进而学生的汉语水平才能提高。在希望老师增加的教学活动方面，希望游戏或表演的最多，占 38%；希望讲故事的占 25%；最后是经典诵读（17%）和知识竞赛（13%）。

3. 学生英语水平低，要求汉语教师能用泰语发指令和讲解

虽然泰国从小学就开设英语必修课，但大多数中小学生的英文水平还停留在简单

对话上，听不懂汉语老师带有中国腔的英文。有一个实习生教了一个学期，她在课堂上总是用“One，two，three，begin”指挥齐读。孰料在最后的告别会上，一个学生才问“begin”是什么意思。学生英文的听说能力可见一斑。因此，对于那些刚开始学习汉语的中小学生来说，对汉语字词句意思的理解和对教师课堂指令的准确理解，听泰语会更加容易，否则会影响其听课的效果和积极性。这就是要求赴泰国实习的志愿者们应该学会基本的泰语课堂用语的原因。

（四）泰国中小学校管理层对汉语教师的需求特征

为了解用人单位对汉语实习生的要求，我们调查了泰国中学校长、教导主任等管理人员40名，收回有效问卷30份，从年龄、性别、学历、课堂教学能力、才艺以及对泰国教育体制了解的各个方面进行分析。

1. 性别、年龄、学历及专业的要求

调查结果显示，泰国管理层人员对赴泰国任教的教师，有57%要求是女性，46%的人希望教师年龄主要在20~25岁。对其学历要求不是很突出，只要是本科在读或者本科毕业生（包括研究生在读）就可以的占83%，要求研究生学历的只占14%。对教师所学专业的要求最好是汉语国际教育或者相关的占82%。这些要求正好与我们派出的志愿者、实习生的实际情况基本吻合。

2. 看重课堂管理能力、沟通能力，要求认真负责

除了教学能力外，泰方校长们最看重的是“课堂管理和协调能力”（76%），其次是沟通能力（52%），要求同时具备两种能力的占32%。

对教师性格方面的要求，最主要是认真负责（80%），其次是要开朗活泼、宽容乐观。

3. 对泰语要求不高，中华才艺有一项最佳

在媒介语方面，泰方“对泰语无特别要求，能用英语沟通”的占43%，要求“能用泰语教学的”占25%，“能沟通”或“熟练的”分别只占14%和10%。看来泰方管理层对汉语教师英语的听说能力要求比较高。

在中华才艺方面，要求至少擅长一项的占64%，不做要求的占24%，都略知一二的占12%。从具体才艺上来说，校长们最希望中国教师能唱中文歌的最多，占64%，其次是画中国画的52%、手工的28%、舞蹈的24%、书法的16%。希望同时具备前两者的占40%，具备前三者的占16%。

4. 要求了解基本的泰国风土人情和日常礼仪

在泰国文化方面，48%的泰方学校管理层要求赴泰国的教师应对泰国的风土人情有所了解，36%认为知道日常礼仪即可，无特别要求的占12%。具体应了解的内容上，56%要求中文教师最需了解的是本校教学制度，44%要求知道泰国课堂文化，其他依次为教育体制24%、学生特点20%。此外，要求一定要了解课堂和本校制度的占16%。

三、汉语教师在泰国任教的需求

我们对赴泰国实习过 4 个多月的对外汉语专业大三的 46 名学生进行了在教学、生活以及跨文化交际等方面的调查，实际收回有效问卷 36 份，从中分析其在泰国任教时的主要需求情况。

（一）教学工作

1. 泰语第一重要

实习生所在的学校，主要以初、高中生为主，汉语水平基本是初级阶段。在调查中，无论是从教学困难、实习后反思最希望增设的课程，还是由语言障碍造成的生活不便等，受调查的学生大都选择了“泰语”作为答案，以此作为开头的比例分别达到 72%、42%、28%。课堂上，他们尝试过用英语作为教学语言，但除了个别班，一般都遇到了学生听不懂的问题。甚至课堂上游戏的规则说明、考题中题干的说明，他们都觉得如果自己泰语好的话，会更加容易解释。由于这些实习生 44% 所在的学校只有其一个人是中文教师，所以如何讲解，如何沟通中泰语的重要性就提到了首位。

实习生采用的手段是一边教汉语，一边学习泰语，56% 的人认为自己的泰语水平还不错，已经能够胜任日常交流和课堂教学；42% 的人觉得应该继续加强。

2. 非常需要提高课堂教学技能和管理技能

调查表明，第二重要的就是如何调动学生学习积极性和兴趣的教学技能。53% 的学校设施还以传统的黑板加粉笔为主，教学内容只能先写在黑板上，学生抄写。虽然这些实习生都尽可能采用做卡片、找图片等直观手段，但因缺少了多媒体等现代技术手段，所以很多一看就明白的词，就必须通过语言进行解释，这就增加了上课的困难。

在如何控制课堂的管理技能上，实习生认为这是教学中最想提高的另一方面。首先，泰国幸福快乐式教学体制下的学生上课比较宽松，补妆、照镜子、走动是常有的小动作。课间没有固定休息时间的教学制度，使得学生迟到 15 分钟左右是最普遍的现象。这些大大不同于中国学生课堂提前到，上课并排坐，唯老师是听的习惯，使大多实习生觉得成就感极低，学生的课堂掌控力很受挑战，少数人不得已非得请泰国本土老师坐镇方能上课。只有 8% 的实习生认为课堂纪律控制良好。

教学技能与管理技能与会“泰语”密切相关，如果用简单明了的泰语进行课堂讲解，或者进行纪律要求，对刚学汉语的学生来说会立竿见影，马上明白。但教学技能与管理技能本身就是经验和艺术的综合，如果教学方法得当，也会吸引学生的兴趣，课堂秩序会变得易于掌控。

3. 大多需要根据学生情况改编汉语教材

根据调查，实习生所在学校有教材的占 50%，但都不完全适合学生情况，47% 的需要改编。由于学生水平低，内容形式一般采用“拼音 + 对话”的占 39%，“对话 + 课文”为主的占 36%。采用的话题主要是：问候、自我介绍、爱好、年龄、时间、购物、事物、天气、水果、动物等。

4. 需要具备中华才艺

泰国中学除了正式上课，还开设兴趣班。很多实习生利用兴趣班传授中国才艺。他们介绍得最多的是中国节日和饮食文化。他们认为中文歌、书法、中国结是最有用的三种才艺，这也是他们自身所具备的才艺。

（二）生活交际

在生活上，泰国的饮食、气候对赴泰国的实习生来说基本都没有问题。让其觉得困难的排名依次是语言沟通（28%）、交通不便（25%），其他包括住宿、洗澡等杂事（25%），也有 22% 的人说没困难。

在跨文化交际中，认为交流很通畅的占 31%，一般的占 64%。其中，认为英语是跟领导、同事交际的主要媒介语的占 56%，他们的教学语言是汉语加英语、泰语，占 92%。

由于这些实习生 84% 以上参加学生、学校的活动，而且学校或者住宿的地方都有网络、手机等，通信手段便捷，跟家人交流通畅，所以 97% 的人没有思乡问题。

四、泰国对汉语教师素质的要求

国家汉语国际推广领导小组办公室（2007）推出《国际汉语教师标准》，对从事国际汉语教学工作的教师，从语言知识与技能、文化与交际、第二语言习得与学习策略、教学方法、教师综合素质五个方面建立了一套培养、培训和评价体系。下面我们根据这些标准，并结合泰国需求特征和志愿者教师所遇到的问题，提出一些建议。

（一）语言知识与技能

我们的实习生和志愿者的汉语语音、词汇、语法、汉字等基本知识和听、说、读、写能力完全能胜任赴泰国教学的任务。其次，在外语方面，英文口语能力基本胜任日常交流，符合当地管理者的要求。赴泰国教学对泰语的要求较高，泰语是汉语教师课堂教学中最管用的媒介语，也是课下跟中、小学生沟通时的主要工具。赴泰国的汉语教师应该掌握泰语的日常会话和教学指令，这方面尚需有针对性地加强。

（二）文化与交际

赴泰国任教的教师一般都能将中国文化知识运用于相关教学，并在兴趣班、活动课，或者是展示栏中传播中国文化。对待泰国尊奉佛教文化和尊崇王室成员的文化，他们都能相应地入乡随俗。在跨文化交际上，这些实习的大学生和研究生们大多能用英语和泰语同本校其他外教、当地同事进行交流，能活学活用泰语，跟学生及其家长进行交流。大多数实习生都能参加学校和学生的重要活动，融入其中，享受异国文化。但对泰国的快乐教学体制、学校制度以及泰国学生的活泼而多才多艺的特点尚需事先了解，才能逐渐适应。

（三）第二语言习得与学习策略

有对外汉语专业或是汉语国家教育背景的实习生会主动利用第二语言习得规律进行偏误分析。他们能注意从汉泰对比分析泰国学生的偏误，主动采用对比、夸张法或者手势法等有效手段纠正其语音、语法等问题。但泰国学生具有想象力丰富、动手能力强、多才多艺、热爱参加各种集体活动等优点，汉语教师应因势利导，抓住其特点设计教学任务，利用比赛、游戏的方式不断激发其学习热情和学习动机。

（四）教学方法

我们的实习学生都能用多媒体等进行辅助教学，在运用传统黑板教学的条件下，能动脑动手设计教具，利用卡片、图片等有效道具教学。泰国管理方总体上对汉语教师是满意的，特别是在应用现代技术方面。但是也有需要进一步提高的地方：第一，在教学方法方面，汉语教师应根据不同学生的性格特点、不同教学内容及时调整训练方法。当前我国高校对外汉语及国际汉语教育专业本科、研究生的见习机会少，理论多于实践锻炼，这种到泰国的汉语教学实习才是真正的锻炼。因此，能发现自己教学技能和管理能力上的弱点，是一种进步。在今后的理论课堂上，应该多加强案例的分析，增加试讲操练，并增强对中小学生课堂管理的培训。第二，应根据教学目标和环境选用合适的教材，特别是改写适合泰国的教材。第三，应该了解泰国的教学体制、学校制度、考评目标和体系，避免“各自为政”，甚至偏离教学目的等情况的发生。

（五）教师综合素质

从综合素质上来说，实习教师基本具备教学反思意识、课堂研究能力。在归国后大多能从汉泰对比、对泰教学等方面设计其毕业论文，这是其对实习经验的总结和升华。但还需要在自我发展方面规划自己的职业目标，注重自身安全、与人相处，培养良好的心理素质，也还需要主动参与学校或者学生社团活动。

五、结 语

总之，泰国需求的汉语教师素质有以下几点：第一，语言知识要扎实，英语口语流利，会泰语；第二，课堂教学技能娴熟，应注意培养课堂多样化管理手段；第三，文化上应了解泰国文化，积极融入当地社团，同时熟悉中小学教育制度、学习习惯，并具备一项中华才艺；第四，心理上应作好奉献、吃苦、合作的准备。

参考文献

[1] 陈青妮，骆小所. 泰中泰北公立中学汉语教师培训状况调查研究 [J]. 云南师范大学学报，2010 (1)：84 ~ 88.

[2] 曹慧覃. 泰国清迈市市政府小学华文教育现状研究 [D]. 暨南大学硕士学位论文，2011.

[3] 冯忠芳，吴应辉. 泰国清迈府中小学汉语教学调查研究 [J]. 云南师范大学学报，2009 (4)：19 ~ 24.

[4] 谢美. 泰国私立波利波思兰西小学汉语教学现状调查报告 [D]. 暨南大学硕士学位论文，2010.

[5] 赵丛娟. 泰国巴吞府中学汉语教学情况及分析 [D]. 郑州大学硕士学位论文，2012.

[6] 范玮. 泰国佛统府佛统中学汉语教学现状、问题及对策 [D]. 云南大学硕士学位论文，2012.

[7] 吴应辉，郭骄阳. 泰国汉语教学志愿者项目调查报告 [J]. 云南师范大学学报（对外汉语教学与研究版），2007 (1)：8 ~ 11.

[8] 吴应辉，杨吉春. 泰国汉语快速传播模式研究 [J]. 世界汉语教学，2008 (4)：125 ~ 132.

[9] 江傲霜，吴应辉，傅康. 泰国汉语教师志愿者教学情况调查对志愿者培训工作的启示 [J]. 民族教育研究杂志，2011 (5)：85 ~ 90.

[10] 刘晓红. 泰国的学校德育：目标、内容、途径与启示 [J]. 外国中小学生教育，2009 (8)：43 ~ 47；37.

[11] 李峰. 泰国汉语教育的历史、现状及展望 [J]. 国外社会科学，2010 (3)：114 ~ 118.

在3P教学框架下植入任务型教学理念

梁晓明*

摘　要： 本文对任务型教学法与传统的3P教学法进行比较，分析二者的优劣之处，并以一堂对外汉语教学示范口语课作为案例，探讨在3P教学框架下植入任务的教法，充分利用两种教学法的合理内核，加强对外汉语口语课的教学效果。

关键词： 任务型教学法；3P教学法；对外汉语；口语课

一、引　言

对外汉语教学必须以“培养汉语交际为目标”。[1]当前，对外汉语口语课教学大多采用功能交际法，其教学模式一般由几个固定环节构成：先是课堂导入，说明上课的目的；接着讲练新内容，解决生字词和学习一些语法项目；再通过课文来进行语言材料的输入；接着提出、解释并练习重点及难点项目；然后巩固新内容，用新学的知识练习交际和表达；最后小结本课所学。过程大致是“展示（presentation）—练习（practice）—表达（production）”这样一个模式。这种课堂教学模式就是3P模式。3P教学法是20世纪70年代形成的交际语言教学模式下的产物，是弱式交际法的代表，这种教学模式一直以来受到不少批判。虽是这样，但目前对外汉语教学的主流模式仍然是3P模式，这说明3P模式仍有可取之处，但有必要进行改进。

随着时间的推移，对外汉语教学领域对任务型教学法愈加重视。任务型教学法，顾名思义，就是一种基于任务或以任务为基础的语言教学途径。通常认为，“任务”指教师在课堂上布置让学生完成的语言活动，但这些活动不是以语言形式为中心的教学活动，而是按学生将来使用语言的需要而设计的交际活动（马箭飞，2002）。[2]

对于对外汉语教学来说，功能交际法教学（3P教学法）仍占主流地位，对任务型教学法的探索是一种新尝试。相关论文成果大多是理论介绍，如吴中伟（2006）的《“任务”的性质和特点——任务型教学法的研究之一》[3]一文中分析了关于任务的种

---

* 梁晓明，2013届对外汉语专业毕业生，现为华南师范大学汉语国际教育硕士研究生。本文指导老师为郑继娥副教授。

种定义，讨论了任务的性质和特点；蔡永强（2006）的《任务型教学法——理论与实践》[4]一文中介绍该教学法的理论背景、基本特征、局限性；赵子明（2011）的《任务型教学法在对外汉语口语课中的应用》[5]一文中介绍任务型教学法在口语课堂应用的教学原则及其步骤，并分析了其在对外汉语口语课应用的意义。也有一些文章提供了实例研究，如李燕（2006）的《任务型教学法与对外汉语初级口语教学》[6]一文以《汉语口语速成入门篇》第十五课“去邮局怎么走”为例，对任务型初级汉语口语课的教学设计作了初步的探索，完整地展示了任务前、中、后的教学过程。袁珂（2008）的《商务汉语口语教学中任务型教学模式初探》[7]一文以《经贸洽谈ABC》（上册）的第五单元会话“参观工厂”一课为例，对商务汉语口语任务型教学模式作了初步的探索。值得注意的是，该文章还提到在任务型教学模式下的商务汉语口语课的教学效果。“课后我们对学习者进行了访谈，大部分学习者对老师所给任务和话题都很感兴趣，认为这些任务活动对提高自己的口语水平有很大帮助，更重要的是他们在完成任务的时候用上了自己平时的语言积累，并学会了如何询问自己所关心的问题和如何介绍工厂情况，学习者对整个过程印象深刻。”[7]

没有一种教学法是十全十美的，也没有一种教学法是一无是处的。本文在辩证看待新兴的任务型教学法和现行主流的3P教学法的基础上，从对外汉语口语教学的实际出发，以一堂对外汉语教学示范口语课作为案例分析，探讨在3P教学框架下植入任务的教法，以利于实现对外汉语口语课的教学目标。

二、3P教学模式与任务型教学结合的可能性

3P教学法的教学模式为展示、练习和运用，即从形式到意义，从机械性操练到交际性练习。前两个阶段都在教师的严格控制之下，任务通常体现在运用阶段，希望学生在表达中巩固所学的语法结构、语言功能或词汇。

当前我们一般认为任务型教学法的教学模式为Ellis（2003）的模式，具体分为任务前阶段（the pre-task phase）、任务中阶段（the during-task phase）和任务后阶段（the post-task phase）。[8]任务前阶段由教师引入主题，介绍任务，激发学生对主题和任务的关注和兴趣，了解具体任务。任务中阶段是用语言来做事的阶段。学生执行任务，教师监督并给予适当协助。任务后阶段是学生报告任务的完成情况，老师进行公正评价。语言分析主要针对学生在完成任务时使用得不太正确的语言形式以及那些应该使用但没使用的语言形式。

任务型教学法的任务前、任务中和任务后三个部分与3P教学法刚好是个相反的过程。任务型教学一开始就明确提出了任务，学生在完成任务的过程中感悟语言，开始学习，待任务完成后，学生的注意力才集中到语言的形式上，即从意义到形式，交际性任务练习贯穿始终。任何一种教学法都不可能做到完美无缺，3P教学法与任务型

教学法也不例外，各有优劣，现分别列举如下：

（一）3P 教学法的优点

第一，教学目标明确，步骤清晰，可操作性强；教学内容系统性强，循序渐进，教学以“展示（presentation）—练习（practice）—表达（production）”为基本步骤，易于教师操作和掌控课堂，提高了课堂教学效率。

第二，把语言切分成很小的教学单元，分别教给学生。学生先从最小的语言单位学起，然后再把这些部分相加或组合在一起，由简单到复杂，由部分到整体，学生易于看到自己的学习成果。

第三，强调语言结构的分析和词汇、句式、语法的学习，大大提高了语言运用的准确性。

（二）3P 教学法的不足之处

第一，以教师为中心，教学内容受教师严格控制，不能体现出以学生为中心的教学思想。学生是被动地接受语言教学内容，学生的学习兴趣得不到有效激发。

第二，教师用于讲解语言知识部分的时间相对较多，学生接触到的是大量的语言知识，或者是语法分析，语言输入是偏重语言形式的、灌输的、脱离现实生活的，枯燥乏味，难以调动学生的内在动机。

第三，练习多是造句，完成句子，缺乏真实交际的需要，常常为练习而练习，容易陷入机械性。学生学习的自主性难以得到有效发挥，语言交际能力也无法得到真正的提高。

（三）任务型教学法的优点

任务型教学法教学强调以具体的任务为载体，以完成任务为动力，强调以意义学习为中心。学习者从被动跟随教师在特定情境中熟悉语言材料，变成了课堂活动中语言交际的主体。

第一，新语言材料的输入贴近真实生活，较好地激发了学生的学习兴趣。

第二，语言练习时强调真实性的任务情境，进行有意义的交际任务。真实的语境或仿真的语境能触动学生储存在头脑中的、已经在课堂上学过或练过的语言点，顺利地表达自己的思想。

第三，在新语言材料的输出中，教师设置任务并不把学生限制在语言形式上，让学生在完成任务的过程中创造性地使用语言，既锻炼了语言表达技能，又增强了学生、师生之间的互动和信息的交流。

总之，任务型语言教学教育学生为用而学，在用中学、学中用，学了就用。

（四）任务型教学法的不足之处

任何一种教学法都不是万能的，任务型教学法也有它的不足之处。这既包括它自身的局限性，如教学内容相对缺乏系统，难以做到循序渐进；任务以及任务类型难以界定，对语言结构的控制难以把握，适用范围有限；评价标准等问题（蔡永强，2006）[4]。也包括它在对外汉语领域的适应性问题。任务型教学法对学生和教师都提出了较高的要求，如基于任务的教学要求教师对教学目的、教学内容重点难点的把握要更全面综合；教材以及学生差异的问题等（胡莹，2011）[9]。

通过以上对比，我们可以看出，3P 教学法虽然饱受诟病，却并非一无是处，尤其是其可操作性强的特点十分适用于实际的班级化对外汉语口语教学，还有教学系统性强，循序渐进，易于教师操作和掌控课堂，而其强调语言结构的分析和词汇、句式、语法的学习，能够帮助学生获得明晰的语法概念，打下扎实的语言基本功。相比之下，任务型教学法虽然理念上更新，但也暴露出一些无法逃避的问题，如关注任务的完成，对语言本身不再刻意强调，教学内容相对缺乏系统性，课堂的组织和任务的设计与实施过分依赖教师的教学能力和教学水平等。目前来看，完全以任务型教学法为核心的对外汉语口语课堂教学法有待深入研究。

三、基于汉语课堂示范口语课的分析

为了提高对外汉语口语课堂教学质量和效率，我们不应局限于某种教学法或流派，而应该更新教学观念，以发展的眼光看待各种教学法，可以把那些适合自己教学实际和学生学习实际的教学方法融会贯通，为我所用，适合我们教学实际的方法才是最好的方法。在此，我们提出将任务型教学法运用于对外汉语口语课中，不是要用这种教学法来取代 3P 教学法，而是尝试在 3P 教学法框架中，植入任务型教学的理念，充分利用交际任务进行口语教学，创造各种机会使学习者在以表达意义为目的使用汉语进行交际的过程中，提高汉语交际能力。下面就通过一个教学案例来探讨在 3P 教学模式框架中植入任务型的理念在对外汉语口语教学中的应用。

本文选用的课堂教学案例是北京语言大学的汉语课堂教学示范系列的一节初级汉语口语示范课，它在对外汉语教学领域极具代表性。该课主要是新课学习，教学对象为来自多个国家的约有一年汉语学习经历的学习者，学习的内容是第一课“旅游计划”，时间约为 75 分钟。

（一）案例教学过程

1. 课堂导入（约 7 分钟）

首先在黑板上展示中国地图与一些照片，教师提问学生是否知道照片上的景物属于中国哪些地方。然后请学生指出照片上景物的所在地，将其准确粘贴在地图上，并简单介绍这些地方。最后教师提出本课学习内容是“旅游计划”。

2. 新内容讲练。（约53分钟）

（1）生词讲练（约13分钟）

读生词，讲解生词，给出例句，造句，生词讲练完毕。

（2）课文讲练。（约40分钟）

课文分两部分，先讲练第一部分。教师演示朗读课文，然后就课文内容提问，接着教师领读课文，师生再一起朗读课文。朗读后，再就课文内容进行提问，问题难度逐步加深。紧接着进行重点词、句的讲解。讲解完，教师就指导学生运用新学的语言形式进行交际练习。主要通过创设情境来造句、背课文、分角色演绎课文会话等。课文第一部分讲解完毕。

紧接着进行第二部分课文的讲解，教学过程与第一部分类似。

3. 巩固新内容（约15分钟）

全部课文讲解完毕后，教师指导学生运用所学的重点词、句，完成一些交际活动，如商量旅游计划等。

教师小结本课内容，本堂示范课也随之结束。

（二）案例分析

从上述教学示范口语课中，我们可以看到整节课呈现的仍然是3P教学模式，即教学以“展示（presentation）—练习（practice）—表达（production）”为基本步骤。但很明显感觉到在该课堂中学生学习兴趣很浓，参与课堂活动的积极性也很高，课堂气氛很活跃、融洽。究其原因，其中一个重要的因素就是教师的教学设计是在3P教学框架中植入任务型教学的理念，在语言项目的呈现阶段，不是直接灌输给学生，而是创设情境，用大量贴近真实语料的例子启发学生，帮助学生自己发现、归纳和总结；在练习阶段，设计灵活多变、贴近学生生活的练习形式；在运用阶段，帮助学生设置真实的语境，开展各种各样形式的交际活动，让学生有更多的机会参与、体验。这样，就改变了以往“填鸭式”的只重语言知识的教学模式，调动了学生的学习积极性，课堂教学的效果自然比传统的3P教学模式更好。

（三）3P教学框架中植入任务型教学的理念在对外汉语口语课中的应用

对外汉语口语课堂教学主要任务就是要创造条件，让学习者通过大量的语言输出，提高汉语交际能力。在3P教学框架中植入任务型教学的理念在对外汉语口语课中如何应用？下面我们结合口语示范课“旅游计划”来分析。

1. 语言项目呈现阶段（presentation）

（1）引入话题。

教师通过有意义的、真实的问答，引入话题，帮助学生熟悉话题。例如在示范课上教师运用中国地图、风景照片，通过提问，如“同学们到过中国哪些地方旅游？那里有什么有名的地方？那里有什么好吃的”，逐步引导学生进入本课话题。学生已在中国生活了一段时间，绝大部分都在中国旅游过。经过对这些问题的问答，学生大概了解了本课的话题。同时，也将语言学习与语言学习者的真实生活、学习经历联系了起来，这样能更好地激发学生的学习兴趣，学生的思维也得到扩展。

（2）提供情景让学生熟悉新语言项目。

为学生提供适当的情景，有助于他们对目标语言功能的掌握。在示范课上，教师在引入话题时，引导学生讲述自己的旅游经历，有的去过上海，有的去过西安看秦兵马俑，有的去过成都、兰州等。这就是让学生联系自身的生活、学习经历，不自觉地把与旅游有关的语言表达出来，内容正与他们将要学的新课有关。这样做一方面激发了学生的学习兴趣，增强了学生学习的自信心，使他们有更加积极参与的欲望，并乐于用汉语表达思想，另一方面又使学生对新学语言有了熟悉感，从而迅速投入新课的学习中。

（3）演示新语言形式及相关词语的形式、意义。

“旅游计划”这一课的相关语法句型有“……好”、“……极了”、“要我说……”、“再说……”、“如果我是你，……听你的”、“还是……”，相关词语有“正好、具体、从来、主意、机会、冬泳、胆量、怕、平均、气温、晒、冰灯、冰雕、热带、哈尔滨、三亚、海南”等。在示范课中教师将本话题所涉及的相关句型和重点词语通过大量的例子演示给学生，比如讲解“正好”这个词时，教师利用自己身上穿的衣服来解释；讲到“冬泳”、“晒”、“冰灯”、“冰雕”等词语时利用电子图片展示；讲解“热带”一词时实物展示热带水果。各种不同的生动有趣的例子，学生一看就懂，加上教师创设的情境，学生很快就会运用于口语交际，这样学生就具备了完成交际任务所必需的语言基础。

2. 语言的练习阶段（practice）

任务型教学强调，在课堂教学活动中，学生以表达意义为主，而不是以操练语言形式为主。不过，靳洪刚（2011）在《现代语言教学的十大原则》一文中指出：任务教学并不排除语言形式练习的必要性，而是通过任务将语言各方面的学习与真实的语言使用接轨，让学习者进一步明确语言学习的最终目的是完成生活中的各种任务，解决生活中的各种问题。[10]在示范课中有的教师采用了控制式练习，也有的运用指导式练习。

在控制式练习部分，教师通过给学生设置情境，让学生就本课的重要语言点做一些练习，为语言材料的输出做好语法上的准备。如：

（1）教师给学生设置情境，“现在你们的朋友要过生日了，请你们商量一下送什么礼物”，让学生两人一组，要求学生用上“……好”，“要我说……”。

（2）学生两人一组根据实际情况，如理查德周末想去长城，你可以不同意，然后给出你的建议，每位同学都可以自由表达自己的观点。要求用上“如果我是你，……听你的”。

（3）根据教师出示的图片，一张图片是长城，一张是颐和园。请学生两人为一组进行对话问答，用上“还是”决定去哪儿玩。

在指导性练习时，教师逐渐减少了对学生语言输出的控制，而学生在教师的指导下得到了有意义的交际练习。如：

（1）两人一组到讲台前边进行会话，商量假期去中国哪里旅行好。

（2）一位学生到讲台前边表示想去旅行，询问大家有什么好主意，其他同学可自由发表意见。

由以上例子，我们可以看到，控制式练习并不意味着机械练习。指导式练习时，教师减少了对学生语言输出的控制，学生使用语言有很大的自主性，学生之间说的话是对方事先并不知道的信息或意见，完成任务或活动一般涉及真正的意义交流，这与传统的3P教学中关注语言结构的练习有本质区别。这样通过多种形式的口头表达练习来完成各项任务，使学生熟练掌握生词与重点词语的意义和用法，熟练掌握与本课话题谈谈“旅行计划”有关的词语和句子，并能围绕本话题与他人进行对话或成段表达。

3. 新语言材料的输出阶段（production）

李燕（2006）认为，在新语言材料的输出阶段，教师要为学生提供更加自由的语言使用空间。[6]在此阶段，教师可设计一些贴近生活实际的交际任务，让学生通过这些交际活动将课堂上所学的语言知识和形成的语言技能灵活运用到真实生活中，转化为具有真实性的一种语言交际。例如示范课堂语言输出阶段的任务活动是：①两个学生一组，商量出旅游计划；②一位没有在中国旅行过的学生到讲台上表示想去旅行，询问大家有什么好主意，其他同学可自由发表意见，最后该学生选择某个同学的建议。在这些交际活动过程中，学生能够流畅地运用本课新学语言项目如“主意、要我说、还是”等，同时还复习了曾学过的“杭州西湖”的内容。通过完成这个任务活动，学生既能够创造性地运用新学的语言材料输出，又能复习使用以前学过的语言知识，同时还保证了交际性。学生的听说能力都得到了很好的锻炼，学会了运用语言形式来交流信息，实现了多管齐下全面提高学生运用汉语进行交际的能力的目标。

在对外汉语口语课3P教学模式中植入任务型教学的理念，可以取长补短，发挥两种教学法的优势，既保证了语言形式教学的系统性，又加强了语言教学的交际性，让学生在有限的学习时间内更快、更好地学有所获，学了就能用。

四、结　语

正如盛双霞（2007）所说，对我们汉语教师而言，任务型语言教学不仅仅是一种教学模式、教学方法，更是一种教学意识、教学理念和教学策略。一旦视任务为教学意识，大到整个课程的设计、一堂课的编排，小到一个教学环节、教学行为都可以纳入到语言任务的活动中。[11]任何一种教学法都不可能做到完美无缺，任务型教学法在对外汉语初级口语课中的运用很多方面都很有可取性和启发性，如上文所述让学生进行互动交际性的有意义操练，新语料贴近真实生活等。在对外汉语教学中不应局限于某种教学法或流派，而应为实现有效教学，博采众长，取长补短。任务型教学法确实有助于有效教学，教师可尝试在以现行的功能交际法（3P 教学法）为主的对外汉语口语课堂中植入任务型教学法，设计贴近真实的交际任务，不但可以增加课堂互动，为学生创造更多使用汉语交流的机会，也能为课堂带来大量的语言输出活动，从而使学生在完成交际任务的过程中，有效提高其口语交际能力。

参考文献

[1] 刘珣．对外汉语教学引论［M］．北京：北京语言大学出版社，2000.

[2] 马箭飞．任务式大纲与汉语交际任务［J］．语言教学与研究，2002（4）：27～34.

[3] 吴中伟．“任务”的性质和特点——任务型教学法的研究之一［A］．中国人民大学对外语言文化学院编．汉语研究与应用（第三辑）［C］．北京：中国社会科学出版社，2006.

[4] 蔡永强．任务型教学法——理论与实践［A］．中国人民大学对外语言文化学院编．汉语研究与应用（第四辑）［C］．北京：中国社会科学出版社，2006.

[5] 赵子明．任务型教学法在对外汉语口语课中的应用［J］．吉林华侨外国语学院学报，2011（2）：94～96.

[6] 李燕．任务型教学法与对外汉语初级口语教学［J］．云南师范大学学报（对外汉语教学与研究版），2006（3）：31～34.

[7] 袁珂．商务汉语口语教学中任务型教学模式初探［J］．内蒙古师范大学学报（哲学社会科学版），2008（6）：103～105.

[8] Ellis R. *Task-based Language Learning and Teaching*［M］. Oxford：Oxford University Press，2003.

[9] 胡莹．任务型教学法在对外汉语口语课堂中的运用［J］．文教资料，2011（5）：53～54.

[10] 靳洪刚．现代语言教学的十大原则［J］．世界汉语教学，2011（1）：78～98.

[11] 盛双霞．基于任务的对外汉语课堂教学［J］．中国大学教学，2007（3）：65～67.

语言学概论课程教学方法的思考

陈宗林*

摘　要： 语言学概论课程理论性较强，难教难学。如何进行该课程的教学，提高教学效果，本文从五个方面进行了探讨：立足于教材；利用学生的语言知识；师生互动；新课前后的复习或总结和正确使用多媒体等。

关键词： 语言学；教学；方法；兴趣；效果

语言学概论课程是高等院校汉语言文学专业的一门专业基础课。它与现代汉语或古代汉语不一样，前者属于普通语言学范围，而后者属于个别语言学范围。作为普通语言学的入门课，语言学概论课程主要涉及人类语言的一般规律，是在个别语言的研究基础上总结概括出来的，其理论性较强，具有高度的抽象性，学生在学习过程中比较难掌握，对其缺乏浓厚的兴趣。如何运用适当有效的教学方法，正确地引导学生，激发学生的学习兴趣，使学生能够真正地理解并掌握语言学的基本理论和方法，是值得我们语言学教师注意的问题。

一、教学应立足于教材，使学生学有所依，学有所获

教师上课切忌照本宣科。为此，有的老师为避免被说成是照本宣科，背离原教材大纲，自拟一套，或补充过多的内容，并让学生记笔记，这样做使学生的学习兴趣不大，浪费太多时间，效果不佳。

教材是用于向学生传授知识、技能和思想的材料，我们应该加以充分利用。教学立足于教材主要有以下三方面的好处：

一是让学生知道自己将要学习的主要内容，他们可以按照老师的要求进行课前预习、课后复习。一般来说教材都是围绕教学大纲来编写的，我们要传授的理论知识，教材里都有，教师的任务应该是帮助学生理解有关的理论和知识，解答疑难问题。而且大学生不同于中小学生，他们有着较强的理解力，他们可以边看边听边理解。我们教学的重点是帮助他们掌握那些抽象的、很难理解的概念和知识。

---

* 陈宗林，湛江师范学院人文学院副教授，主要研究方向为普通语言学和教学法。

二是节省时间。语言学课程的每周学时一般是两到三节，时间不算多，要在有限时间内讲授所有的内容，并且让学生理解和掌握，必须有效地利用教材。课程中次要的、容易理解的内容可以布置学生自学；重要的、难理解的内容重点在课堂上讲授，并且布置学生课后复习，巩固所学的知识。

三是减少学生学习的压力和负担，有效地帮助学生解决有关的疑难问题。学生有教材作为依据，可以边看教材边听老师讲解，并且按照老师讲课的重点，把教材中重要的知识点划下来，不需要抄太多的笔记，集中精力去理解课堂的重点内容。

学生学习的最初目的是为了考试过关，尽管教学的目的是为了帮助他们掌握有关的理论和知识，但二者也有相通的地方，因为考试的目的是对学生对这门课程的基本知识和理论掌握程度作出评价，学生要想通过考试，必须掌握相关的知识点。因此为了帮助他们理解教材的知识点，我们需要立足于教材，如果灌输太多教材以外的东西，学生会失去学习的目标，注意力不集中，而且压力很大，因为他们感到有太多的东西要学要记，心理上会烦躁不安，不愿听课。

当然，适当地讲授一些教材之外的知识是有必要的，可以拓宽他们的视野，但不宜太多、太杂。

二、利用学生现有的语言知识，引发学生的学习兴趣

语言学理论比较抽象，概念比较难掌握，但毕竟是在个别语言的基础上总结归纳出来的。我们应该充分利用学生现有的语言知识。

学生现有的语言知识一般有汉语（包括普通话和方言）和英语，而且语言经验相当丰富，对反映语言的社会特征和时代特征的语言现象，如校园流行语和网络语言也非常熟悉，这是我们进行语言教学非常有利的优势。我们可以通过他们所熟悉的语言引导他们比较不同语言，找出他们的共性和特点，从而进一步总结概括人类一般语言的性质和规律。通过他们所熟悉的校园流行语和网络语言进一步理解语言与社会的关系，社会对语言产生的影响和作用等。这种方法由浅入深，学生容易接受，而且会对该学科逐渐产生兴趣。

三、师生互动，促使学生主动思考问题

传统的教学模式是老师讲、学生听。学生只是被动、机械地接受老师所讲的全部内容，而没有积极地思考问题。过多的内容使得学生很难消化、吸收，其教学效果较差。学生是课堂的主体，我们可以采用问答式，但要注意方式，不要刻意去让某个学生回答，因为这样学生会紧张，所以可以让学生自由抢答，让他们在轻松的环境中学习，效果更好。

采用问答式的主要目的是引起学生的注意，给学生思考问题的机会，有意识地培养他们分析、研究语言现象的能力。

其实语言学概论内容虽然枯燥，但如果将理论联系实际，学习起来是不会感到枯燥乏味的，因为语言是我们日常生活中须臾不可少的，学生们有着较好的语言基础，问及一些语言方面的问题，他们会很感兴趣，并且会很快回答，由最初的被动学习转化为主动学习。

四、课前复习、课后总结

这里的课前课后是指每次上新课之前或之后。每一节新课前复习上一节课的主要内容是非常有必要的，第一是为了巩固所学的知识，为下面学习新的知识打下基础，因为语言学概论课程的知识是连贯的，有了前面的基础，后面的知识会比较容易理解和掌握；第二可以增强学生的自信，因为学生对初学的理论或概念没有把握，往往讲的时候懂，课后就忘了，课前复习可以帮助他们回忆所学过的内容，增强他们的自信心。

课后总结是在每一次新课快要结束的时候，总结所学的主要内容。这一环节也非常重要，可以使学生对当天所学的重点内容有一个总体认识，便于学生把握重点，课后有重点地复习。

五、正确使用多媒体

多媒体是计算机和视频技术的结合，它的使用是当今现代化教学的重要标志。有效运用多媒体可以使教学更具有表现力和感染力，调动学生多种感官的综合作用，激发学生的兴趣。其对优化课堂教学，提高教学效率有重要作用。

目前有条件的学校都要求使用多媒体，在对教师教学的评价项目方面，多媒体的使用也是其中之一。但是我们应该注意的是，不要盲目地使用多媒体，多媒体的使用要结合本课程的需要。有的教师用它来代替板书，只是免除了用粉笔板书之苦，意义不大。有的用来放一些录像，未免太花时间。

语言学概论作为理论性比较强的学科，可以通过多媒体列举大量的语言事实，帮助学生理解相关的知识点。但课件内容不宜太多，尤其是教材上的理论知识不宜都放入课件里。学生看视频会很辛苦，而且会误导学生只忙于抄笔记，影响其对本课程主要内容的理解，达不到应有的教学效果。

正如韩愈的《师说》中所说，“师者，所以传道授业解惑也”，教师的主要任务就是传授知识，帮助学生解决疑难问题。要做到这一点，我们需要积极探索有效的教学方法。语言学概论课程的教学与其他课程比较，有共性但也有自身的特点，我们应该有针对性地研究，使该课程的教学能够发挥积极作用，使学生学有所获，真正地理解和掌握本课程的基本理论知识并具备分析研究语言现象的能力，从而达到我们的教学目标。

参考文献

[1] 伍铁平. 普通语言学概要 [M]. 北京：商务印书馆，2006.

[2] 邢公畹. 语言学概论 [M]. 北京：语文出版社，1992.

[3] 许晋，李树新. 高等院校《语言学概论》课程改革探析 [J]. 内蒙古师范大学学报，2009 (5).

[4] 肖灵. 对“语言学概论”课程改革的若干思考 [J]. 教育与职业，2009 (29).

越南留学生汉语学习个案研究

周东杰*

摘　要：个案研究就是集中、深入地调查一个或几个对象，据此找出问题所在，并提出解决方案。本篇文章就是采用个案研究的方法，对越南留学生学习汉语的情况展开调查，了解其学习汉语的动因，学习和使用汉语的情况以及影响因素，在中国交朋友的情况等，据此总结出学习第二语言的一些方法、策略。

关键词：越南留学生；学习汉语；个案研究；第二语言

一、研究的理论依据

陈李绸指出，个案研究是系统调查一个个别的案例的研究方法，经过对个案的深入分析以解决有关问题。[1]“具体而言，是以个人或个人所组成的团体（如小组、班级）为研究对象，搜集和整理有关各方面的完整的客观情况及资料，包括历史背景、测验材料、调查访问结果、评定、谈话等，从而找出被研究对象的心理特征、问题的形成和发展原因及过程，在某些情况下还包括设计和尝试一些积极措施，以促进对象问题解决的一种研究方法。”[2]通过个案研究，我们不仅可以发现留学生学习、使用汉语的原因及现状，而且还可以根据留学生自己的叙述，深入研究他们学习汉语的过程，并据此总结出学习第二语言的策略。

二、研究概述

（一）研究对象的确定

综合我们学校的留学生状况、留学生的汉语使用情况以及影响留学生学习汉语的因素，我们确定了越南留学生阮同学作为研究的对象，他基本上能反映研究的结果。

---

* 周东杰，湛江师范学院对外汉语专业 2013 届毕业生，现为华侨大学华语与华文教育硕士研究生。本文指导教师为郑军副教授。

之所以把他作为研究对象，是基于以下几方面的考虑：第一，通过三年的学习，他目前的汉语水平比较高，算是我校对外汉语教学比较成功的案例，对于成功的案例，我们应该剖析原因，为以后的对外汉语教学、第二语言学习提供借鉴。第二，他在我校学习了三年汉语，第一年进行语言学习，之后学习大学本科课程，这基本上反映了我校中长期留学生的培养模式，是我校对外汉语教学的缩影。第三，他可以使用汉语进行交谈，无需寻找辅助人员帮助我们沟通。这样不仅快捷、方便，研究的成本低，可操作性强，而且保证了调查材料的真实性。

（二）搜集资料和研究方法

资料收集主要使用采访和网络沟通的方式。2013 年 4 月 26 日笔者对阮同学进行了采访。在采访时，笔者根据事先准备好的几个核心问题对阮同学进行采访，这些问题分别是学习汉语的目的、在越南学习汉语的经历、在中国学习汉语的情况，在中国影响他学习汉语的因素和跟中国人交朋友的情况等。阮同学主要使用内省、回忆的方法进行口头陈述，采用电子邮件、QQ 聊天的方式进行辅助沟通。采访进行了一个半小时，本人对采访进行了现场录音，采访结束后，笔者把全部的录音材料转变成文字材料，并且保存了所有电子邮件、QQ 聊天记录等书面材料。为保证材料的真实性，笔者对阮同学提供的材料未作任何加工处理，并得到了阮同学的印证。

在个案研究时，笔者主要从以下五个方面对个案进行描写和分析，分别是个人的基本情况、学习汉语的目的、在越南学习汉语的经历、在中国学习汉语的情况及影响因素和在中国交朋友的情况等。

三、阮同学个案研究

（一）个人情况

阮同学，男，22 岁，越南人，母语为越南语，第二语言除了汉语之外，还有英语、韩语、泰语，为广东湛江师范学院大二学生，专业为对外汉语。他来中国之前没有学过汉语，只是通过越南商店的招牌和汉语书本见过一些汉字。2010 年 9 月来中国学习了一年汉语语言课，2011 年 9 月进入湛江师范学院人文学院学习对外汉语专业本科课程。独自居住在弘志苑学生公寓。2013 年 4 月接受了笔者的采访，接受采访时为大二学生。

（二）学习汉语的目的

阮同学学习汉语的动机非常强，他多次提到学好汉语在越南找工作是一个优势。他说："舅舅让我读汉语，舅舅也学了一点汉语，学会了汉语在越南会比较好找工作，找工作的时候会有一个优势，越来越多中国人去越南。”在谈到本科毕业后打算做什么的时候，阮同学出人意料地说他想考研，而且是在中国读研究生。他说：“大学毕业后还要申请读研，在广州或者北京，申请广州的研究生以后想做生意会比较方便，想把汉语学好一点再去北京。”就业和升学的动力激励着阮同学现在把汉语学好。

（三）在越南学习汉语的经历

阮同学在越南没有学过汉语，家人也不会说。表姐作为交流生来中国学习半年之后，他的舅舅觉得还可以，就让他高中毕业也来中国学习汉语。不过，在越南，阮同学倒是接触过一些汉字。他讲道：“在我小时候，在越南还有一些汉字，例如，商店招牌、书本等，我看，我就模仿那些字，可是怎么模仿也模仿不了，因为那些字是用书法的方法写的，模仿了笔画，之后就不模仿了。”“从小没想过学习汉语，家里有一本汉语书，经常摸翻一下，玩儿一下。”其实，阮同学虽然在越南没有学过汉语，但是他看到汉字想去模仿一下，看到汉语书想去摸、翻，想去玩儿一下，我觉得这才是真正有兴趣、真正喜欢汉语。

（四）在中国学习汉语的情况及影响因素

2010 年 9 月，阮同学来到中国学习汉语，来的时候阮同学的汉语水平基本上是零基础，为帮助他尽快适应中国的生活，较快地学习汉语，我校为他专门开设了四门课：综合课、听力课、口语课、阅读课。他讲道：“刚来中国第一年，学校给我开了四门课：综合课、听力课、口语课、阅读课，有两位老师教我，有两位 08 级的师姐教我，现在这两位师姐去印尼教汉语了。刚开始时上课全部用中文，老师不懂越南语，我也不会汉语，听不懂就随便听，很随意。综合课，刚开始的时候是讲元音、辅音，就跟老师读，老师怎么读，我就怎么念，学完元音、辅音，就开始学课文，汉语书上有拼音，很好，掌握了一些拼音，汉语书生词旁边有拼音，还有英文解释。”当问到他，刚来的时候，不会汉语，在学习、生活上会不会感到很辛苦、很累，不想学了，他说：“刚来的时候因为是随意学，所以没什么压力，没觉得累。反正来了，就随意学一下，没想到学到现在的水平。”在生活上，因为当时汉语水平很差，买东西都是由表姐和一位商学院的越南籍师兄陪着。他一个人居住，没有固定的语言学习伙伴，经常一个人出去吃饭、买东西，这对提高他的汉语水平有一定的作用。另外，他积极主动跟中国同学聊天、交朋友，也比较认真地学习汉语，所以几个月后，他的汉语水平就有了很大提升，口语上跟同学们的日常沟通已经没有太大的问题了，但书面语上，还有待进一步提升。

2011 年 9 月，阮同学开始了他的本科课程学习。由于跟中国全日制本科大学生一起上课，同样的老师、同样的课本，所以对刚学了一年汉语的阮同学来说是一个很大的挑战。课本内容比较难，尤其是古代汉语和文学类课程，涉及很多古代和文学方面的知识，他不懂。还有一些老师的普通话不太好，他也听不太懂。他说："现在的本科课程挺难的，有一些专业课、理论课，反正就觉得挺难，尤其是古代汉语、古代文学。有的老师讲得好，听一下也没事，有的老师普通话不太好。如果有的课听不懂，就学其他的。"由此可见，本科课程对于阮同学来说还是有点难，就像拔苗助长，可是阮同学比禾苗坚强多了，他挺过来了，而且还积极学习，能听懂多少就学多少，这种心态真的很难得。现在，他还是有点儿听不懂古代汉语和文学的课程，但他说比以前好多了。在学习中有不明白的知识，他会主动请教同学。为了帮助他适应本科课程，班委还帮他找了学习伙伴，帮助他理解课文，完成作业。

当问到阮同学现在感觉自己的汉语水平怎么样的时候，他谦虚地说："还是不行，我觉得我的汉语很差，表达方面很弱，有时候不能完全表达自己的想法，有时候还要想一下。"另外，他还感到自己欠缺一些语用文化方面的知识，例如"有时候该用什么方式说，我不知道"。由此可见，阮同学已经觉察到汉语深层方面的东西，开始对自己的汉语学习提出了更高的要求。

在住宿方面，他一直是一个人住在学校的学生公寓。当问到一个人住会不会对学习汉语不利时，他讲道："在上本科课程以前，没有其他的中国朋友，刚开始两个星期只是跟表姐和一位商学院的师兄沟通，两个星期后，就开始找同一栋楼的男生聊一下，那时就会几句，你叫什么名字啊，你家有多少人，就随便聊一下。"阮同学虽然一个人住，但是他仍积极主动地跟中国学生交朋友。

阮同学性格开朗、积极向上，在和中国同学交流时积极主动、不害羞、不胆怯，会什么说什么，听得懂就听，听不懂就算了，也不着急、苦恼，这种心态很好，而且他多次强调要随意学习汉语，才能学到，太刻意了，压力比较大，学习的效果不好。他说："刚开始时上课全部用中文讲课，老师不懂越南语，我也不会汉语，听不懂就随便听，很随意。""我学汉语，经常找一些中国朋友跟他们聊一下，刚开始，很多不懂，懂什么就说什么，没有不想跟中国朋友聊天的感觉。"从这里我们可以看出，阮同学在刚开始学习汉语的时候心态比较放松，没有什么压力，没有把汉语当做很难的东西去学习，这样反倒比较快地学到了汉语。他说："后来，就上了专业课，同学知道了我是越南学生也会主动跟我聊天，现在我也会主动去找他们聊天。"

阮同学对自己学习汉语的要求比较高，认为自己应该天天进步。他讲道："我觉得我不学，我的水平没有提高的话，就觉得挺糟糕的，我表达的时候没有之前那么自然，我就会觉得我的汉语退步了，因为大家要天天向上的嘛。"当问到现在他还要同时学习韩语和泰语，这样会不会对学习汉语造成影响，他谈道："现在学习的其他语言，虽然不能扰乱我的思维，但我要抽时间学，就可能学汉语的时间少一点，专门学汉语会好一点。"

阮同学平时会看新闻，他说："有时候听不懂，但可以听一下发音，广播的发音是比较准的。"

（五）在中国交朋友的情况

可能由于阮同学乐于助人、随和、开朗的性格，他在学校的朋友很多，不仅有中国朋友，还有很多来中国学习汉语的印度尼西亚、韩国、越南、泰国的朋友。交友的范围不只局限于同学，就连开校车的司机、卖快餐的阿姨、管宿舍的宿管阿姨，他都很熟。他谈道："因为我的汉语水平比较差，有的还是不会说，他们就会问你是哪里人啊，就说了，他们就知道我是越南人了，很热情，每次都打招呼啊，就感觉很亲切。""学习汉语，要多与中国学生用汉语交流，一起吃饭、一起玩，会学到汉语的一些日常生活用语。"他还积极参与社团活动，来发展自己的兴趣，扩大自己的交际范围。他最喜欢的体育运动是毽球，也很擅长，在毽球协会他认识了很多中国朋友。他说："刚来的时候不知道有毽球协会，一天吃完饭，就看到了毽球协会在举行比赛，就认识了09级对外汉语班的黎晓燕师姐。她就叫我去玩一下，过一个月就可以加入协会，我就加入了几个协会。刚开始的时候不认识他们，跟晓燕接触比较多，她拉我进来，跟我交流比较多，后来慢慢跟大家熟悉一点。我们协会有一个特点就是踢完毽球以后，大家一起吃夜宵，大家踢完球就一起去吃夜宵，聊一下，慢慢就熟悉了嘛，又交到朋友。"由于阮同学积极参与各种活动，也很有礼貌，碰见熟人总是先打招呼，人也很善良，大家都很愿意跟他做朋友，愿意教他汉语，所以他的朋友也就很多。

（六）总　结

阮同学学习汉语的目标非常明确，他积极主动跟中国同学交流，虽然刚到中国时的汉语水平很低，但通过努力，他的汉语水平已经有了很大的提高。如他所说："现在跟刚来对比，又学到一些生词，词汇量多一点，理解能力也好一点。之前的话，遇到不懂的词、句子，解释也不懂，现在的话八成可以懂了。现在可以看报刊，只是比较慢。看小说的话，好像觉得还是挺难的，大概意思能懂，就是会有一些生词。发音的话，可以辨认出前后鼻音、平翘舌音，分得清楚一些，以前不知道有前后鼻音，我听北方的同学讲普通话，发现了前后鼻音。"由于阮同学的本科课程在中国是全汉语授课，跟中国同学一起上课，所以阮同学的汉语学习已经从纯语言技能学习过渡到文化、专业知识学习。他说："有几个词可以作为例子：几经兴衰、斋戒、松动。这几个词以前不知道什么意思，在学《中国文化概要》时遇到，我不懂，就问同学，现在我懂了。"阮同学发来的邮件，表达清楚、层次分明、用词准确，跟中国学生写的邮件基本没什么两样。由此可见，通过三年的认真学习，阮同学的汉语在听、说、读、写各方面都有了很大的提高。

四、对第二语言学习的启示

（一）动机非常重要

刘珣提到：“动机在情感因素中又占极其重要的地位。调查发现，在影响第二语言学习的诸因素中，动机占33%，学能占33%，智力占20%，其他占14%。”[3]由此可见，在影响第二语言学习的诸多因素中，动机对第二语言学习的影响非常大。“学习动机作为人类行为动机之一，是直接推动人们进行学习的一种内部动因，是一种为满足个人物质需要和精神需要而渴望了解、认识世界的心理状态。”[4]阮同学之所以能较快地学会汉语，一个很重要的原因就是有强烈的动机。Gardner 和 Lambert 把第二语言学习动机分为融合型动机和工具型动机。[5]他多次提到学会汉语后在越南找工作会有优势，并且提到还想在中国读研究生，这说明阮同学学习汉语的工具型动机非常强，目标非常明确。另外，他还主动跟中国人交朋友，想要了解中国的习俗、文化，除了学习汉语普通话，他还喜欢学习汉语方言——粤语，这说明阮同学的融合型动机也非常强。他是工具型动机带动了融合型动机，使工具型动机和融合型动机合二为一，达到了很好的学习效果。

（二）态度

思想决定行为。刘珣说：“态度是个体对某种客观事实的评价性反应，是在对事物了解的基础上产生情感上的褒贬好恶，并反映出对之采取行动的倾向性。”[3]这说明了态度反映出思想，对某事的态度决定了对某事的行为。阮同学学习汉语采取的是一种积极的态度，所以他主动跟别人聊天，主动参加各种活动，主动提前预习课文，他说：“综合课要先学后面的课文，最好比老师要快10篇课文以上，增加词汇量。”阮同学在课余时间还经常读课文，他说：“我会读课文，有时候一篇课文读十几遍，不能背，但读得很熟。读的时候很有感觉，不用老师教，碰到不会的字音，就查字典，字典上有拼音，旁边还有英文注释。”除了学习课本知识，他还经常看报纸、听新闻广播、听汉语歌、看汉语电视剧。他说：“平时，听那些广播，或者是看电视剧，有时候也听一下音乐之类的。刚开始的时候随便听，虽然听不懂，现在能够听懂了。”从以上内容就可以看出阮同学学习汉语是比较积极的，所以他的汉语在较短的时间内就有了很大的进步，这跟他的态度有很大关系。在学习第二语言的时候，我们应该采取积极的态度去学习，积极主动地学习目的语，学习目的语的文化，跟讲目的语的人交流，这样有利于目的语的习得。

（三）性格

张旭东、刘益民、欧何生提到：“性格是指一个人对现实的稳定态度和与其相适应的习惯化的行为方式。”[4]性格大致可以分为外向型和内向型。阮同学的性格开朗、活泼、乐于助人、温和而不易动怒，基本上属于外向型。他常强调：“随意学才能学得到，如果刻意的话，会有压力，效果不好……”“可能我性格，想开心一点，我有时候会跟大家逗一下，开一下玩笑，比较随意，也不是刻意什么，觉得还是挺开心的，刻意的话，就觉得不好。”乐于助人、开朗的性格使他有很多朋友，积极主动的性格使他抓住每一次学习汉语的机会，温和、随意的性格使他在学习汉语的过程中没有感到压力，而是觉得快乐。阮同学学习汉语的状态是学习第二语言的理想状态，所以取得了非常好的效果。

（四）语言环境

张建、王玲强调：“语言习得离不开语言环境，已经成为人们的共识，无论是第一语言习得还是第二语言习得，语言环境都是其生根发芽的肥沃土壤。”[6]于莉丽、董江华认为：“自然语言环境是指以该语言为母语的生活环境。”[7]阮同学是在以汉语为母语的环境，即自然环境下学习汉语的。他刚来的时候不会说汉语，这里的老师、同学也不会讲越南语，上课的时候基本上是全汉语授课，下课交流也基本上是汉语，而且他是一个人住，这一开始就对他提出了很高的要求，这种纯汉语的语言环境要求阮同学只有快速提升汉语，才能正常地生活、学习。他讲道：“我来了之后就很少跟我表姐和那个师兄一起，我自己去吃饭，自己多跟中国的同学交流。”这启示我们在学习第二语言的时候，如果在母语环境下学习，应尽量利用母语环境，来提高自己的水平；如果不在母语环境下学习，应通过各种方式，如看电影、听音乐、听新闻广播、看报纸等，积极营造母语环境。

参考文献

[1] 陈李绸. 个案研究 [M]. 台北：台湾心理出版社，2013. 1.

[2] 沈伟伟. 探索自主学习：对两位大学新生的个案研究 [J]. 学术交流，2013 (1)：56~58.

[3] 刘珣. 对外汉语教育学引论 [M]. 北京：北京语言大学出版社，2000. 220.

[4] 张旭东，刘益民，欧何生. 心理学概论 [M]. 北京：科学出版社，2009. 152~153.

[5] Gardner, R. C. & W. E. Lambert. *Attitudes and Motivation in Second Language Learning* [M]. Rowley: Mass.: Newbury House, 1972.

[6] 张建，王玲. 汉语口语教学要重视社会语言环境及非智力因素 [J]. 语文与翻译（汉文），2009 (4)：68~70.

[7] 于莉丽，董江华. 对一位维吾尔族女教师汉语学习的个案研究 [J]. 新疆教育学院学报，2011，27 (2)：13~16.

教材研究

作为汉语教材的《语言自迩集》①

郑　军*

摘　要：《语言自迩集》作为一部优秀的汉语教材，对当前对外汉语教材的编写仍具有借鉴意义。本文从针对性、教育性、媒介性和实用性四个方面详细分析了《语言自迩集》作为汉语教材的价值，然后指出了其中的不足。认为该书注重针对性，教学对象和教学目的明确；注重教育性，选材内容丰富、形式多样；注重实用性，教学从日常生活口语开始；注重媒介性，充分发挥母语在汉语学习中的作用。

关键词：语言自迩集；汉语教材；价值

一、引　言

《辞海》[1]介绍威妥玛时讲道："在华期间曾编汉语课本《语言自迩集》。"但学者们一直未能见到这本书，更不用说认真研读这本书了。直到 2002 年，在张卫东的不懈努力和无私奉献下，国人才有幸一睹此书。

《语言自迩集》作者威妥玛（又译作伟德，Thomas Francis Wade，1818—1895），1841 年来到中国，在英国驻华公使馆任中文秘书，负责海外雇员的汉语教学多年。1872 年任驻华公使，1882 年卸任回国，成为剑桥大学首任汉语教授。

威妥玛的《语言自迩集》前后出版过三版：1867 年第一版，四卷本；1886 年第二版，三卷本；1902 年第三版，简本二卷。第二版《语言自迩集》分为两大部分，分别称为"口语（Colloquial）系列"和"文件（Documentary）系列"。由张卫东翻译，北京大学出版社出版的《语言自迩集》依据的是第二版"口语系列"。该书包括胡明扬的序，张卫东的译序，凡例，第二版序言，第一版序言，学习指南备忘录，第一章发音，第二章部首，第三章散语章，第四章问答章，第五章谈论篇，第六章秀才求婚，或践约传，第七章声调练习，第八章词类章和附录北京话音节表、北京话字音表。

---

① ［英］威妥玛．语言自迩集．张卫东译．北京：北京大学出版社，2002．

* 郑军，博士，副教授，主要研究方向为对外汉语教学和社会语言学。

张卫东[2]指出："《语言自迩集》作为一部优秀的汉语教材，影响是全世界性的。""《语言自迩集》是那个时代英美人普遍使用的课本。""威妥玛的《语言自迩集》第一版，便成了此时日本汉语教育唯一可用的蓝本。1879 年，日本出版的北京官话课本《亚细亚言语集》，即以《语言自迩集》为蓝本。""跟口语系列《语言自迩集》配套的，是书面语系列的《文件自迩集》。去年我们在韩国奎章阁发现了它的一部手抄本。这表明，《语言自迩集》也曾在朝鲜半岛流传。""《语言自迩集》在欧洲也很有影响力，直到 1902 年，俄国学者仍说'迄今为止大家还是认为伟德（Wade）的课本是最好的'。"在 2000 年 7 月召开的"对以英语为母语者的汉语教学讨论会"上，张德鑫[3]指出："即使用当代的观点来审视《语言自迩集》，这部著作仍未'作古'，并应在对外汉语教材编著及汉语研究史上占有一席之地。"

那么，这是一本什么样的奇书，以至于在当时影响广泛，至今仍为人们所瞩目呢？下面我们将从汉语教材的角度探讨这本书的价值。

二、注重针对性，教学对象和教学目的明确

赵金铭[4]指出："教材必须有针对性，为谁而编，为什么样的目的而编，要明有所指，要符合学习者的自身情况与需求。"《语言自迩集》十分重视教材的针对性。在第一版序言中较前的部分就指出："它（指《语言自迩集》）的基本功能是帮助领事馆的学员打好基础，用最少的时间学会这个国家的官话口语，并且还要学会这种官话的书面语，不论它是书本上的、公文信件上的，抑或具有公众性质的文献资料中的官话。"[5]这里明确指出了教学对象是"领事馆的学员"，教学目的是帮助这些人用最少的时间学会这个国家的官话口语和书面语。在序言的后半部分，又从教学对象的能力情况和努力程度以及教学目的的时限性和基本水平上进行了细化，指出"它所包容的基本资料的采集，要能让任何一个能力和努力程度一般的学生，从抵达北京的那一天起，在一年之内，对本地话有非常不错的认识。"最后，又从发展的层次上进一步明确了教学目的——"本课程声称给学生的全部内容是要让他打下一个坚实的基础。要适应他自己要求的更高级的职位，他就必须大大地扩展自己的知识范围。"[5]从学习者需求上来讲，适应了当时驻华领事馆学员必须掌握汉语才能与清廷打交道，从而成为一名合格翻译员的迫切需要。

从以上分析可以看出，《语言自迩集》对教学对象和教学目的做到了定位准确，表述具体，为该书成为一本优秀的汉语教材奠定了坚实的基础。那么我们当前编写的教材是否做到了这点呢？实际上许多并没有，更谈不上超越了。赵金铭[6]指出："我们现有的许多教材，或者根本不提教材目标的问题，或者笼统地说上一句'本教材以提高学习者的汉语口语能力为目的'、'本教材培养学习者运用汉语进行交际的能力'之类的话就算了事。至于把汉语口语能力提高到'什么水平上'，交际能力在'何种

范围和层次上’进行，则语焉不详。”而教学对象和教学目的是教材设计和编写的灵魂和指南，是教材设计和编写的出发点和归宿，重视教学对象和教学目的，100 多年前的外国人尚能做到，而我们却做不到，这值得我们深刻反思和学习。

三、注重教育性，选材内容丰富、形式多样

赵金铭[4]指出：“选材是教材编写中十分重要的环节，时至今日依然未能引起人们的足够的重视。”《语言自迩集》非常重视内容的选材，并且特色鲜明。首先值得一提并应当引起我们思考的是该书选材的教育性。教育性在当前我们对外汉语教材的编写中，由于诸多原因已考虑很少，而该课本非常重视选材的教育性，即使以中国文学作品《西厢记》为框架写成的“秀才求婚，或践约传”，也从当时的教育需要出发对其内容进行了改写。如课本中描写了郑恒从不务正业到成为盗贼，最后被刺字充军死去的过程，从而教育人们要走正道，不要做贼，要做“士农工商”，因为“世间除了士农工商才靠得住”。在第五章谈论篇中，其中具有教育意义的内容约占 3/4，近 75 篇，有的还有意识地与中国传统的名言警句学习结合起来，涉及做官要奖罚分明；对待老人要孝顺；勤俭持家；承诺的事要尽快做；劝少喝酒，因为“酒是乱性伤身子的毒药”；做事要与人协商，因为“有拐棍儿不跌跤，有商量儿不失著”；要重视读书学习，因为“人往高处走，水往低处流”；教育旗人小孩要努力学习，因为“幼不学，老何为”等。下面我们以谈论篇百章之六十七为例[5]：

［长者］你啊，是个很好的人，心里没有一点渣儿，就是嘴太直。知道了人家的是非，一点儿也不肯留，必要直言奉上。虽然交朋友，有规过的道理，也当看他的为人，可劝再劝罢咧。若不这样儿，只说是个朋友，并不分亲疏就劝，那如何使得？方才说的这些话，那不是好心么？他倒心里很不舒服。瞪着眼，疑惑着说：哎呀！要小心啊！保不定这是害我罢？

［少年］兄台，你说的这些话，实在是给我治病的良药啊！我很信服。这原是我一生的毛病儿，我岂不知道么？就是遇见这样儿的事情，不由地嘴就痒痒，说出来。古人原有“不可与言而与之言，谓之失言”的话啊。从今儿起，我痛改前非罢，日后再要这么样儿多说话，纵使兄台往我脸上啐唾沫，我也甘心领受！

这篇采用对话的形式，语言浅显易懂，内容短小精悍，非常清楚地说明了一个道理：劝说朋友时不应心直口快，而要认真思考后再为之，因为“不可与言而与之言，谓之失言”。这样学生在学习语言的同时，也不自觉地接受了教育，从第二语言教材编写的角度来讲，可谓设计精妙，意义深远。

另外，该课本的选材形式多样，有散语、问答、谈论，也有比较长的完整的故

事，每一部分还有词语解说等。

四、注重实用性，教学从日常生活口语开始

赵金铭[6]指出，教材的实用性有几层意思，首先，“要求所编写或所选择的教材要让学习者感到‘学了有用’，无论是‘当前急用’还是‘未来使用’”。《语言自迩集》非常重视实用性，第一个把北京话作为学习的对象，满足了学习者作为官方译员的实际需要。威妥玛指出，北京话“是官方译员应该学习的语言”。[5]选择北京话作为学习对象，这是因为在当时，官话分为南京官话、北京官话和西南官话，分别以南京、北京、成都为代表点，南京官话在更大的范围被理解，而“那些想说帝国宫廷语言的人一定要学习北京话，而净化了它的土音的北京话，就是公认的‘帝国官话’”。[5]因此，威妥玛指出：“学生可以放心，如果讲好了北京话，他跟任何讲官话的本地人之间，相互理解就不会有什么困难，只要对方的方言不是明显地偏离标准。”[5]从内容上来讲，教学从日常生活口语开始，让学生熟悉语音、常用的习语和句子，大多数课文涉及问候、买卖、问路、学习、家庭、官场、朋友来往和外出游玩等，即使以中国文学作品《西厢记》为教学框架，也不惜为追求实用性而破坏文学性，所用的词汇和句式也力求适合学生的水平和需求。另外，该课本在语言上口吻逼真、惟妙惟肖，使用了大量的口语词汇和句式，下面我们来看问答章之三中的一段对话[5]：

来。
喳！（进来问）老爷要甚么？
你是甚么人？
小的叫来福。
你姓甚么？
小的姓张。
你在这儿干甚么？
小的是替哥哥来替工。
你哥哥是谁？
小的哥哥叫来顺。
阿，就是给我看书房的那个来顺儿么？
不错，就是那个来顺。

这是老爷与仆人对话的一部分，语言材料来源于生活，来源于现实，句式简短，口语色彩浓厚，如“来、喳、小的、叫”等。这一问一答，非常形象地再现了老爷与

仆人对话的情境。从教学的角度来讲，为采用角色扮演的方式进行教学提供了便利，在简单对话中，第二语言学习者轻松愉快地学习和掌握了在生活中马上能运用的词汇和句式。

五、注重媒介性，发挥母语在汉语学习中的作用

对外汉语教学是一种外语教学，是在学生已经自然习得母语之后进行的第二语言教学。而学习者大多数是成年人，母语的习惯已深深地烙在他们的身心中，并且大多具备一定的母语知识，这种母语一方面对外语学习会有一定的干扰作用，另一方面，如果恰当地使用会收到事半功倍的效果。《语言自迩集》非常注重发挥学生母语在汉语学习中的媒介作用，在讲解语音时，把汉语的语音与学生熟悉的母语英语等欧洲语言进行类比；在讲解语法时，以西方语言学理论概念为框架分析说明汉语语法；对于课本中出现的词语、句子和篇章都进行英语翻译，为学生在以英语为媒介而理解的基础上学习汉语提供了方便，避免了学习的单调性和乏味性。

六、其　他

另外，该课本的价值还体现在科学性上，一是内容的安排遵循了循序渐进的原则，二是根据汉语特点合理编排语音、汉字和语法等内容，对此郑军[7]已进行了深入探讨。该课本还注重文化性，寓文化教学于语言学习之中，尤其重视通过习语的学习和阅读中国通俗小说提高汉文化的修养，认为“深入到熟语集中越早越好”[5]要进一步提高学习能力，“他可采用的较好的办法，莫过于读中国通俗小说。在适当的指导下，对话和描写可丰富他的词汇，他还将同时从中国思想和国民性这两方面获得知识”；[5]根据不同的学生采取不同的教学策略，“如果学生的耳朵反应慢，他就应该及早决定并毫不犹豫地更多地采用如下的学习方式——听老师反复地讲解课文；如果他发现自己总是记不住汉字，那就反复细读课文”；[5]善于发挥众人之力，合力编写教材，与中国学者应龙田和本国学者希利尔等进行了友好密切的合作。

当然，站在今天审视100多年前的《语言自迩集》，该课本还存在许多缺点和不足，如散语章由于被语法束缚着，加之大量的注释，给人感觉重复、混乱；课本虽从教学角度考虑，列举了与之相关的北京话语法内容，但由于认识的深度不够，不能充分发挥汉语语法在第二语言学习中的作用；课本练习只有汉译英和英译汉，形式单调，容易使学生产生厌学情绪；课本内容难度较大，生词偏多，句型复杂，篇幅过长，如在第六章“秀才求婚，或践约传”第五段中，可能由于过多地追求故事的完整性和趣味性，出现了“近视眼”、“出脱”、“勒掯”、“燉”、“情面”、“开怀畅饮”、“出言不逊”、“鳏寡孤独”、“假公济私”、“天理昭彰”等30多个新词或新字，有的

是习惯语，有的是成语，有的是古语，文章 1 200 多字，这些似乎都忽视了第二语言学习者汉语阅读的困难。

参考文献

[1] 辞海编辑委员会. 辞海 [M]. 上海：上海辞书出版社，1989. 4340.

[2] 张卫东.《语言自迩集》译序 [J]. 汉字文化，2002 (2)：46 ~ 50.

[3] 张德鑫. 威妥玛《语言自迩集》与对外汉语教学 [J]. 中国语文，2001 (5)：471 ~ 474.

[4] 赵金铭. 论对外汉语教材评估 [J]. 语言教学与研究，1998 (3)：4 ~ 19.

[5] [英] 威妥玛. 语言自迩集 [M]. 张卫东译. 北京：北京大学出版社，2002. 12 ~ 24；182；260.

[6] 赵金铭. 对外汉语教学概论 [M]. 北京：商务印书馆，2004. 176；183.

[7] 郑军.《语言自迩集》的科学性探讨 [J]. 理论界，2009 (8)：159 ~ 160.

对外汉语教材的语法问题

胡明亮*

摘　要：教材的编写滞后于汉语本体研究，未能充分吸收和利用汉语研究的成果，因此造成汉语教材在语法方面的一些不足，主要体现在以下五个方面：①重视综合，忽视分析；②重视结构，忽视语义；③重视句子，忽视语篇；④重视规则，忽视倾向；⑤重视编写，忽视实例。建议在编写教材时，更多考虑语言研究成果，兼顾不同方面。教师在实际教学中，应尽量利用语言研究的成果，弥补和纠正教材的不足。

关键词：教材；语法；语义；语篇

一、绪　论

汉语教学在全世界蓬勃发展，针对不同国别、不同层次、不同专业的对外汉语教材大量涌现。这些教材经过编著者们的精心打造，质量较高，而且各有特色。包括教师培训教材在内的汉语教材应该吸收汉语研究的新成果，应尽量反映汉语实际，以更好帮助学习者掌握汉语语法。但是，由于教材的编写滞后于汉语本体研究，难以及时和充分地利用汉语研究成果，以致汉语教材在语法方面存在一些问题。

二、语法讲解的五个问题

汉语教材的语法讲解，主要有以下五个方面的问题：①重视综合，忽视分析；②重视结构，忽视语义；③重视句子，忽视语篇；④重视规则，忽视倾向；⑤重视编写，忽视实例。

（一）重视综合，忽视分析

在讲述语法时，将结构、语义和语用混为一谈，将不同层面的概念，如主语、名词短语、施事、受事等相提并论。结果，不仅学生看了糊涂，而且教师也不清楚。例

* 胡明亮，博士，湛江师范学院外国语学院教授，主要研究方向为对比语言学和语言教学。

如，对“把”字句的描述，不区分语法、语义和语用三个层面。下面是一本教材与“把”字句相关的课文和介绍。[1]

（1）第四十一课　西红柿炒鸡蛋。

张红：西红柿炒鸡蛋，又好吃又好学，咱们一起做怎么样？

玛丽：行，我做什么？

张红：来，把鸡蛋打到这个碗里，用筷子搅拌均匀，再把西红柿切成小块儿。

玛丽：你看这么大行吗？

张红：挺好。你把火点着，把锅放在火上，往锅里倒点儿油，把鸡蛋放进去炒一下儿，倒出来。再放一点儿油，把西红柿放进锅里炒熟，把炒好的鸡蛋放进去，别忘了加点儿白糖，最后再加点儿盐。好了，尝尝，怎么样？[1]

（2）“S + 把 + N1 + V + 在/到/给/成 + N2”，表示通过 V 使 N1 变成 N2 表示的位置和状态。例：你把鸡蛋打到这个碗里。“把 + N + V + 补语”表示通过动作达到某种目的或目标。例：你把这件衣服洗干净。[1]

（3）把，used before nominal phrases to put them as the objects before verbal phrases. [1]

上面例（1）是课文，例（2）是语法解释，例（3）是书后词汇表的英语解释。例（1）的课文用了一些“把”字句，帮助学生了解其用法。例（2）的语法讲解试图简明扼要，重点在“把”字句的语义上。例（3）说“把”后是名词性短语，以及这些短语具有 object 的属性。但是，看了这些解释，学生会问，“把火点着”和“点着火”有什么不同？“把这件衣服洗干净”和“洗干净这件衣服”又有什么不一样？如果从句法结构、语义关系和语篇功能来解释，也许会更清楚一些，如（4）。

（4）a.“把”字句的句法结构：“把 + N + V + 补语”；

b.“把”字句的语义关系：把 + 受事 + 结果/程度等；

c.“把”字句的语篇功能：“把”后名词短语表示旧信息，通常会在下文继续讨论。

（二）重视结构，忽视语义

讲述语法所用的术语，如主语、宾语、补语等，未能体现成分的语义性质以及成分之间的施事、受事等语义关系。如讲解复合趋向补语时，只是提到“来、去”与说话者的关系，没有具体分析动词带趋向补语结构各个成分的语义，如（5）。[2]

（5）a. 我们爬上长城来了。

b. 我要多拍些照片寄回家去。

例5（a）的动词带复合趋向补语结构中，“爬”表示主语“我们”的动作（是“爬”，不是“跑”和“飞”）；“上”反映主语“我们”与处所“山”的关系（是“上”，不是“下”）；而“来”则体现主语“我们”的行动与说话人之间的关系（离后者更近)。例5b的动词带复合趋向补语结构中,"寄"表示受事"照片"将承受的动作,"回"表示"信"与处所"家"的关系(是"回",不是"离开"),"去"表示"信"所承受的行为与说话者的关系。可是一般教材只指出,"来"和"去"表示行为主语(或者宾语)与说话者的向背关系,没有分析与其他成分之间的语义关系。

(三)重视句子,忽视语篇

基础汉语阶段的教材在举例时,多用孤立的句子,很少涉及上下文等语境。出发点可能是担心引入语境因素会使学生感到茫然不知所措。如存现句、强调句、"把"字句等的用法,只是就句子讲句子,无法给学生满意的解释。下面例(6)是一本教材中对"在"、"有"、"是"等类存现句的解释。[3]

(6)"在"表示某事物的方位和处所。例如:

邮局在东边。

食堂在那边。

玛丽在教室里(边)。

"有"表示某处存在某人或某物。例如:

学校里边有一个邮局。

邮局旁边有一个商店。

门前有很多自行车。

我的宿舍没有电话。

当知道某处有某人或某物时,要求确指某人是谁、某物是什么时,用"是":

这个包里是什么东西?

这个包里是书和词典。

玛丽前边是麦克。

从编者所给例(6)的各例句看,主语均为有定,是上文提到,或者根据语境可以确认的事物。但是编者却没有指出这一点。另外,动词"有"后的名词短语表示新信息,可是编者也没有指出来。至于"是"字句的解释,虽然考虑了一些语境因素,如提到"知道某处有某人或某物",比吕叔湘等的说法:"是"可以"表示存在。主语一般为处所词语。'是'类似'有'"更进一步。[4]但是,这仍然没有说明"是"和"有"的区别。其实,如果考虑语境,可以发现,第一,"是"后的名词短语可以是有定的,如"玛丽",也可以是在一定范围内的,如"什么东西"和"书和词典"。"什么东西"是提问者预料到存在,但并不清楚的东西;"书和词典"则可以是有定的(你让我买的书和词典),也可以是在特定语境下能够预料,但不能确定的(根据语境,那种包里应该放着书,但不能确定是什么书和词典)。总之,如果不涉及语境,有时句子结构就很难讲清楚。

（四）重视规则，忽视倾向

有些教材在讲语法时，喜欢用“可以”如何、“不能”如何等规定性的词语，而不太喜欢用“一般”、“多为”等表示倾向和趋势的概念。汉语中，除了硬性的语法规则外，还存在一些倾向。例如，句首的名词短语多为有定，体现的只是一种倾向和趋势，而不是必须遵循的规则。所以，这类现象不能用规则来硬性规定。我们以“是……的”结构省略式为例。一本教材说“‘的’只能用于标明已然事件”[5]，例句如（7）。

（7）a. 我昨天来的。

b. ＊我明天会来的。

一般来说，“是……的”及其变体中靠近“的”的部分，是旧信息，所以常常表示已然事件。可是，并不总是已然，如：

（8）a. 他每天是在哪儿练习太极拳的？

b. 我明天是会回家的。

c. 下星期的会议，是在你们单位举行的。

例（8）a，“每天”已经开始，但是没有结束，不是“已然”。例（8）b，“回家”和“会回家”都在将来，是未然。例（8）c，“举办”是“下星期”的事情。所以，“是……的”句，只能说“一般”表示已然。例（8）各句省略“是”后，情况也大致相同。当然，“是”省略与否，意义和用法应该有所不同。

（五）重视编写，忽视实例

对外汉语教材，特别是低年级教材的课文和练习，多为编者临时编写，因为未能考虑语境，可能没有反映语言实际。编者只是为了帮助学生学习某些句型，尽量在课文里使用有关句型。结果的语篇，可能不是自然的。学生只在句子层面熟悉了句型，在语篇层面并没有进步多少。例（9）是课文《卡的时代》中的一部分。[6]

（9）有人说，随着计算机的快速发展，将来现金可能会完全被卡代替。但是，也有人说，现金永远不可能被卡代替，因为要用卡就必须用机器，要是机器出了问题，卡就不如现金方便了。另外，用卡买东西不如用现金那么容易控制。所以用卡买东西的时候，必须有计划，需要的东西买，不需要的东西少买，或者不买。卡给现代人提供了更多的方便，也对现代人提出了更高的要求。……

（10）乌力吉老汉的羊，被狼叼走了一只。很多年没闹狼了，乌力吉老汉的警惕性自然降低了很多。草甸子里砸下八根木橛，拿粗麻绳一拦，就成了羊圈。几十只羊，温顺地挤在一起。昨夜乌力吉老汉被狗吠声惊醒。他冲出帐篷，拿手电一晃，就看到狼。……[7]

例（9）是一篇课文，为了教“被”字句，就用了两个“被”字句：“将来现金可能会完全被卡代替”；“现金永远不可能被卡代替”。其实没有必要。因为该课文是讲信用卡的，所以那两句话如果改用“卡”做主题，似乎更符合语篇衔接的要求。“将来现金可能会完全被卡代替”，可以改成“将来卡会完全代替现金”；“现金永远也不可能被卡代替”也可以改为“卡永远不可能代替现金”。虽然用编写的课文讲解“被”字句，可以让学生熟悉“被”字句的形式，可是不能帮助学生了解该句型的用法。例（10）是作家写的实际语篇，也用了两个“被”字句，都是为了让“乌力吉老汉”处在句子主题的位置，所以更为流畅。因此，如果用（10）这样的真实语篇讲解，学生可能会更清楚地学习“被”字句在语篇中的功能。

三、建　议

本文针对目前教材有关语法的一些不足之处，希望在编写教材时，要多考虑语言研究的成果，更能反映语言实际，避免沿袭旧说。编写教材的过程中，既要注意综合，也要注意分类；既要重视结构，也要考虑语义；既要研究句子，也要研究句子以外的语境；既要讲规则，也要教一些倾向性的语言现象；既要编写，也要采用实际语料。同样，教师在实际教学中，应该尽量利用语言研究的成果，兼顾语法、语义和语用的因素，弥补和纠正教材的不足。

教材是对外汉语教学中的重要因素，不仅是学生学习汉语的重要指南，也是教师讲课的主要参考资料。可以说，教材的质量关系到对外汉语教学的成败。所以，教材需要不断从语言研究中汲取营养，充分利用最新的研究成果，更客观全面地描述汉语语法。

参考文献

[1] 李晓琪. 博雅汉语（初级起步篇 II）[M]. 北京：北京大学出版社，2005. 76～80；196.

[2] 刘珣. 新实用汉语课本（第2册）[M]. 北京：北京语言大学出版社，2002. 198.

[3] 杨寄洲. 汉语教程（第一册下）[M]. 北京：北京语言大学出版社，2006. 102～103.

[4] 吕叔湘. 现代汉语八百词［M］. 北京：商务印书馆（香港），1983. 434.

[5] 孙德金. 汉语语法教程［M］. 北京：北京语言大学出版社，2002. 256.

[6] 徐桂梅，陈满华. 发展汉语（初级汉语下）［M］. 北京：北京语言大学出版社，2006. 182.

[7] 周海亮. 狼祸［J］. 杂文选刊，2010（10上）：16～17.

对外汉语综合课教材中的文化教学研究

庄瑞华*

摘　要：本文先从三套典型综合课教材中整理出其中的文化因素及特点，然后提出文化教学的方法，最后指出汉语教师在导入文化因素时应注意的事项，希望有助于提升教师的文化教学水平。

关键词：汉语教材；文化因素；文化教学；汉语教师

一、引　言

学好语言，离不开该民族文化。一本好的语言教材，更加少不了文化知识的穿插。对外汉语综合课上，学生不仅要会说，还要了解语言背后的文化含义和用法。

目前，我国对外汉语教学的文化教学研究著作非常多且分析具体。本文试从教学内容和教学方法两个方面对前人的有关著作进行阐述。首先从教学内容上来说，胡明扬（1993）分类归纳了一些具有文化因素并最有可能影响语言的学习和使用的语汇；[1]李恕仁（1998）从语言交际和非语言交际两个方面探寻了隐含在汉语中的文化因素；[2]王苹（1999）从问候语、称谓语、成语、俗语、惯用语中分析文化因素等。[3]从教学方法上来说，刘卓（1999）提出"领进去、走出来、步步高"的"多元化的语言文化教学"法，提倡"深入浅出的文化教学"观；[4]张文莉（2011）也提到了知识文化和交际文化不同的教学方法；[5]王昌宜（2011）概括了文化导入的两大基本原则和常用的四种方法等。[6]

从上可知，大部分学者都是直接阐述教学中如何贯穿文化，较少在教材的基础上来研究；关于教师传授文化知识时心态问题的探讨目前也不多，俞烨虽提到汉语教师介绍中国文化的基本态度，[7]但比较多的是理论的讲解，缺少具体实例证明。因此，本文拟在前人研究的基础上先从三套典型的综合教材中整理出文化因素及其体现特点，然后提出文化教学的方法，最后指出汉语教师在导入教材中的文化因素时应注意

* 庄瑞华，2012 届对外汉语专业毕业生，现为印度尼西亚雅加达慈济学校汉语教师。本文指导教师为郑继娥副教授。

的事项，希望有助于提升汉语教师的文化教学水平。

初、中、高级阶段的代表教材

教材 等级	博雅汉语（B）	新实用汉语课本（X）	汉语教程（H）
初级	起步篇（B1/B2）	第一、二册（X1/X2）	一年级第一、二、三册（H1/H2/H3）
中级	准中级（B3/B4）、中级（B5/B6）	第三、四册（X3/X4）	
高级	飞翔篇（B7/B8）	第五册（X5）	

二、三套对外汉语综合课教材文化因素及其体现特点

（一）三套对外汉语综合课教材的文化因素

本文选取三套综合课教材《博雅汉语》[8]、《新实用汉语课本》[9] 和《汉语教程》[10]，下文分别简称为 B、X、H，如 B1L1 表示《博雅汉语》第一册第一课。按照课文难易程度将这些教材分为初、中、高三个阶段，具体分级情况如表 1。由于资源有限，《汉语教程》只有一年级初级教材，《博雅汉语》少了第九册，但在整体上不影响对比效果。

吕佳莉[11] 从生活文化、习俗文化、精粹文化、制度文化和观念文化五个部分对文化进行分类：生活文化与日常生活息息相关，它包括称谓、饮食、居住、家庭等；习俗文化指的是具有中国特色的风土人情，包括婚丧嫁娶、节日、忌讳等；精粹文化是指中华民族的文化瑰宝，像名胜古迹、京剧曲艺、唐诗宋词等；制度文化是指中国的基本国情，如政治经济制度、社会法律状况等；观念文化是无形的，它渗透在中国人生活的各个方面，如我们的“中庸”之道、长幼尊卑的等级观念、群体意识等。本文采用其分类法对以上三本教材中涵盖的文化因素进行了分类。为方便对比分析，本文还归纳如下：

1. 初级阶段教材所涉及的文化类别

生活文化：数字表达法、钱数表达法、日期表达法等；

习俗文化：春节、端午节、婚礼、十二生肖等；

精粹文化：太极拳、唐诗、京剧、名胜古迹等；

制度文化：中国的地理位置、孩子教育问题、希望工程等；

观念文化：你和您 、姓氏等。

2. 中级阶段教材所涉及的文化类别

生活文化：中国菜、中国茶文化等；

习俗文化：婚礼、春节等；

精粹文化：名胜古迹：故宫、秦始皇陵、兵马俑等；历史人物：孔子、李白、孙中山等；文物：中国文房四宝、中国山水画、旗袍等。

制度文化：环境保护、独生子女问题、中国妇女地位问题；

观念文化：中国哲学的背景、说说迷信等。

3. 高级阶段教材所涉及的文化类别

生活文化：辣子鸡丁、鱼香肉丝等；

习俗文化：端午节等；

精粹文化：中国谜语，历史人物如鲁迅、巴金等，文学作品如《孔乙己》等；

制度文化：无；

观念文化：素食主义等。

（二）三套对外汉语综合课教材文化因素体现的特点

通过以上分类，我们可以得出以下六点认识：

1. 初级教材交际文化占主导，中高级教材知识文化占主导

张占一先生（1984）曾将对外汉语教学中的“文化”划分为“交际文化”和“知识文化”两大范畴，他说：“所谓知识文化指的是那种两个文化背景不同的人进行交际时，不影响准确传递信息的语言和非语言因素；所谓交际文化指的是那种两个文化背景不同的人进行交际时，直接影响准确传递（即引起偏差和误解）的语言和非语言的文化因素。”[12]初级阶段学习的词汇和句子多是日常生活中常用的，比如数字、钱和日期的表达法等，这些都直接影响到日常生活交际。比如学生不知道中国人的婚礼不能送钟、送伞，送给中国朋友的话会很尴尬，见于《博雅汉语》第一册第15课，简写为B1L15，下文亦同。而中高级阶段更多的是讨论知识文化，比如中国独生子女问题（X4L47）、妇女地位问题（X4L40）等，这些不会直接影响到日常生活交际。

2. 初级涉及的文化范围内容较浅显，中高级阶段较深入

比如，同样是讲中国菜，在初级阶段只讲到饺子、米饭和馒头等（B1L14/B1L18），到了中级就讲解中国各地如北京、广州、东北人不同的饮食特点（B3L1/L11/L12，X3L37），到了高级阶段就提到了辣子鸡丁、鱼香肉丝等菜肴的具体做法（B8L1）。

3. 用俗语、谚语、唐诗、民歌等渗透文化因素

本文选取的三套教材中都会穿插一些俗语、谚语、唐诗（B1L26～30）、儿歌（B1L1）等作为语音练习，极富中国文化特色，潜移默化中渗透着文化内涵，这种方

法值得借鉴。

4. 教材中基本文化常识大同小异

虽然三套教材的编者不同，也有不同的编写方式，但是教材中基本文化常识大同小异。中国人的衣食住行和节假日、一些有代表性的名胜古迹如北京故宫、长城等都是基本的知识点。综合课教材出现的基本文化常识与专门文化教材（如《体验汉语（西班牙语版）》文化篇[13]）出现的文化知识也大同小异，只是介绍的深浅程度不同而已。

5. 教材中非基本文化常识多种多样

附录中非必备文化常识只出现在一本教材中，这说明每套教材中的非基本文化常识都是根据编者们各自的见解安排的，内容涵盖古今，包罗万象，但很难归纳统一。我们希望我国专家学者们能够早日制定出文化大纲，按照文化大纲来编写教材，实行整体规划。

6.《新实用汉语课本》更适合在教学中导入文化

对比这三套教材，《新实用汉语课本》除了在对话或短文中导入文化之外，每篇课文都插入了一些常见汉字的甲骨文体，还附带了全英文式中国传统文化知识介绍。由于这套教材主要是针对母语是英语的学生编写的，全英文化介绍很容易满足学生了解中国文化的需求，也方便教师选讲。因此这本书更加适合在教学中导入文化。这也是为什么《新实用汉语课本》能够得到海外（主要是北美地区）师生的欢迎，成为汉办的重点推荐教材。

三、对外汉语教材中中国传统文化教学方法

前文归纳了对外汉语教材中包含的文化因素及其体现特点，那么怎样导入教材中隐含的文化因素？根据我们的教学经验，我们认为教材的文化导入不仅仅是在课堂中进行，课外也可以进行补充了解。本文提出两类共七种文化导入方法，课内导入包括汉字导入法，童谣、民歌导入法等，课外包括环境导入法、跨文化实践法、辅助阅读法和专题讲座法。其中，辅助阅读法、专题讲座法和专题研究法的适用对象是中高级水平的学生。具体方法如下：

（一）课内文化因素教学方法

1. 汉字导入法

印度前总理尼赫鲁曾对他的女儿说：“世界上有一个伟大的国家，她的每一个字，都是一首优美的诗，一幅美丽的画，你要好好学习。我说的这个国家就是中国。”[14]借助汉字教学来介绍中国文化，最大的优点在于抓住了汉字的象形和表意特点，可以使学生很生动、直观地感受到中国文化的魅力。

例如独体字的“山（）”、“水”、“火”、“雨”、“日”等，这些词的图形讲解不仅可以让留学生更快地学会这个汉字，还可以提高学生学习汉字的兴趣。汉字合体字的拼合方式，更为深刻地揭示了中国的历史文化、哲学传统、风俗习惯等。汉字合体字的讲解可以从偏旁入手。如“取”字，从它的小篆字形就可以看出左边是一个耳朵，右边是手。这个字来自于古代战场，士兵杀死敌人就会把敌人的耳朵割下来证明自己的战绩。这个小小的字揭示了中国古代战场的历史。再如带“女”字旁的“好”、“嫁”、“妻”、“妇”、“妾”、“奸”等都在一定程度上体现出了中国传统的婚姻观念和女人的社会地位。

2. 童谣、民歌导入法

由于训练语音和文化导入的需要，大部分教材中都会穿插一些童谣（B1L1）、民歌（X1L13）等。童谣列举如下：

《爸爸的家人》：爸爸的爸爸是爷爷，爸爸的妈妈是奶奶，爸爸的哥哥是伯伯，爸爸的姐妹是姑姑。

《十二生肖歌》：小老鼠排第一，老牛第二虎第三，兔子第四跑得欢，龙第五蛇第六，马是第七不落后，羊第八猴第九，十是公鸡跟着走。狗排十一汪汪叫，老猪最后来报到。

《礼貌歌》：朋友来，欢迎他，说声：“你好，握握手。”快请坐下，喝杯茶，朋友走，送送他，挥挥手啊再见吧。

常见的民歌有《康定情歌》、《山路十八弯》、《辣妹子》、《五十六个民族》等。童谣和民歌都比较简单易学，听起来抑扬顿挫，学生很容易就可学会，而且很长时间都不会忘记，很适合用来做语音练习，更重要的是这也可以同时掌握中国文化和生活习俗。如《爸爸的家人》可以了解到中国家庭成员之间的称谓，通过《十二生肖歌》既可以掌握几种常见动物的名称，又可以了解中国人按年龄排十二生肖的习惯，《礼貌歌》涵盖了“你好”、“请”、“再见”等礼貌用语。

（二）课外文化因素教学方法

1. 环境导入法

汉语教师可以在教室的门口倒贴一个“福”字，门两边贴上春联，墙上挂上中国地图、中国结、中国书法、中国画或孔子、孟子等人的画像，还可以打印出中国的一些有代表性的名胜古迹比如长城、故宫等图片，同时把印有汉字和拼音的图片贴在墙上。教室弥漫着浓郁的中国文化气息，也给学生们带来了充分的视觉享受，让他们犹如身临其境，从而对中国文化充满好奇心和求知欲。

2. 跨文化实践法

汉语教师可以教学生剪纸，如“囍”字，在教室后面的黑板开辟出一块学生剪纸作品展览区，还可以组织学生一起踢毽子、包饺子等。汉语教师还可以鼓励学生利用课外时间，多交中国朋友，以此走进中国人的生活，感受中国文化。跨文化实践法还可以通过组织学生游览本地的一些博物馆、展览馆、风景名胜地、名人故居等活动来实现。这种方法锻炼和提高了他们的语言交际和运用能力，拓展了他们的学习空间，加深了他们对中国国情和中国传统文化的了解。

3. 辅助阅读法（适合汉语中高级水平的学生）

优秀的中国文学作品有助于学生了解中国人的思维方式、情感心理、人际交往方式等，有助于进一步学习专业课程。如《梁山伯与祝英台》（H3L26）讲的是一个千古流传、家喻户晓的中国爱情故事；《孔乙己》（H4L43）这篇文章中鲁迅刻画了一个被封建思想毒害的知识分子，以此讽刺腐朽的封建等级制度和科举制度。

4. 专题讲座法（适合汉语中高级水平的学生）

汉语中高级水平的学生对文化知识的需求不再满足于蜻蜓点水、浅尝辄止。因此，汉语教师可以就某些中国传统文化开设专题讲座，如专题介绍中国饮食文化、礼俗文化、传统服饰、园林文化、文房四宝等；或借助多媒体教学技术手段，播放介绍中国传统文化的专题片等。

5. 专题研究法（适合汉语中高级水平的学生）

专题研究法是指教师引导或鼓励学生就中国传统文化的某一领域进行深入研究并撰写论文。这种方法的最大优点就是学生可以充分运用自己所学的知识，以论文的形式展现学习成果，同时在这个过程中可以加深自己对中国文化的认知，从最初的感性认识上升到理性认识。

从上可知，汉字导入法从教学上直接学习中国传统文化；童谣、民歌导入法容易调动课堂气氛和学生的积极性；环境导入法调动学生的视觉感官来体验中国传统文化；跨文化实践法更强调学生的动手能力；辅助阅读法通过文学作品熏陶让学生了解中国人的思维习惯和观念；专题讲座法和专题研究法可以让学生根据自己的喜好来选择文化专题。这七种方法综合考虑各方因素，实施起来也非常简单方便，不管是在海内外，无论有无多媒体等先进设施，都可以进行。

四、汉语教师在导入教材中的文化因素时应注意的事项

有学者说过：“对于外语教师来说，最大的挑战不在于在语言外加上文化知识的讲解或另开一门文化课，而在于如何将语言和文化融合在一起来讲授。”[15] 作为汉语教师，将语言和文化融合在一起来讲授时应当注意以下六个问题。

（一）保持客观中立，不夸耀也不贬低

文化教学涉及民族感情。在文化教学中，教师一定要采取客观中立的态度，尽量

避免感情上的倾向性，既不能卖弄炫耀、唯我独尊，也不能忽略民族文化之间的差异。在与其他文明作对比时，突出异同即可，不能有高低优劣之分。

例如，在餐桌上，欧美人习惯用刀叉，中国人习惯用筷子，印尼人习惯用手来抓，有些人说欧美人用刀叉是最优雅的吃饭方式，但是太烦琐；有些人说中国人用筷子是最健康的吃饭方式，因为可以锻炼头脑，但是不环保；也有人认为印尼人用手抓饭吃是最原生态的吃饭方式，但是不卫生……事实上，吃饭方式完全是由各国的饮食和风俗习惯决定的，没有孰优孰劣，不可妄加评论。

（二）因势利导，求同存异

教师上课前应当先了解学生的母语文化背景，哪些文化观念与中国文化相同或不同。在教学中努力挖掘背景文化相同的部分，引起学生的共鸣，尽量避免禁忌。比如《静夜思》这首诗中的思乡情怀是很多国家的人都共同拥有和能够体会的。而泰国人认为头是神圣的，所以不能随便摸泰国学生的头；印尼人认为左手是污秽的，所以递东西给别人一定要用右手，表示礼貌；还有乌克兰等国家则忌讳过分赞美，对一个长得一般的女人说“你很漂亮”会被认为是诅咒等。

（三）避免谈及一些敏感政治话题

汉语教师面对的是来自世界各国的学生，国与国之间存在一些政治纠纷或历史遗留问题，一旦触及就有可能引起争执和不愉快。课堂教学的目的是学习语言，与政治历史无关，教师应该尽力让课堂气氛宽松、和睦、融洽。教师要特别注意避开敏感政治话题。

（四）海纳百川，尊重学生

各个国家的自然环境、地理环境、民族文化背景、宗教信仰不同，这会导致学生对同一文化现象产生不同的理解，特别是成年的汉语学习者，他们的本民族文化观念已经根深蒂固。我们不能将自己的思想观念强加于学生，不能仅用自己的价值标准来衡量外国学生们的观点和判断。

例如，曾有学生提出澳大利亚的树熊的价值并不低于我国的珍稀动物大熊猫；有学生不赞成中国传统的“头悬梁，锥刺股”的读书方法，认为应躺在阳光下的草地上读书等。对于诸如此类问题，教师可以明确表示自己的观点，但不可强行改变学生的观点，可以跟学生分析中国历史文化的渊源和中国人的思维习惯，加深学生对文化差异的理解和尊重。

（五）培养文化敏感度，准确讲解

有些汉语教师习惯了中国这个大语言环境，对中国传统文化不够敏感，认为教学内容讲的都是常识就不予以介绍，导致学生在语言交际中出现文化障碍。汉语教师应当比较熟悉中国和外国的文化，清楚哪些文化知识是学生必须了解的，扫清学生的文化障碍。在导入文化知识的时候，教师也应该多方查找资料，下足功夫备课，以确保传授知识的准确性。

例如，学习中文的外国人学的第一句话往往就是“你好”，但是他们并不一定了解这个词背后还可以引申出很多文化含义。这时候汉语教师可以跟学生说，“你好”一词在中国通常是人们第一次见面的时候才使用，当遇见好朋友或熟人的时候，通常都会问“你吃饭了吗”或者“你去哪儿”。这些都是表示关心的问候，问的人只是随口问问，回答的人可不必认真回答，并非有意去打听别人的隐私。而且，中国人遇见长辈或者地位较高的人会说“您好”，表示对长辈或上级的尊重。如果用“你好”就显得不礼貌了，一些长辈或上级听了还会生气。关于“你好”的用法，我们也在《记忆未来：积累异国文化知识》[16]一文中看到作者认为“你好”是在特定情境中和熟人打招呼时用的，还有一些汉语教师只是简单地把“吃饭了吗”，“去哪儿”解释成“How are you”，“How do you do”，这些都与中国现实生活不符，由此这也可提醒我们的汉语教师在传授知识的时候应该注意知识的准确性。

（六）把握文化因素的时代性和可接受性

教师要向学生展示我们现实的文化风貌，而不要把明显落后于时代的文化内容作为中国文化的特点来介绍，比如某些国家的人可能现在还以为我们中国人都还保持着清朝时期的打扮，男的都留着一条长长的辮子。同时，教师应该按照学生的汉语水平和接受能力来传授文化知识，适可而止。比如，“红娘”一词在初级阶段只需要解释成“媒人”，到了中高级阶段，教师则可以再深入地讲“红娘”源自《西厢记》中的一位人物以及整个故事经过 。

五、结　语

一个人成为双语教学者不容易，成为双语文化传播者更难。一个好的对外汉语教师，既要热爱和了解中国文化，又要有国际文化的视野和开放性思维；既不能盲目自大，又不能崇洋媚外，切忌当一个“只会说中国话的老师”。除此之外，教师还应拥有海纳百川的胸怀，引导学生尊重和理解不同文化之间的差异。

另外，在撰写过程中，我们也发现《中文》、《快乐汉语》等少儿汉语综合课教材中的文化导入也是一个有待开发和研究的领域。很多学者都把关注的焦点放在成人学生上，比较少关注到儿童特殊的心理特点。儿童好奇心强，善于模仿，另一方面自觉性又不强，很多适合成年人的导入方法在少儿群体中并不适用。李润新主编的《世界少儿汉语教学与研究》涵盖了少儿教学的定位和分期、教学改革、教学模式、教学技巧、汉字教学和教材编写等[17]，但也没有提到教材文化导入的具体原则和方法。因此，我们决定在下一篇论文中主要讨论少儿汉语综合课教材中文化导入等相关问题和调查研究。

参考文献

［1］胡明扬. 对外汉语教学中的文化因素［J］. 语言教学与研究，1993（4）：103～108.

［2］李恕仁. 寓文化教学于对外汉语教学之中［J］. 云南师范大学学报（哲学社会科学版），1998：134～137.

［3］王苹. 论对外汉语教学中的文化因素［J］. 贵州大学学报（社会科学版），1999（6）：93～97.

［4］刘卓. 深入浅出的语言文化教学［J］. 汉语学习，1999（4）：53～54.

［5］张文莉. 文化教学模式与在美对外汉语教学［J］. 大家，2011（22）：221.

［6］王昌宜. 对外汉语教学中导入中国传统文化的教学策略［J］. 语言文学研究，2011（3）：40～41.

［7］俞烨. 论对外汉语中的文化教学［J］. 教育探究，2008（2）：58～60.

［8］李晓琪. 博雅汉语［M］. 北京：北京大学出版社，2004.

［9］刘珣. 新实用汉语课本［M］. 北京：北京语言大学出版社，2006.

［10］杨寄洲. 汉语教程［M］. 北京：北京语言大学出版社，2006.

［11］吕佳莉. 跨文化交际中的汉文化推广与对外汉语教学［J］. 黑龙江科技信息，2011（1）：230.

［12］张占一. 谈谈汉语个别教学及其教材［J］. 语言教学与研究，1984（3）：57～67.

［13］曾晓渝. 体验汉语（西班牙语版）文化篇［M］. 北京：高等教育出版社，2006.

［14］应旭华. 我是这样教"止"字的［A］. 李润新，彭俊副. 世界少儿汉语教学与研究［M］. 北京：北京语言大学出版社，2005. 206.

［15］屠蓓. 美国文化多元及其对语言和外语教学的影响［J］. 语言教学与研究，1994（4）：121～130.

［16］［美］吴伟克，野田真理. 记忆未来：积累异国文化知识［J］. 国际汉语教育动态与研究，2005（1）：17.

［17］李润新，彭俊副. 世界少儿汉语教学与研究［M］. 北京：北京语言大学出版社，2005.

初级汉语综合课教材练习设计情况的考察

柏彩芹*

摘　要：练习设计是对外汉语教材编写的重要环节。本文通过对不同年代的几部初级汉语综合课教材练习设计情况的考察，从练习的“数量”、“题型”、“分布”三个方面，分析其练习设计的得失。并以培养学生交际能力为目的，本文通过举例和对比，结合练习编写应具有目的性、针对性、有效性原则，提出练习设计的建议。

关键词：练习设计；汉语交际能力；汉语教学

一、引　言

初级汉语综合课教材主要针对汉语零基础的学生，练习是教材编写的重要一环，是为复习课文内容、巩固语言知识、检验学生的知识掌握程度而设计的，在对外汉语教学中，起着至关重要的作用。

在对外汉语教学中，练习不仅可以让教师把握学生掌握的程度，还可以根据反馈调整教学计划和采取某些有针对性的方法。杨惠元（1997）认为“……新一代的教材应该是一部精心编排的练习集”[1]。吕必松（1992）说：“练习是第二语言教材最重要的组成部分之一。一部教材练习的好坏，对课堂教学质量有直接影响。”[2]赵金铭（1998）把练习编写质量作为对外汉语教材评估的一项重要内容[3]。当前对外汉语教材的编写中，虽然对练习有一定的重视，但由于编写还不够完善，也出现了“为编练习而编练习”、“有东西可练就行”、“直搬照套”等现象。

对于练习的研究，大多数学者集中于从一系列对外汉语教材中整体把握：李绍林提出“练习内容必须兼顾泛化和分化两个方面”的建议[4]。刘颂浩对练习编写的现状进行了简要梳理，并提出了练习编写的五条原则[5]。杨翼定义了练习有效性的概念，并讨论了练习有效性研究的几种方法[6]。周健提出练习的设置要以培养学生的语感为目的。[7]

---

* 柏彩芹，2011届对外汉语专业毕业生，曾赴印度尼西亚教学一年，现为韶关乳源高级中学语文教师。本文指导教师为郑继娥副教授。

以上成果是研究练习编写的重要参考，但比较分散。本文选取21世纪与20世纪的几部较有影响力的初级汉语综合课教材：《实用汉语课本》、《标准汉语教程》、《博雅汉语》、《汉语教程》、《新实用汉语课本》、《当代中文》，对其练习设计情况进行考察分析，并结合汉语练习编写的目的和原则，总结现状和问题，提出相关建议。

二、练习题型

（一）题型分类

从学习者的认知特点出发，初级汉语教材练习可分为三类，即理解型练习、巩固总结型练习、补充拓展型练习。

1. 理解型练习

理解型练习主要检查学习者对所学语言知识点是否理解，能否正确、得体地运用。其主要的题型有：选词填空、用规定结构完成句子。

2. 巩固总结型练习

巩固总结型练习重在检查学生对已学过内容的掌握程度，是否能完成语言交际。其主要特点是“重现”，也就是对前面课文中出现的信息进行复习操练。主要练习题型有“朗读词语”、“课堂活动”与“会话练习”。

《当代中文》、《新实用汉语课本》、《博雅汉语》、《汉语教程》都有“朗读词语”这方面的语音巩固练习。但只有《新实用汉语课本》重视和编排了“课堂活动”与“会话练习”。其他三部教材在这方面没有那么明显和突出。我们认为针对初级汉语水平的学习者重点是提高他们的口语会话能力，培养学生的语感，对汉语形成初步认识，而后再渐渐过渡到听说读写的综合训练。所以，应该加大对课文的巩固和消化性练习的设置，让学生学会交际并运用到实践中去。

3. 补充拓展型练习

这类练习所占比例较高。初级阶段的课文大多为对话体，对课文的熟悉和掌握还是一种材料记忆性练习，我们应该把重点放在语言技能的训练方面。语言材料主要是一种开展技能训练的媒介和工具，不可把媒介和工具当成教学的目的。许多教材的练习都对学生提出了在所学内容的基础上提高的要求。如《新实用汉语课本》第22课的练习题：[8]

Give the pinyin of the following groups of words and then translate them into English. Try to guess the meanings of the words you haven't learned and then confirm them with the help of your friends, teachers, or dictionaries.（给下列每组词注音，然后翻译成英语，尝试猜测没有学过的词的意思，通过朋友、老师、字典的帮助证实你的猜测。）

①剧——京剧 越剧

②方——地方 南方 东方 西方

③情——爱情 感情

这道题不仅要求学生掌握本课所学的“越剧”、“爱情”等词语，同时还在原来的基础上提高了要求，让学生尝试猜测没有学过的单词，锻炼猜词能力。

但练习设计要有目的性和有效性，要立足于学生的知识掌握水平，在原来的基础上稍微拔高，而不能超过教学大纲的范围。否则练习将没有多大意义。例如，《新实用汉语课本》第16课就出现了一道“谜语”题：[8]

一人一口，只用手。

因为谜面太过于精简，只有两句话，七个字。没有营造出学生熟悉的语境，单看这几个字很难让人理解他所要表达的意义，因为不符合平常说话的逻辑，为什么一人一口，只能用手呢？这对于初级水平的学习者来说太难，所以这道题不具有达到训练目标的有效性。

（二）区分主要题型和次要题型

主要题型是指在教材练习中出现过三分之一以上的题型。次要题型就是指没有达到三分之一的重现率，并且在教材练习中出现得比较少的题型。

表1　六部初级综合课教材主次练习的统计

教材名称	册数	练习题型数		课文篇数	编者	出版时间（年）
		主	次			
实用汉语课本	第二册	4	23	20	刘　珣	1981
标准汉语教程	第二册	3	24	15	王国安	1998
博雅汉语初级	Ⅱ	10	17	25	李晓琪	2005
汉语教程（修订版）	第一册（下）	9	16	15	杨寄洲	2006
新实用汉语课本	2	30	2	12	刘　珣	2006
当代中文	第二册	10	10	12	吴中伟	2007

从对比中，我们可以看到，20世纪编写的两部代表性教材的主要题型不到五种，而次要题型却非常多。21世纪编写的几部代表性教材的主要题型明显增多，并且次要题型的比例也没有超出20种。这反映了新世纪汉语初级教材的编写思路，普遍重视练习的“重现率”。

从列表和考察中我们看到，有的教材全部练习题型不超过20种，而有的却超过

30种。有的教材练习形式整齐划一，没有太大变化，比如《新实用汉语课本》，每课练习都有"朗读短语"、"句型替换"、"课堂活动"、"会话练习"、"看图说话"、"交际练习"等题型。而有的教材题型却变化多端，没有贯穿始终的形式，如《当代中文》。

练习设计应该把贯穿全书的主要题型和针对每课具体教学内容而设置的次要题型有效结合起来。主要题型的设计应该是那些切合课型特点，操作性强，有利于学生掌握语言知识技能，达到交际作用的有效练习。例如《汉语教程》的主要题型就有"语音"、"替换"、"选词填空"、"写汉字"、"改错句"、"完成会话"等。而针对不同教学内容设计的次要题型应富于变化，增加学生学习的新鲜感。教材中同一题型的使用频率太高，会给人重复乏味之感，严重影响教学效果。而练习题型如果频繁更换，学习者就需要花很长的时间去适应。程相文认为参照现有的教材编写经验，一本教材主要题型和次要题型的总数，保持在20种左右比较合适。[9]

据调查，我们发现有些教材的练习题型并不多，但由于指令经常更换，所以让人产生题型繁多的感觉。而对于汉语学习者来说，这并不是一个有利的因素。因为学习者要花时间熟悉新的指令，消耗时间。所以练习指令应具体、简明、统一。有的教材同类练习用不同的指令，随意性太大。如《博雅汉语》里的"改写句子"与"句式变换"是同一种类型的题目。《汉语教程》中的"完成会话"与"你是A，请求B同意，该怎么说?"也是同一类型的题目。还有些指令，过于简便或复杂，不利于学生理解。比如《当代中文》第一课第5题"用'……了'完成句子，表示情况的变化"。这个"情况的变化"过于笼统，并且没有例句，这对初级汉语水平的学习者来说比较困难。

三、练习的数量

随着对外汉语教育事业的发展与不断成熟，各种初级综合课教材对练习数量都有了比较科学合理的把握。与20世纪的教材相比，练习的数量加大了。

表2　五部初级汉语教材练习总量的情况

教材名称	大题数	课文篇数	练习所占页码/教材页码（%）	编者	出版时间（年）
实用汉语课本（Ⅱ）	125	20	26.2	刘　珣	1981
标准汉语教程（二）	95	15	34.5	王国安	1998
博雅汉语（Ⅱ）	217	25	46.4	李晓琪	2005
汉语教程（第一册下）	132	15	46.1	杨寄洲	2006
新实用汉语课本2	403	12	50	刘　珣	2006

按出版时间的先后顺序排列，我们可以看到1981年版《实用汉语课本》练习所占页码占教材页码的比例为26.2%，到2006年版《新实用汉语课本》已增至50%，总体上呈上升趋势。本世纪出版的教材比上世纪出版的教材在题量上也加大了，1981年版《实用汉语课本》大题数为125，而2006年版《新实用汉语课本》达到了403。这证明练习所占教材的篇幅和数量在增加。出现这种情况，主要是人们从实践中发现了练习对第二语言学习的重要性。而这些教材的课文篇数却在减少。均以教材第二册为例，我们看到《新实用汉语课本》为12课，《汉语教程》15课，只有《博雅汉语》稍微多点。

语言教学讲求速成，速成就要求不断强化所学内容。在增加有效输入的同时，必须依赖大量练习来达到所求效果。题多量大已成为新教材的一个特征。比如《博雅汉语》每课的练习题中就有八九道大题，每个大题下面又有4~8个小题。而《新实用汉语课本》不仅每课课后都附有六道大题，而且还有一本配套练习册。练习所占页码与课文所占页码持平，从这可以看出练习所占比重之大。

不可否认，足量的练习有利于学习者及时掌握所学的语言知识和规律，同时还有加深印象的作用。但有些教材过分注重课文的内容和语法词汇的讲解，练习题量偏少，这是需要改进的地方。但并不是练习越多越好，应控制在一定的比例之内。根据外语学习心理学巩固与遗忘理论和长期的教学经验总结，综合课课后练习用时与课堂教学用时应保持在1:1左右。因为练习量过大很容易造成学生厌烦和畏惧的心理，对培养学生的积极性有时会起到反作用。

四、练习的分布

（一）练习的分布与总类的关系

练习题型的总类是指一部教材练习题型的总和。而练习的分布则是指每课呈现练习题型的种类，以及练习在本课和教材中的编排顺序。比如《汉语教程》练习题型的总类有25种，分布到第一课的有8种，分布到第二课的有9种，平均分布到每课的题型为8.5种，占总类的34%。练习编写原则要求练习题型总类最好等同或略多于练习题型的分布，理想的做法是把练习总类的题型最大限度地运用到每课中。如果练习总类涵盖的题型很多，而运用到每课中的却很少，那么这样的练习分布是不合理的。

表 3　四部初级汉语综合课教材练习总类和分布统计

教材名称	练习总类	第一课	第二课	第三课	第四课	第五课	第六课	第七课	第八课	第九课	第十课	平均分布	平均分布占总类（%）
当代中文（第二册）	20	10	10	11	11	10	9	9	9	9	8	9.6	48.0
博雅汉语（Ⅱ）	27	9	8	9	9	11	8	9	8	7	8	8.6	31.5
汉语教程（第一册下）	25	8	9	9	7	8	9	9	7	10	9	8.5	34.0
新实用汉语课本 2	32	30	29	29	28	29	28	29	24	25	27	27.8	86.9

我们统计了四部教材的前十课，其余课文练习与统计的这十课没有太大差别。从统计中可以看出除了《新实用汉语课本》外，在严格控制练习总类的条件下，每课练习分布与每课平均分布仍远低于练习总类的数量，所占的比例较小。

语言教学讲求重现率，因为语言是在反复重现与运用中慢慢习得的。而练习重现的道理也和语言点的重现一样。练习要变化的是题型所包含的具体内容，否则多变的题型只会浪费学生的时间。我们把一部教材中出现 3 次以下的题型定为低重现率题型。

表 4　四部初级教材低重现率练习题型统计

教材名称	出现一次	出现两次	出现三次	练习总类	占练习总类(%)
当代中文（第二册）	6	3	2	20	55
博雅汉语（Ⅱ）	3	3	3	27	33.3
汉语教程（第一册下）	9	4	2	25	60
新实用汉语课本 2	1	0	1	32	6.3

从上表可以看出除了《新实用汉语课本》之外，其余三部教材低重现率练习题型都比较多，特别是《当代中文》和《汉语教程》均超过 50%。缩小每课练习题型和练习总类的差距，提高练习题型的重现率，是练习编排要考虑的因素。当然，我们也不能为了提高练习题型的重现率和增加每课练习分布密度而把练习总类尽可能多地运用到每课中，而是要结合学生的特点和水平，科学合理地编排练习。

我们不能说哪种语言练习对学习汉语绝对没用，针对不同的课文，各种练习确实具有不同的实用价值。删去那些对某些课文内容运用不多的练习，减少低重现率练习题型，增加练习的目的性、针对性和有效性才是最重要的。

（二）练习的分布与教学顺序和练习难易程度的关系

许多教材练习的顺序安排都是按照教学内容的顺序，这样可以做到及时对课文内容和知识点进行巩固，并且形成对应。但教学内容并不一定按照先易后难的顺序。比如《当代中文》课文内容的编排是“句型→生词→课文→注释→语法”。在没有任何语境的情况下，要学生掌握本课的重点句型难度很大。如果一开始就配之以与本课重点句型有关的练习，学生恐怕比较难适应。

而有的教材却不考虑练习难易程度。比如《博雅汉语》第2册里练习的编排有时是“辨字组词→写出反义词→选词填空→用指定格式完成对话”，而有时又换成“选词填空→短文填空→完成对话→改写句子”，此教材练习的编写并没有把练习的难易程度作为练习编排首要考虑的因素，它主要是配合教学的顺序。

其实，练习难易程度的循序渐进并不只体现在单课中，也可以在整部教材中体现。比如《新实用汉语课本》从开始对汉字的练习停留在“抄写、给出拼音写汉字”，到后来“给出偏旁写汉字”，再到“给下列字加上偏旁或与另一个字合并，组成新字并组词”，层层递进也符合人的认知顺序。

练习是结合课文内容和教学而设定的。练习分布的顺序，既要结合教学内容的次序，也要考虑认知的顺序。先掌握的知识和技能应成为后面学习训练内容的认知基础。而将这二者结合得比较好的是《新实用汉语课本》。这部教材不仅每课课文后面都有结合课文内容顺序编排的“熟读下列词语、句型替换、课堂活动、会话练习”等题型，而且还另外配置了一本练习册，练习册也充分体现了由浅到深、从易到难的认知顺序。“朗读词汇短语→听问题选答句→听短文判断对错→听写句子（拼音）→听写汉字→情景对话……”每课练习不仅顾及了听说读写的技能培训，同时也结合了教学顺序和练习的难易程度。

五、关于对外汉语练习设计的思考和建议

练习设计应符合学生的身心发展特点，适应学生的认知水平，密切联系学生的经验世界和想象世界，以助于激发学生的学习兴趣和创新精神。

根据考察和分析，发现其中仍存在一些不足之处。除了以上的分析和看法，我们还提出了另外一些建议：

（一）初级阶段汉字练习不能滞后

我们认为，在初级汉语练习的设置上，汉字的练习是必不可少的，只是在编排上

应该注意结合认知规律。像《新实用汉语课本》那样，汉字的练习设计就注重了梯度，由写出汉字拼音，到看拼音写汉字，拼音汉字相结合，并且还把汉字的笔画呈现在学习者面前，这样非常详尽。而且，相关的汉字练习也配合了初级阶段“以听说领路，以读写为辅，然后因势利导，把汉字教学分成不同阶段，建立汉字与口语词汇的配套关系，并在口语训练中注意反复穿插使用，引导学生用汉字去记忆口语的核心内容，用口语去巩固对汉字的音、形、义掌握”[10]的教学方法。这样汉字教学和口语教学就不会有分家的感觉了。

（二）语音练习应结合语意，贯穿初级汉语始终

初级阶段的汉语教学语音是重点。良好的听力、标准的发音、正确的语调，都是口语的基础，但得来不易，并非一蹴而就。不少汉语入门的前十课或十五课专注在发音上。而过后则很少有或不再有语音练习，比如《博雅汉语》第 2 册虽然教材的定位是初级起步篇，但从这本教材的第一课开始，就已经没有了语音训练，而是直接过渡到了“辨字组词”、“选词填空”等练习。这样的过渡似乎太快了点。

我们认为语音是初级汉语课的教学重点，应贯穿始终。但是语音练习的设计也要科学合理。因为花太多时间进行缺乏意义的语音、声调练习会使学生感到无聊。而坚持学生一开始就字正腔圆是不切实际的。语音习得的过程因人而异。限定时间学好，无疑会增加学生的心理负担并产生不良影响。我们当然要求学生的发音达到一定的水平，但要把练习期限拉长，合理分配在整个入门阶段，使语音语调的练习与生词练习、结构练习和功能练习紧密结合起来。结合语音练习语料的语意性，使语音练习更加有意义，而不是停留在机械的模仿中。

（三）句型练习应是有意义的语言活动

为了使学生迅速掌握语言形式，句型练习是非常有效的方法。这在基础汉语教学中已经得到了肯定。听说法到交际法使我们更意识到句型练习必须是有意义的语言活动，应该避免机械的公式操练。因为句型练习不只是以同类词代入公式，学生必须充分了解语意，才能相应调整句子的其他部分、理解句子结构，并进行灵活的转变和运用。

（四）功能练习可借助图表，并兼顾情景和身份

功能练习不但要让学生知道在什么情况下说什么话，而且还要让他说得得体。例如，练习日常生活中的打招呼，初学时我们一般讲“你好”、“您好”。这是通用型问候方式，但如果结合情景，某天在街上遇到一位哭丧着脸的中国朋友，这句话显然不太合适。等学到用“上哪儿去”作问候语时，由于课文内容的局限，很多学习者又以为凡是路上碰到熟人都可以这么问。但如果是早晨上班时间在路上碰到一位拿着公文

包的朋友，问他一句“上哪儿去呀”，也许会让人有种明知故问的感觉。所以，这种练习应借助说明力强的图表提示：

根据不同的图示模拟打招呼：

A．图1：朋友气喘吁吁地快速从前边走来。

（一般招呼语）：去哪儿呀？

B．图2：傍晚，同学往饭堂的方向走去。

（一般招呼语）：去吃饭呀？

功能练习往往没有“标准答案”，教材经常采用图表提示，通常由指导练习的老师来评判学生的答案是否得体。

六、结　语

练习占了对外汉语教材很大部分的比例，无论在教学还是教材的编写上，都是不可忽视的内容。而初级汉语教材又是最具挑战性的，因为教材编不好会影响学习者后阶段的学习，所以练习也起着至关重要的作用。从本文的研究结果来看，练习编写在教材编写中的地位越来越受到重视，并且也越来越科学和规范，练习的篇幅和数量总体呈上升趋势。虽然现阶段练习编写仍存在一些不足，但我们相信，随着教材编写的日益成熟，练习编写也会不断趋近完善。

参考文献

[1] 杨惠元．论《速成汉语初级教程》的练习设计［J］．语言教学与研究，1997（3）：31.

[2] 吕必松．对外汉语教学概论（讲义）［M］．国家教委对外汉语教师资格审查委员会办公室，1992．101.

[3] 赵金铭．论对外汉语教材评估［J］．语言教学与研究，1998（3）：5~19.

[4] 李绍林．对外汉语教材练习编写的思考［J］．云南师范大学学报，2003（3）：34~39.

[5] 刘颂浩．对外汉语教学中练习的目的、方法和编写原则［J］．世界汉语教学，2009（1）：111~120.

[6] 杨翼．对外汉语教材练习题的有效性研究［J］．语言教学与研究，2010（1）：24~30.

[7] 周健．对外汉语语感教学探索［M］．杭州：浙江大学出版社，2005．68.

[8] 刘珣．新实用汉语课本（综合练习册）［M］．北京：北京语言大学出版社，2002．19；80.

[9] 程相文．对外汉语教材的创新［J］．语言文字应用，2001（4）：36~44.

[10] 姚道中．中文教材与教学研究：刘月华教授荣退纪念论文集［M］．北京：北京语言大学出版社，2006．121.

中级汉语口语教材中话题的编写问题

江彩虹*

摘　要：本文主要从外国留学生学习汉语的实际情况出发，通过对几部近年出版的中级汉语口语教材在话题编写方面的考察，结合对外汉语教材编写原则，就如何安排话题顺序、题材和体裁等三个方面展开一系列的探讨，并提出一些自己的设想。

关键词：对外汉语；话题编排；中级口语教材

一、引　言

在语言教材中，话题是课文内容的灵魂，其编写情况对教材的质量起着至关重要的影响。中级汉语口语教材，在汉语口语教材中起着承上启下的作用，是一座由初级汉语伸向高级汉语的桥梁，具有极强的针对性。口语教材培养留学生用汉语进行交际，重心应放在口语技能训练上，应秉着实用性、针对性、趣味性、交际性和口语化等原则进行编写。但落实到具体教材上总有些偏颇，尤其是在话题编写上，仍存在一些问题。因此，研究中级汉语口语教材话题的编写情况，找出不足之处，对改善中级汉语口语教材的编写情况有重大意义。

对于口语教材的话题编写，学者们见仁见智：马欣华认为汉语口语教材要注重口语化。[1]许迎春强调课文话题的选择必须实用且有趣。[2]而王小曼则认为话题的选择不仅要宣传中国文化，还要注重学习者本人的情感和经验的要求。[3]尹怡呼吁“适应时代需求、符合外国学生学习规律的、全新的对外汉语教材”早日出现等。[4]目前对汉语口语教材有关话题编写方面的研究文献相对较少，学者们大多注重从教材编写的整体把握出发，而鲜有具体到各方面的编写研究，且研究比较分散。在相关文献里，关于中级汉语口语教材的话题编写资料非常少。

一套适用的教材一方面必须考虑到学习者的需求，另一方面则必须考虑到我们的教学目标。[3]结合对外汉语口语教材的编写原则，本文主要选取了以下几部中级汉语

* 江彩虹，2012 届对外汉语专业毕业生，现为雷州市附城中学高中语文教师。本文指导教师为郑继娥副教授。

口语教材进行考察：《走向中国》、《大家说汉语》、《汉语中级口语教程》、《阶梯汉语》、《中级汉语口语》、《新编中级汉语口语教程》。① 以这几部教材为例，本文将从话题编写的角度进行话题编排模式、题材内容以及体裁范围三方面的探讨，并提出一些建议。

二、中级汉语口语教材的话题编排模式

话题编排模式，即把话题按照某一形式或以某一特征为主进行编排的模式。话题的编排模式，会影响学生的学习兴趣及学习效果，应当注重其编排的科学性。对外汉语教材评估的一个重要标准就是“科学性”，这种“科学性”体现在课文编写上就是内容的“循序渐进”。[2] 如何在中级汉语口语教材的话题编排上做到科学性的“循序渐进”，是保证教材质量的一大关键。下面将从编排模式的类别和特点上进行举例说明。

（一）话题编排模式的分类

根据我们对几部中级汉语口语教材的研究与分析，并结合一些其他教材的编排情况，从话题编排的特征来看，对外汉语中级口语教材的话题编排模式大概可分为以下四类：

1. 事件排序型

事件排序型，即教材的课文话题以事件为主要形式，按照难度由浅入深、时间由近到远的标准进行编排，每个课题的对话或短文着重于某一件事情发生的前因后果。例如，《大家说汉语》里的课文话题排序情况，见表1。

表1　《大家说汉语》里的课文话题排序情况

课序	课题	事件	课序	课题	事件
1	开学了	开学	10	妈妈给我寄包裹来了	签收包裹
2	你爱吃中国菜吗?	请吃饭	11	理个时髦的样式	理发
3	我得去买件大衣	购物	12	我们互相学习	学习

① 石慧敏．走向中国．北京：北京大学出版社，2006．
苏瑞卿．大家说汉语．北京：北京大学出版社，2005．
杨寄洲，贾永芬．汉语中级口语教程．北京：北京大学出版社，2007．
周小兵．阶梯汉语．北京：华语教学出版社，2006．
刘德联，刘晓雨．中级汉语口语．北京：北京大学出版社，1997．
李增吉．新编中级汉语口语教程．南京：南开大学出版社，2002．

（续上表）

课序	课题	事件	课序	课题	事件
4	又该去超市了	购物	13	你给我捎一本《现代汉语八百词》	捎东西
5	春节快到了	过节	14	星期天去我家坐坐	做客
6	妈妈来电话了	打电话	15	照相	照相
7	咱们俩租一套房子住吧	合租	16	我心情不好	心事
8	我有点儿感冒	生病	17	一起去旅游吧	旅行
9	咱们去换点儿人民币吧	换钱			

《新编中级汉语口语教程》也属于事件排序性，如话题“讨价还价”说的是讲价，“中国人送礼的习俗”谈论的是送礼，“在老师家做客”强调做客，“三餐怎么吃”说的是饮食等。这种编排模式能够帮助学习者在熟悉对话的基础上，若再遇到相似的事情，能够灵活运用已学的知识与中国人进行一定的交流。

2. 地点排序型

地点排序型，即教材的课文话题以地点为主要线索进行编排，按照留学生有可能常出现的地方设置情境对话，每个话题的发生都有一个比较明确的地点作为事件的主线。如《走向中国》里以地点为主要特征的排序，见表2。

表2 《走向中国》里以地点为主要特征的排序

课序	课题	地点	课序	课题	地点
1	在飞机上	飞机	11	在旅游集散中心	集散中心
2	机场迎客	机场	12	游周庄	周庄
3	去银行	银行	13	打的	出租车
4	住宿	公寓	14	看病	医院
5	在教室	教室	15	参观博物馆	博物馆
6	吃饭	餐厅	16	游南京	南京
7	上街问路	公交车	17	谈天气	上海
8	买东西	商店	18	汉语演讲比赛	联欢会场
9	去豫园	豫园	19	谈发展	中国
10	爱好	演唱会场	20	送别	机场

由上列话题排序可看出，这本教材最大的特色是基本上每一个对话都发生在一个相应的地点上，且这些地点是留学生常常出现的，如教室、公寓、餐厅等，或是他们

比较感兴趣的旅游地点，如豫园、周庄等。这种以地点为主的编排模式，能帮助留学生在学习相关知识之后，到达有关地点，比较容易找到话源，不至于无话可说。

3. 问题排序型

问题排序型，即以提问题的方式，按照留学生常遇到的或感兴趣的问题进行教材的话题编排。例如，《汉语中级口语教程》（下册）的话题编排模式举例如下，见表3。

表3 《汉语中级口语教程》（下册）的话题编排模式

课序	会话	短文
2	谁能没有遗憾的事呢?	晏子的故事
3	人为什么要说谎?	诚实不容易
6	遇到突发事件怎么办? /我们楼突然着火了	当灾难来临时
8	中国人常说汉语吗?	王羲之的故事
9	破财能免灾吗?	两条珍贵的白鱼
10	性格能决定命运吗?	信任的力量
14	何必非要“门当户对”?	春雨
15	应聘面试	蘑菇是怎么长成的?

这类话题模式往往一开始就在题目上设问或者在题目里隐含着问题，然后在对话中紧紧围绕这个问题展开对话，并揭示答案。这些问题往往是许多留学生关心的、感兴趣的，所以能激发他们的讨论兴趣。而兴趣可帮助学习者记住大部分的相关知识，深入了解中国文化，在以后遇到相似的问题时，便有了相关的谈话模板。

《中级汉语口语》也属于问题排序型的编排模式，如话题“是在这儿上课吗”、“你能不能帮我找一个辅导老师”、“我该坐什么车”等，均以问题的形式进行编排。

4. 功能排序型

功能排序型，即教材话题以某种功能为主要形式，按照由简到繁、由浅入深的顺序进行话题的排序。例如在《阶梯汉语》里，其话题主要是表达介绍、道歉、原谅、请求等功能性的内容，并按照这些功用性的常用次序进行编排，见表4。

表4 《阶梯汉语》功用性的常用次序编排

课序	题目	功用	课序	题目	功用
1	好像在哪儿见过你	介绍	8	请你去唱卡拉 OK，怎么样	邀请
2	一切都是我的错	道歉	9	真不知怎么感谢你才好	感谢
3	没事儿，你别太在意	原谅	10	没有比这一切更令人满意的了	满意
4	您就融通一下吧	请求	11	别自己跟自己过不去	劝说
5	我想问你一件事	打听	12	据报道，癌症的发病率正在不断上升	转述
6	恭喜你生了个儿子	祝贺	13	我要是能有八只手就好了	希望
7	稀客，稀客，什么风把你给吹来了	问候	14	唉，努力了半天，全泡汤了	失望

这类编排模式便于学习者在学习汉语时，能按照所需要的各种功能用汉语表达自己的意愿，达到交际目的。譬如，当学习者需要自我介绍时，可模仿课文里的对话；当学习者需要打听什么事情时，可按照对话里的形式提问。

（二）话题编排模式的特点

1. 以某一特征为主要形式进行编排

每本教材都会有自己的特色，尤其是以比较鲜明的编排模式区分于其他教材，这种特征便是材料的“标签”。话题编排得得当与否，关乎能否引起学习者的学习兴趣。语言文化知识的传播应该基于学习者的兴趣与需要，失去了这个依托，一切的教学内容都可能是空中楼阁。尤其是对于年龄在 20 岁左右的本科生来说，兴趣往往决定他们对一门课程的喜好程度。因此，开阔视野、挖掘学习者的情感和兴趣所在，是我们选择话题时优先考虑的原则。[3]

一旦编者决定了某种特征的话题编排模式，那么所选的话题便会被控制在某一形式内。譬如，事件排序型的编排模式主要以所发生的事件为主要形式进行各种事件话题的编排，学习者可学习到在发生什么事情时该说什么话，如何表达自己的内心；地点排序型的编排模式主要以地点为对话的主要基地，学习者可以练习在什么地方说什么样的话等；而问题排序型则是以某类问题为中心进行排序，当学习者遇上相似的问题时能以课本里的模板为参照进行对话；功能排序型的教材主要是由一个个常用的功能性话题由浅入深地进行编排，就像一个工具箱，里面放好了种种工具，学习者在需要的时候可以随时抽取适合的工具使用。这种以某一特征为主要形式进行话题编排的教材，有其独特之处和可取之处，在某种程度上可满足学习者在汉语中级阶段的不同需求。

2. 以话题的使用频率高低为顺序进行编排

一般的口语教材，大多是按照话题的使用频率高低进行编排的，如在《阶梯汉语》里，其话题按照“介绍→道歉→原谅→请求……”的顺序进行编排，外国人与中国人在初相识时常常要进行自我介绍，由于彼此的文化差异容易造成误解、矛盾等，所以也常用到“道歉”和“原谅”的功能语言等。按照话题的使用频率进行编排，遵循了两个原则：

一是“急用先学”原则，可帮助学习者首先解决常遇到的交际问题。学习者在交流中会遇到各种各样的汉语话题，而每个话题在现实生活中被用到的频率有高低之分，先学常用的、简单的，能解决最急用的交际问题，而其他相对次要的可放到后面来学习。如外国留学生初来乍到，首先面临的是如何与人打招呼、交流，继而是上课、吃饭等问题，之后才慢慢地产生更深入地了解中国文化的需要。

二是“循序渐进”原则，能引导学习者逐渐进入学习的角色。“急用先学”原则能帮助学习者解决短期的交际问题，而“循序渐进”原则却可以帮助学习者逐步提高汉语水平，达成长远的目标。如在学习了简单地与人交流问题后，留学生需要进一步地表达自我、深入了解中国文化，便需要进行更深层次的汉语学习。话题的顺序要安排得当且科学，必须紧密结合“急用先学”和“循序渐进”这两大原则，做到合理有序。

3. 以选取口语化的话题为主

作为口语教材，首先应注意的是一定要选取口语化的话题为主要内容。但口语毕竟是口语，既不同于书面语，也不是文学作品，用不着过多地加工。[1]这不仅要求课文内容、对话之间要使用口语化的语言，而且作为话题的题目也应该尽量口语化，让学习者一打开课本便能感受到这本口语教材的本质特性。在我们考察的几部教材里，大部分都遵循这个原则，话题也是借用一些比较口语化的表达，如“没事儿，你别太在意”、“稀客，稀客，什么风把你给吹来了”、“太不像话了”等。

口语化是经过加工的规范化的口语语体，它除了具有口语的简明、自然、朴实、活泼等特点以外，还具有书面语的准确、鲜明、生动、严密、富有逻辑的特点。[2]这是汉语口语教材最明显的特征，符合口语化的话题内容，能培养学习者运用口语表达的思维习惯，提高运用汉语进行交际的能力。

三、话题内容的难易程度

对于一本教材的评估，究竟是难还是易，难、易又分别能达到什么程度，对我们教材的编写、修订有至关重要的意义，是我们亟待解决的一个问题。[5]但是，关于汉语中级口语教材的话题内容的难易程度的评估，往往缺乏统一的标准，难以把握其难易程度。我们从以下几个角度来考察中级汉语口语教材中话题内容的难易程度，看其是否与学习者的实际情况相符合：

(一) 话题内容与学生兴趣的亲疏程度

兴趣是最好的老师。一本好的教材必定是有用且有趣的。[3]课文内容有趣，学生会很快记住并付诸运用，因此精心选择课文十分重要。[5]而话题内容的难易程度如何，与学生兴趣的亲疏程度有很大关系。话题与学生的兴趣越接近，学生便越容易掌握；反之，学生则难以集中精神去学习课文，学习效果也会大打折扣。[6]汲传波在《对外汉语口语教材的话题选择》中将话题分为六大类，按比例从大到小依次为：①关于中国社会、中国文化的话题；②个人信息话题；③世界性话题；④关于语言的话题；⑤关于本国的话题；⑥中外差异的话题。[7]

对以上几部中级汉语口语教材的考察与分析，我们得出以下数据，见表5。

表5 不同类型的话题在不同的教材中出现的数量情况

话题 / 数量 / 教材	中国社会文化	个人信息	世界性	语言	中外差异	数量最多的话题类型所占的百分比（%）
《走向中国》	14	3	1	0	0	77.8
《阶梯汉语》	9	22	7	0	5	51.2
《大家说汉语》	4	10	1	0	1	62.5
《汉语中级口语教程》	4	4	5	2	1	31.3
《中级汉语口语》	17	17	7	3	0	38.6
《新编中级汉语口语教程》	7	12	9	1	3	37.5

由上可看出，不同类型的话题在不同的教材中出现的数量有所不同。上述六部教材中大部分都涉及了话题①和②，小部分涉及话题③，而涉及话题④、⑤、⑥的甚少。例如，在《走向中国》中，出现最多的是中国社会文化，关于个人信息的话题次之，且差距较大。而《阶梯汉语》、《大家说汉语》和《新编中级汉语口语教程》却比较注重选取有关个人信息的话题，中国社会文化次之，且差距也较大。反之，《汉语中级口语教程》和《中级汉语口语》在中国社会文化和个人信息方面给予了同等的比重，而《汉语中级口语教程》侧重于关注世界性的话题。这六部教材在不同话题的选取上各有所侧重，由此可见，目前许多中级汉语口语教材在选取话题上并未达成一致性。

考虑到现在的汉语学习者年龄普遍相对比较小、阅历浅、经验少、知识结构不完善等特点，话题的选择与编排需要仔细斟酌。借鉴学者王小曼的观点，以下几类话题应该优先选择：

①“穿衣打扮、兴趣爱好、幸福观、价值观、业余生活、择业与择偶标准”等较易于引发谈论兴趣，且存在个体差异的个人信息类的话题；

②“儿童问题、人口问题、交通问题、社会治安、饮食文化、体育事业、婚礼形式、请客送礼、居住环境”等存在较大的文化差异、能够引起好奇与探讨的话题；

③“历史地理、保护环境、经济改革、教育体制、政治体制、科技医药”等涉及中国国情文化而又与本科专业的培养目标相符合的话题。[3]

在对外汉语口语教学课堂上，想要提高学习者的学习兴趣，必须让学生掌握话题控制权。要做到这一点，话题选择必须从学生的实际需求和兴趣出发。[7]为此，编者选取话题时必须注意所选话题与学习者普遍兴趣的亲疏关系，尤其是要多根据留学生的实际情况选择“小”而“近”的话题。有学者谈到话题选择应该遵循四个原则：难度适宜；贴近学生实际，抓到兴奋点；增加世界性话题；贴近学生的知识水平。[8]

（二）语料的难易程度

语料的难易程度是衡量一本教材深浅程度的指标之一。对语料难度的研究，在西方被称为“易读性研究”。关于易读性的研究，以往人们的评估往往是从定性的角度或是通过例证来说明材料的难易。[5]借鉴这种观点，我们从语料的角度，运用例证的方法，根据其句长和词汇的难易程度来考察所选的六部中级汉语口语教材中话题内容的难易程度：

1. 句子长度

句子的长度会影响学习者对内容的理解程度。对处于中级汉语水平的学习者来说，句子的长度应该适中。

中级汉语口语教材的句长，尤应注意以下几点：

（1）要符合口语的简洁化原则。口语一般比较简单明了，所说的话能让对方听懂意思就行，不必在语法和规则上太费心思。如《阶梯汉语》里的某一对话：

A. 哟！稀客，稀客，什么风把你给吹来了？

B. 我是“无事不登三宝殿”。

这一对话，句子长度适中，且用“稀客”和“无事不登三宝殿”简洁表明了对话双方平时来往不亲密，如今一见面是有事相求的了。了解中国文化的人一听便知道对方的用意。

（2）要符合中级汉语学习者的口语水平。句子长度适度就好，过于简单则对提升汉语口语水平不利，过于冗长则容易让学习者产生畏难情绪。如《汉语中级口语教程》（下册）里的某一对话：

A. 我觉得你挺有孝心的。

B. 我父母年纪都很大了，他们都希望我早日成家，可我现在连工作还没有，更不要说建立家庭了。有时候觉得挺对不住他们的。现在父母都还健康，我觉得应当好好儿地孝敬他们。俗话说："树欲静而风不止，子欲养而亲不待。"等到父母不在的时候，再想尽一份孝心就晚了。真到那个时候，后悔也来不及了。

在这个对话里，B 方说得过于冗长烦琐，其实都是围绕 A 那句"挺有孝心的"展开来说的。能简洁地表达"我想好好孝敬父母"这一意思即可，不必把话题扯得那么远了。而且，这里整个段落还引用了诗文，语言就显得书面、呆板，不够口语化了。

（3）要真实化。作为主要培养学生口头表达、口头交际能力的口语教学，应该尽可能多地为学习者提供源自生活的、丰富多彩的语言表达形式和语言交流形式。我们一方面要鼓励学生多多参与社会生活，多多介入真实的汉语语境之中；另一方面，则可以在教材的编写中尽可能地再现典型的语境和口头表达方式。[3]尽量让外国学生接触真实的语料，接触到生活中经常会用到的长短句，能够在生活里还原和运用的句子。

2. 词汇难易程度

词汇的难易程度主要由非常用字出现的数量和频率决定。一篇课文里出现的非常用字越多，这篇话题内容的难度系数越大。而且，非常用字在不同话题内容里出现的频率越高，课文难度越大，所以必须控制非常用字出现的数量与频率。尤其是中级汉语口语教材，要特别注意控制其难易程度，以适应这一阶段学习者的汉语水平。因此，我们进一步测量，具体方法是：参照《HSK 中国汉语水平考试大纲（初、中等）》[8]，把汉语词汇分为甲乙丙丁四个等级，其中丁级属于罕见词汇。我们对所选取的六部教材的生词量及罕见词汇量进行了统计，得到以下数据（罕见词汇出现频率 = 罕见词汇量/生词总量），见表 6。

表 6　六部教材的生词量及罕见词汇量情况

项目 / 教材	生词总量	罕见词汇量	罕见词汇出现频率（%）
《走向中国》	455	53	11.7
《阶梯汉语》	1 255	45	3.7
《大家说汉语》	710	49	6.9
《汉语中级口语教程》	470	15	3.2
《中级汉语口语》	1 330	53	4.0
《新编中级汉语口语教程》	1 061	31	2.9

由上表的数据可知，《走向中国》的词汇偏难，因为罕见词汇量的使用率已占了

总词汇量的11.7%；《大家说汉语》的词汇也比较难，罕见词汇量已经达到了6.9%；其他的罕见词汇率由高到低排列则是《中级汉语口语》>《阶梯汉语》>《汉语中级口语教程》>《新编中级汉语口语教程》。然而，并非罕见词汇出现得越多越好，罕见词汇量出现的频率适度，能提升学习者的学习水平，又不显得过于浅显简单。

四、话题的选材范围

对外汉语口语教材的选材范围相当广泛，基本上是能说什么就编什么。人们交谈时总是从一个大家都熟悉的话题开始，然后再各自补充自己所知道的有关这个话题的新情况，这是一个从旧信息到新信息、从已知到未知的过程。[9]话题是交际的出发点或对象，也是交际的某种范围。[9]可见，话题编写的选材范围应基于学习者所熟悉的交际范围，这样才能引发学习者的谈话兴趣，把话题的主动权交到学习者手里。因此，中级汉语口语教材的话题编写必须选取口语化的话题，要符合大众口味，挑选适当的话题题材与体裁。

（一）话题题材

选择好题材，是教材编写成功的关键之一。由于汉语教学对象的多国别性，他们之间在学习目的、学习方式、教育背景、文化背景、思维习惯、价值标准等诸多方面存在着很大的差异，可谓众口难调，寻求令大多数留学生满意的题材确实很难。[4]根据许多不同的调查和资料显示，我们认为有以下两类题材深受学习者的喜爱：

1. 反映中国社会文化的题材

由于留学生大多来自不同的国家，有着不同的文化背景和民族特征，因而他们会更好奇中国的社会文化有什么不同之处。人总会对未知的东西充满好奇。作为一个外国人来说，到中国除学习专业外，很重要的是要了解中国各方面的情况。[1]例如，《走向中国》里的第9课“去豫园”、第11课“在旅游集散中心”、第15课“参观博物馆”和第16课“游南京”等，都是能比较集中地反映中国社会文化和某些地区信息的话题。

2. 反映个人信息的题材

人们总是对贴近生活的事情比较关注，例如旅游、购物、感情等。大多数留学生第一次来到中国，除了学习汉语专业知识外，更希望能通过游览中国大江南北来了解中国的风土人情。购物是留学生在异地他乡经常要做的事情，谈论的几率也很高。另外，据调查得知，“男生一般对生理健康、安全、金钱和性问题较有兴趣；女生则对吸引力、人生哲学、日常生活计划、心理健康、家庭、亲眷关系等较有兴趣”。[10]这些反映个人信息的题材，能很好地吸引学习者的注意力。学生对课堂中所讨论的话题的感兴趣程度能够直接影响到其参与程度，进而在很大程度上影响到口语课的教学效果。[11]

（二）话题体裁

中级汉语口语教材的话题体裁丰富多样，有叙事性的对话，有说明性的短文，也有议论性的话题，还有夹叙夹议、说明议论混合等多种体裁的文体。

例如，《大家说汉语》是纯粹性的两个对话形式，分长短对话，对话 1 基本是短对话，对话 2 基本是长对话；《汉语中级口语教程》则是一个对话加上一个短文的形式，对话一般比较长，短文阅读也很长，且在练习中设有诗歌朗诵，在短文后面还附加了一则笑话；《走向中国》则是一个短对话加上一个短文，对话比较简短，短文也比较简短；《阶梯汉语》则是两个对话的形式，且对话不分长短，基本上保持一致。

另外，可选取的话题体裁还有诗歌、成语故事、典故、谚语、民间传说、笑话、相声、戏曲等，这些体裁充分体现了中国文化的精粹，值得借鉴。

五、关于中级汉语口语教材话题编写的几点构想

一般而言，某种教学理论和教学方法往往反映在教材的编写中。[1]在编写教材中，我们不可忽视教学理论和教学方法的作用，但要适得其所。由于中级汉语口语教材的特殊性，在编写时尤其要注意两点：第一，这是一本中级水平的汉语口语教材，其内容的难易程度一定要大于初级汉语水平而小于高级汉语水平；第二，这是一本以训练口语为宗旨的汉语中级口语教材，具有其专门性，且要特别强调口语化，不能与其他阅读、写作、听力或综合性的教材混为一体。鉴于这种特殊性，我们将从如何安排话题顺序、题材以及体裁等三方面提出一些设想和建议，以期能改善中级汉语口语教材的编写。

（一）以梯次性原则安排话题的顺序

梯次性原则是指：既要针对不同水平的班级和学生做适当的教学调整，选择难易有别的话题，帮助学生消除课堂上可能存在的竞争性带来的焦虑；还要使话题由浅入深，循序渐进，消除学习者对自己语言水平的焦虑，不断引导学生利用目标语进行交际，提高口语水平。[11]中级汉语口语教材的编写尤其要注意以下几个方面：

首先，中级汉语口语教材必须在最大程度上保证学习者上升的梯度空间，又要吸引学习者的学习兴趣。其次，应注意话题选择的梯度性，一定要循序渐进，由浅入深。梯度性合理的话题排序，能引导学习者在顺利的学习中浑然不觉地过渡到中级汉语水平，进入高级汉语学习的准备阶段。还有，主题比较接近或相似的话题要避免前后排序，避免安排得太接近，且其内容切忌雷同。由于要符合大众口味的话题毕竟是有限制的，教材编写可以考虑将话题分成不同部分，结合结构难度进行编排，既复习

了学过的内容，又让学生有新鲜感。[2] 总之，以梯次性原则安排话题，能保证话题次序的合理性、实用性和科学性，在形式上要首先吸引学习者继续学习教材的兴趣。

（二）以可参与性原则安排话题的题材，注重文化包容和渗透原则

可参与性是话题选择的最重要原则。[11] 可参与性话题基本达到了“最佳语言输入”的标准，不仅包含了学习者所熟悉的、感兴趣的话题，还囊括了各种各样的话题，讲究话题的趣味性和多元化。在现实生活中，学习者对经常接触到的、有切身体会的话题，常常表现出极大的探讨兴趣，这方面的话题也容易激发他们表达的冲动，使他们更积极地参与话题口语的学习。我们还要注重文化的包容性和渗透性，针对不同文化背景的学习者设计话题，选取与学习者母语国家相关的一些题材。这可以大大地提高学习者在学习话题时的参与性。

（三）以丰富多样性原则安排话题的体裁

在同一个话题框架下，我们可以提供丰富多样化的体裁来设计话题，其形式多样性，容易吸引学习者的好奇心理和新鲜感，且能保证学习内容的丰富多样。在选材方面，我们既要注意反映当代中国社会、文化、生活的各方面，同时也要选取一部分科普课文，但内容不可太专业，以免增加理解难度。体裁不但有课文、对话，还应当有成语故事、民间传说、典故，谚语、笑话以及人们经常引用的诗句，甚至相声、歌曲等。[12] 体裁的多样化，可让学生学习更多的汉语课文体裁，熟悉各种文体的阅读，在学习中不断提高汉语水平，从成语故事、民间传说、典故等文体中更深入地了解中国文化。

总之，编写中级汉语口语教材，课文的编写最难，尤其是在对话题的编选上，应该慎重考虑，注重编选的实用性和科学性。在话题编写上更应该注意在话题的编排模式、内容的难易程度以及选材范围上把握好适当的尺度，以便更好地提高中级汉语口语教材编写水平，适应学习者的学习水平和学习需求。

参考文献

[1] 马欣华. 关于汉语口语教材的编写问题 [J]. 语言教学与研究，1987（4）：143～147.

[2] 许迎春. 对外汉语初级口语教材课文编写评析 [J]. 语言教学与研究，2008（1）：101～102；201.

[3] 王小曼. 论汉语本科专业高级口语教材的编写原则——从口语教学实际谈起 [J]. 云南师范大学学报（对外汉语教学与研究版），2005（9）：11～17.

[4] 尹怡. 新时期对外汉语教材编写问题——兼论《汉语中级口语教程》[J]. 双语学习，2007（10）：154～156.

[5] 李燕，张英伟.《博雅汉语》教材语料难度的定量分析——兼谈影响教材语言难度的因素和题材的选择 [J]. 云南师范大学学报（对外汉语教学与研究版），2010（1）：39～43.

[6] 杨艳，柯丽芸. 对外汉语初级口语教材话题研究——以《汉语 900 句》和《汉语会话 301 句》为例 [J]. 齐齐哈尔师范高等专科学校学报，2008 (4)：121 ~ 123.

[7] 汲传波. 对外汉语口语教材的话题选择 [J]. 云南师范大学学报（对外汉语教学与研究版），2005 (3)：8 ~ 12.

[8] 北京语言大学汉语水平考试中心编制. HSK 中国汉语水平考试大纲（初、中等）[M]. 北京：现代出版社，2004.

[9] 刘华. 面向对外汉语教学的话题聚类研究 [J]. 对外汉语研究，2008 (5)：55 ~ 60.

[10] 丰汝谊. 初级口语课堂中学生对话题选择的调查报告 [J]. 高教高职研究（考试周刊），2009 (3)：194 ~ 195.

[11] 齐飞. 语言焦虑与对外汉语口语教学——消减交际畏惧的话题选择策略研究 [J]. 语文学刊，2008 (10)：162 ~ 164.

[12] 兰彩苹. 论汉语口语教材“实与活”的编写原则 [J]. 中南民族大学学报，2005 (5)：385 ~ 386.

课堂教学

越南中高级学生汉语词汇习得的偏误分析

李　玲*

摘　要：本文基于中介语理论，运用汉越对比分析、偏误分析等方法对越南中高级学生学习汉语过程中经常出现的词汇偏误进行全面、具体的分析。主要从语义、语法、语用三个大方面分别举例分析，并研究偏误产生的内部和外部原因，最后对以后的对越汉语教学，特别是词汇教学提出一些建议。

关键词：词汇偏误；越南学生；偏误原因；偏误类型

一、引　言

偏误分析（error analysis），就是对学生学习第二语言过程中所犯的偏误进行分析，揭示第二语言学习者习得目的语的过程，从而发现第二语言学习者产生偏误的规律，它是研究学习者中介语系统的重要方法之一。第二语言词汇习得研究曾一度被认为是“语言习得研究中被忽视的领域”（Meara，1980）[1]，而且对其研究缺乏理论性和系统性。而在少数的词汇习得研究中，又以欧美和日韩学习者为主，对越南学生词汇的偏误研究则极少。

国内最早引进偏误分析理论对外国人学习汉语词汇进行分析的是鲁健骥（1987）的《外国人学习汉语的词语偏误分析》[2]。此文主要基于中介语理论，分析外国人汉语词汇偏误产生的原因，并为防止偏误的发生提出一些教学建议，但这篇文章主要分析以英语为母语的欧美学习者的词语偏误。目前对越南留学生学习汉语的词汇偏误研究很少，主要有广西民族大学的硕士研究生所写的毕业论文，如袁丽敏的《中高级阶段越南留学生汉语词汇偏误分析》[3]和王分年的《中高级阶段越南留学生使用同义动词的偏误分析》[4]。其中，袁文主要论述词义偏误、词性偏误、生造词偏误三种偏误类型；王文也主要是分析同义动词偏误。总的来说以上都是从语义角度分析词汇偏误，这对于提高中高级汉语词汇教学、减少汉语词汇习得偏误、提高对越汉语词汇教学的质量都有一定的借鉴意义。这两篇文章只是单纯地研究词汇，但是越南学生在运

---

* 李玲，2011 届对外汉语专业毕业生，现为温州大学语言学及应用语言学专业硕士研究生。本文指导教师为郑继娥副教授。

用词语时还可能导致语法和语用偏误。本文把越南学生与词汇有关的语法偏误包括在研究范围之内，针对学生运用词语偏误的情况，从语义、语法、语用三个角度分别进行论述，使人们对越南学生学习汉语词汇的偏误情况有更全面的了解，以期在对越汉语教学中更有针对性。

本文采用定性分析法，即先收集语料，然后对收集的语料进行偏误鉴别、分类、解释及评估，找出偏误的来源，归纳出词汇偏误的规律，并制定相应的教学措施。

本文的语料一方面选自在其本国学习了将近四年，再来中国短期进修的越南东都民立大学四年级中文本科生的62篇文章（实习总结27篇，作业35篇），另一方面选自来华学习了两年汉语的二年级越南学生的作业、日记、书信共计65篇。为了分析的方便，本文在引用语料时，对其中词汇之外的偏误进行了修改。

二、偏误类型

偏误是由于对目的语掌握不好而产生的一种规律性错误，这种错误具有规律性，常常会重复发生，学习者难以自觉发现并纠正，它是中介语特征的反映，是偏误分析要研究的主要内容。[5] 由于汉越词语意义的不对应性，越南学生在运用词语时经常会出现各种各样的偏误，本文正是根据越南学生用词的偏误情况，分别从语义、语法、语用等三大方面进行全面系统的分析。

（一）语义偏误

语义偏误是指使用词语时由于难以准确把握其意义而混用、滥用或重复使用该词而造成的偏误。其中同义词、近义词混用偏误是越南学生最常出现的语义偏误类型，留学生经常会混淆意思相同或相近的几个词语，造成词语使用不正确、语义表达不恰当的偏误情况。

1. 词语偏误

（1）他们的热情招呼让我感动得落下了眼泪。

此句中的“招呼”应该改为“招待”，“招呼”的意思是呼唤、吩咐，或者指用语言或动作向别人表示问候，如“大家都围上来，我不知道该招呼谁好”。而“招待”是指对宾客或顾客表示欢迎并给予应有的待遇。如“客人来了，你好好招待他们”。

2. 成语偏误

（2）我对这样一个隆重的仪式感到受宠若惊，真的很开心。

“受宠若惊”指因受到意外的宠爱或赏识而感到惊喜和不安。而此句“我”对这样隆重的仪式只是感到很意外、惊喜，并没有不安的意思，可以改为“喜出望外”。

（二）语法偏误

越南语教学的语法项目大致可以分为两大类，一类是词语和各种词类的使用，特别是副词、量词、关联词等的使用，也包括各种短语、结构的使用；另一类是句法项目，包括各种句子形式、句型的教学。本文主要探讨因词语使用不当而引起的语法偏误，包括各种搭配偏误（主谓搭配、动宾搭配、偏正搭配、离合词搭配偏误等）、词性偏误、重叠偏误、数量词使用偏误、关联词使用偏误等。下面以具体的例子分别叙述由词语使用不当而引起的语法偏误类型：

1. 搭配偏误

主谓搭配偏误：

(3) 这里的生活让我觉得很充足和快乐。

上例中，"充足"指在数量等方面能满足要求或需要，而此句的主语是"生活"，与其搭配的动词应该是"充实"，"充实"多指内容或人员、物力的配备很丰富充足。

动宾搭配偏误：

(4) 你可以让孩子觉得他们有独立的生活，他们可以学自己喜欢的课，也可以做自己的爱好。

此句中的动词"做"与"爱好"搭配不当，应该把"爱好"改为"喜欢的事情"。

偏正搭配偏误：

(5) 这是我第一次去海滨公园，感觉太舒服。

(6) 我出了很多汗，天气热弄得我太痛苦！

上述两例中的"太"和"很"都是程度副词，都可以用在形容词前，表程度高，但是"太"加形容词后，句末常带"了"，"很"句末常不加"了"。所以上述两例中的"太"均应该改为"很"，或者在句末加语气词"了"。

离合词搭配偏误：

(7) 他去年结婚玛丽。

"结婚"、"见面"、"散步"、"道谢"等都是动宾结构构成的离合词，而这些离合词大多数是不及物动词，后面不能直接带宾语，不可以说"见面……"，如果想要引出表达的对象，应该用介词把这个要表达的对象介引出来，如"结婚玛丽"可以改为"跟玛丽结婚"；"见面他的朋友"改为"跟他的朋友见面"；"散步校园"改为"在校园散步"；"道谢你们的热情帮助"改为"对你们的热情帮助，我衷心地向你们道谢"。

2. 词性偏误

(8) 除了，我还有一个三个月的"经济业务的证书"。

此句中的"除了"是介词，后面一般要加上宾语构成介宾结构，在这里应该用其副词“除此之外”，这句话混淆了介词和副词，构成词性偏误。

3. 重叠偏误

(9) 前几天我在网吧见到她，她欢欢乐乐地告诉我她已经有了。

(10) 学习汉语就是每天苦苦练练，读汉语书，跟中国人聊聊天，看中国电视台等。

以上两例中的“欢欢乐乐”、“苦苦练练”这种重叠用法都是不正确的，汉语有些形容词可以重叠，比如“高高兴兴”、“开开心心”等，还有些动词可以重叠，如“休息休息”、“打扫打扫”等，但是不是每个形容词和动词都可以重叠，以上这两个词分别是形容词和动词，但是都没有重叠形式，不符合汉语说话的习惯，应该依次改为“欢乐”、“苦练”。

4. 数词偏误

数词偏误包括数词缺省和数词误用。

(11) 因为我考试得到了好成绩，觉得很快乐，所以是我最难忘的件事。

上例中的数量短语缺少了数词“一”，应该改为“难忘的一件事”。

(12) 回到宿舍，我很困啊！我就上床睡了二个小时的觉。

例句中的数词“二”应该改为“两”，“二”和“两”的基本使用规则是：量词（名量、动量）前的数词一般用“两”而不用“二”。

5. 量词偏误

量词偏误包括量词误用、量词缺省和量词多余。

(13) 先去一个旅馆租了两个放东西和中午可以休息的房间。

表示事物的名词，其量词一般是特定的，除“个”有时可以替代特定量词外，不能随便乱用。以上例句依次改为“一家旅馆”、“两间”。

(14) 为了答礼，第二星期我们班已经做越南菜（春卷、越南牛肉河粉）请学院领导、老师和中国同学来品尝。

例中的“第二星期”缺少量词“个”。

(15) 通过这个门课，我们会写报告、通知、体会、总结。

上例多用了量词“个”。

6. 关联词偏误

下面是关联词语误用的例子。

(16) a 今天他叫我们来，b 为了很久没见面，c 大家一起做饭，聊天儿，感觉很开心。

上例是关联词误用，学习者可能知道各分句之间的关系，但是在运用关联词时选错了，也可能是并不知道各分句之间的语义关系，所以错用关联词。

(17) a 这个信念鞭策着我，b 不仅在异国他乡，c 我却像在祖国亲人的怀抱中一样。

上例是关联词搭配不当，分句 b 与分句 c 也是转折关系，但是所用的关联词语搭配不当，“不仅”是表示递进关系的关联词，应该将分句 b 中的“不仅”改为“虽然”。

综上所述，我们可以得出以下结论：首先，越南学生在搭配使用上存在的偏误比较严重，不仅种类繁多，而且出现频率相对较大。其中搭配偏误类型主要包括主谓搭配、动宾搭配、偏正搭配、离合词搭配等。其次，由于越南语中很少或几乎没有量词，其数量短语只是数词与名词直接搭配构成，中间不需要量词；而汉语中量词非常丰富，与不同的名词搭配就应该使用相应的量词，但越南学生普遍都用量词“个”来替代，或者出现量词缺省、多余、误用等偏误情况。根据迁移理论，目的语中需要学习的某一种语言项目是第一语言中所没有的，在学习时就可能受到阻碍，产生偏误。另外，关联词的使用也应该引起对越汉语教学者和研究者的高度重视，因为关联词使用不当会导致句意不明，从而引起误解。由此看来，由于词语使用不当而引起的语法偏误现象还是比较普遍的，在对越汉语教学中应该引起高度重视。

（三）语用偏误

语用不仅要求语言运用的准确性，还更加注重语言使用的得体性。具体的语用要素包括词语的感情色彩、语体色彩、文化内涵及语言间不同思维方式和习惯等。本文主要论述越南学生学习汉语过程中的感情色彩、语体色彩、社会习惯和韵律等语用偏误。

1. 感情色彩

（18）谢谢你们的掌声，拍马屁我。

一位学生在课堂上回答的问题特别精彩，同学们都为他鼓掌，于是他说出这句话表示对同学们的感谢，但是“拍马屁”是指阿谀奉承，是个贬义词，用在这儿十分不合适。

2. 语体色彩

（19）中午我在她家吃饭，她妈的厨艺很好，做的菜也很好吃。

在此处本义是要表达“她妈妈的厨艺很好”，“她妈的”这个短语在汉语口语里是骂人的粗话，可能会引起误会，使听话人反感，用在这里极不合适，可以改为“她母亲”。

（20）我叫杨氏草，女的，今年二十二岁。

这是一个留学生简历中的一句话，本来想表达其性别，但是她用了一个口语词“女的”，在这里只用一个“女”字就行了。

3. 社会习惯

（21）希望我和她永远是好朋友，我很爱她。

“爱”一般是男女朋友或父母、亲人之间用来表达爱慕的一种说法，而“我”和她只是好朋友，汉语习惯上不用“爱”，应该将其改为“喜欢”。

4. 韵律偏误

（22）让我印象最深刻的是老师好善良，热情。

上例中“好善良”和“热情”构成并列关系，但前者是三个字的短语，后者只是两个字的词语，不符合中国人喜欢对称的心理。所以此句“热情”前也可以加一个“好”字，使此句韵律协调。

此句中单个的“说”、“笑”、“做”不符合中国人喜欢对称、成双的心理习惯，可以在每个字后加一个语气词“啊”字，变成“说啊”、“笑啊”、“做啊”。

从对以上三大类例子分析可以看出越南学生在习得汉语过程中出现的偏误情况比较普遍。总的来说，包括由于没有准确把握词语意义而产生的语义偏误，特别是同义词或近义词之间的误用、成语滥用等。另外，由于词语的使用不当而引起的语法偏误出现的频率高，种类繁多，更是不容忽视，包括有各类搭配偏误，数量词、关联词使用偏误等。最后，越南学生在使用汉语时可能会不符合中国人的语言习惯，显得不得体，或者让别人听起来感觉别扭，这样就达不到圆满的交际效果，有时甚至会引起别人的反感，这就是我们所说的语用偏误。作为对外汉语教学者和研究者，应该多从这些具体的例子中总结出偏误出现的规律和原因，在教学过程中加以强调，以减少偏误的出现。

三、偏误产生的原因分析

第一语言词汇与第二语言词汇获得的过程有很大不同，前者是在自然的语言环境中自然习得的，后者则受多种因素的相互作用和干扰。[6]第二语言学习者的偏误来源是多方面的，大体来说有内部原因和外部原因。内部原因主要指学习者自身的学习策略、交际策略、知识水平或情感因素等，外部原因主要包括教师、教材、学习环境（课堂、社会）等。下面具体分析一下这几个方面：

（一）内部原因

1. 母语知识负迁移

母语知识负迁移是指已习得的母语知识对第二语言习得的干扰作用，源于学习者在目的语和母语两种语言中所作的不恰当对比。如果学习目的语词的概念义时不了解它与母语中相对应的词语之间的细微差别，使用时就可能产生偏误。特别是当目的语词与母语词之间在意义上互相有交叉时，学习者往往简单地从自己的母语出发去选择和运用目的语词。如：

（23）整天我想到越南，想在那儿的朋友。

此句要表达的意思是“想回越南”，越南语中“回”和“到”都是用同一个单词

“vê”，但是汉语中这两个词的意义是有区别的，这里混淆了“回”和“到”的意义。汉语中“回”是指“从别处走向原来的地方”，而“到”指“从别处来”。两个词表示的方向刚好相反，要认真区分，不能混淆。

2. 目的语知识负迁移

目的语知识负迁移指学习者把所学的有限的目的语知识，用类推的办法不适当地套用在目的语新的语言现象上而造成偏误，也称为过度概括或过度泛化。实践证明，第二语言学习者受目的语影响的程度随着语言水平的提高而增强。如：

(24) 学习汉语就是每天苦苦练练，读汉语书，跟中国人聊聊天，看中国电视台等。

汉语中有的动词或形容词可以重叠，有的不可以，如“苦练”，此例将动词的重叠规则过度泛化，造成偏误。

3. 学习策略和交际策略的影响

有的学生完全依赖字典，把字典上的解释、例句不加区分地运用在自己的话语中，结果闹了笑话。另外，第二语言学习者对某一词语或句式不太熟悉，没有把握时，往往采取回避的态度。最常见的是避免使用某种句式，特别是“把”字句的回避。如：

(25) 这样可以发现我们在发音和声调方面的毛病而纠正，特别是我们经常发阳平成去声。

此句的后半句应该改为“特别是我们经常把阳平发成去声”才符合汉语说话习惯。

（二）外部原因

1. 教材

很多教材中的生词表对生词的释义有时会导致一种简单化或生硬化对应的倾向，学生习得词义是通过英文或法文注释和教师的讲解来理解的，但是汉语与英语、法语在词义、词性、文化内涵等方面并不是一一对应的，这样容易引起对词义理解和运用的误差。另外，英语、法语本来又与越南语不同，越南学生首先要懂得英语或法语，再转译为汉语，这其中的误差更是难以估计。在教材和一些工具书中，我们经常会发现汉语中的几个词用同一个越南语来对译，如：想——muốn，要——muốn；遭到——gâp，遇到——gặp，见到——gặp；像这样一个越南语单词可以对应多个汉语意思，但是教材或字典在释义的时候并没有注明每个汉语所对应的义项，因此越南学生在使用时就容易把“想”、“要”或“遭到”、“遇到”、“见到”当作同一个词用，从而造成使用偏误。

另外，对外汉语教材的课文没有提供使用本课所教语言项目的典型环境、文化和语用信息，这样学生很难从课文汲取正确的语言知识，因而会造成理解上的失误和使用上的偏误。有些教材所反映的文化信息也不完全准确，特别是中高级教材课文多是选自现成的文章，而这些作品中原著本身的语病，带偏误的词语和一些生造词往往被原封不动地搬进教材，但又不作任何说明，这当然会引起学生词语使用的偏误。

2. 课堂教学

对外汉语词汇教学一般有两种方法：一是通过直接翻译（一般是用学习者的母语或英语给对应词，以注释的方式解释词义），二是通过扩展的方式说明词语的一些固定搭配和习惯用法等。但无论是哪种方式，如果稍有不慎，都会引起学生的误解，造成使用上的偏误[7]。比如：课堂上过于简单或生硬化的讲解会造成学生使用时的偏误。过于简单，学生对这个词语的具体用法掌握不全面；过于生硬化的对译，则有可能引起语用、语体或文化涵义方面的偏误。因为两种语言中，即使词语的概念义是对应的，但在感情色彩、语体色彩、使用场合等方面也可能有差别。这些方面造成的偏误，常常使说出的话不得体，可能引起听话者的误会，甚至反感。另外，中国的汉语教师大部分并不熟悉越南语，对于汉越两种语言的区别更是不太了解，所以在讲解时可能会将两种语言的词汇作简单的对应讲解，用越南语词来对应汉语词，因而造成偏误。

3. 外部学习环境

大部分学习第二语言的外国学生都没有机会到目的语国家学习，即使有机会，时间也很有限，一般每周只有 1 ~ 5 个课时。而且在众多第二语言的课堂中，学生所接受的并非都是目的语输入。因为有些教第二语言的教师不是来自目的语国家，他们本身学习的也许是不标准的目的语。所以从第二语言习得的时间和语言的输入量来看都是很有限的，那么偏误也就很难避免了。

四、结　语

从以上分析可以看出，越南学生在运用汉语词汇时会出现各种类型的偏误。总体来说，可以分为语义偏误、语法偏误、语用偏误。其中语义偏误包括词语偏误、成语偏误；语法偏误包括搭配偏误、词性偏误、重叠偏误、数量词使用偏误、关联词使用偏误等；另外，语用偏误可以从感情色彩、语体色彩、社会习惯和韵律等方面进行分析。越南学生出现偏误的原因是多方面的，如已有的母语知识和新学的目的语知识对第二语言习得的负面作用，学习者自身的学习策略和交际策略的影响；除此之外，教材的注释、教师的讲解等有时也可能导致学生在运用汉语时产生偏误。本文主要针对越南中高级学生的作业及其作文中出现的词语偏误进行分类叙述，对其中的偏误进行了比较详细的分析，深入探讨偏误产生的原因，希望能对以后的对外汉语教学提供一点借鉴。

参考文献

[1] Meara, P. M. *The Vocabulary Knowledge Framework* [M]. Virtual Library, 1999.

[2] 鲁健骥. 外国人学习汉语的词语偏误分析 [J]. 语言教学与研究, 1987 (4): 122~132.

[3] 袁丽敏. 中高级阶段越南留学生汉语词汇偏误分析 [D]. 广西民族大学硕士学位论文, 2007.

[4] 王分年. 中高级阶段越南留学生使用同义动词的偏误分析 [D]. 广西民族大学硕士学位论文, 2009.

[5] 刘珣. 对外汉语教育学引论 [M]. 北京: 北京语言大学出版社, 2000. 169; 191~195.

[6] 何清强. 第二语言词汇教学的"认知—动机"模型 [J]. 语言教学与研究, 2008 (3): 70~76.

[7] 王建勤. 汉语作为第二语言的习得研究 [M]. 北京: 北京语言大学出版社, 1997. 69.

对外汉字教学难教的原因与方法

梁维玲*

摘　要：近几十年以来，随着我国经济实力的增强，越来越多的人开始接触中国文化、学习汉语。对外汉字教学是为顺应我国汉语对外发展趋势而设立的一门课程。外国学习者想要深入地学习汉语，必须了解和学习汉字。教师必须重视对外汉字教学，掌握适当的教学方法，努力推进对外汉字教学。

关键词：汉字；对外汉字教学；教师；原因；教学方法

一、引　言

汉字是世界上历史最悠久的文字之一，也是现存的最古老的文字。

汉字吸引了很多外国人的关注，激发了他们浓厚的学习兴趣。那么，汉字的魅力究竟何在呢？汉字是记录汉语的书写符号系统，是汉族人民最重要的辅助性交际工具。汉字是方块字，这是汉字在视觉上最明显的特点。与外国人所学的文字大都是线性的表音文字不同，每个汉字都由一定的笔画、部件按一定的顺序组成，均匀地分布在一个方块形的平面空间内，书写时是在二维平面里按照一定的次序和结构作多向延伸，“字形显得方方正正、整整齐齐”。[1]全新的视觉感受，与众不同的书写方式，使得汉字这种表意文字受到从小浸泡在表音文字世界里的外国人的关注，激发了他们学习汉字的兴趣与热情。

同时，汉字的方块字形讲究对称美、平衡美、完整美的特点及其平面延展的特征，被一些艺术家发掘利用，逐渐出现了各种不同的汉字字体，也慢慢形成了一门书法艺术。书法产生后，能给人以美的感应与熏陶。“人们可以在书写中陶冶性情，完善个性；也可以在欣赏中体味美的表现，体味其中的境界。”[2]这种集学习与美的享受于一身的汉字字体，能不使人感兴趣吗？

汉字是中国五千年灿烂文化遗产中的一块瑰宝，代表了中华文化发展的历程，汉

* 梁维玲，2011 届对外汉语专业毕业生，现为茂名市第六小学语文教师。本文指导教师为马显彬教授。

字是中国文化的载体，所以学习汉字可以追溯中国的历史发展进程，可以了解中华民族五千年的文化，可以感受中华民族的集体智慧和传统文化的结晶。中国的崛起和不断强大，对外国人来说既是一种挑战，也是一种机遇。学习和研究中国文化是了解中国历史与发展的一种方式，而因为汉字最能代表中国文化，所以学习汉字也成为了解中国和中国人的契机。

二、对外汉字教学难的原因

经过广大从事对外汉语行业的学者们的不懈努力，我国的对外汉语教学有了很大进步。但是对外汉语教学体系和方法还不够成熟和完善，依然存在一定的不足之处，尤其是对外汉字教学的问题，影响了整个对外汉语教学的发展。汉字难认、难读、难写、难记是外国人学习汉语的最大感受，也导致其对汉字产生了畏惧的心理。对于早已习惯了拼音文字的外国初学者来说，方块形的汉字简直就像天书一样神秘深奥。我们认为，造成汉字难学的原因，既有客观方面的，也有主观方面的。

（一）客观原因

首先，汉字是记录汉语语素的文字。汉字是世界上最古老的文字之一，也是世界上仅存的语素文字，与世界上其他国家使用的文字存在很大的差别。文字是记录语言的书写符号系统，但不同的文字记录的语言单位不一定相同，如日文中的假名绝大多数是记录音节的文字，英文和俄文都是记录音位（或音素）的文字，而汉字记录的语言单位是汉语语素。“世界上的文字基本上可以分为两类：一类是表音文字，一类是表意文字。汉字是表意体系的文字，同表音文字有本质的区别。”[3]一般来说，记录一种语言所使用的音素或音位仅需几十个字母就足够了，而记录汉语语素所需要的汉字数目却是非常庞大的。同时，这些基本语素都要在书写形式上进行细致的区别，结果必定导致出现笔画多样、结构复杂的现象。

其次，汉字数量大，笔画繁多，形体结构复杂。现代汉语通用字的数量为7 000个，相对于母语是表音文字的外国学生来说，要把基本的7 000个通用字一个一个地学好、记住是件十分不容易的事情，而且如果完全靠死记硬背，也会增加外国学习者的学习负担，消减他们学习汉字的热情。汉字呈方块形，笔画和部件种类多，组合方式灵活多样，可以由简单的笔画构成，如“一”、“人”、“儿”等字，也可以由复杂的笔画经过偏旁部件的多层组合构成，如“耨”、“露”、“鸿”等字，结果造成了汉字结构的复杂性。因此，习惯了拼音文字字母结构形式的外国学生初次接触汉字时，忽视了汉字形体结构内部的细节部分，认为一个个的汉字简直就是一团团乱麻，怎么也理不顺。

再次，汉字缺乏规律性很强的义类提示符号。[4]汉字是表意文字，是从象形文字发展、演化而来的，表义特征比较明显。可是，自从汉字简化规范以后，很多汉字慢慢地就变成了一种纯粹的符号，用形象提示字义的作用减弱了。虽然形声字在现代汉字中占有优势，但形声字的形旁不能表示这个字的确切含义，而且随着社会的发展，各种事物和人的认识都在不断地发展变化，形旁的表意作用越来越小，也越来越不准确了；同时，它们的意义类属标准也是不统一、不够科学的。例如，“虫”旁字大多为昆虫类，但“蛇”、“虬”、“蛋”等字都是与昆虫无关的，看不出字义和形旁之间的关系。形声字声旁的实际表音作用比形旁的表意情况还要糟糕。所以，外国学习者想要通过形声字的声旁和形旁来帮助记忆汉字是有一定困难的。

最后，汉字的多音多义字、异读字、同音字、形近字较多，容易使外国学习者混淆。每个汉字都有一定的形体、一定的声音，表示一定的意义，是形、音、义的结合体，而且形、音、义之间有着错综复杂的关系；汉字的一个形体并不只反映语言单位的一个读音、一个语义。于是，出现了多音多义字、异读字、同音字、形近字等。多音多义字是指一个汉字，有两种或两种以上不同的读音，意义不同而且意义上没有联系，如“量 liáng（量体温）”与“量 liàng（力量）”。异读字是指形体相同、意义相同但读音不同的字，如“熟”有 shú 和 shóu 两个读音，表示相同的意义。同音字是指两个或两个以上的汉字，读音相同、意义不同而且意义上没有联系。同音字可分为同形同音字和异形同音字两类，但在学习和使用汉字中，异形同音字是难点，容易引起混淆，如“梁”与“粱”读音相同，容易在成语“黄粱美梦”的书写中把“粱”写成“梁”，这是不正确的。形近字是指字形相近而音、义有别的字。这是大多数外国学生在学习、书写和使用汉字时最容易出错的，也是感觉最困难的一个方面。形近字的差异有三种表现：一是笔画数有微小的差异，如“戊”和“戍”；二是个别笔形有差异，如“己”、“已”和“巳”；三是笔画组合关系有差异，如“夫”和“天”。形近字乍看起来，感觉没有太大区别，所以在书写的时候特别容易被混淆，这也造成了外国学习者学习汉字的困难。

（二）主观方面

1. 对汉字缺乏正确的认识

“对世界上大多数使用拼音文字的学习者来说，像汉字这种意音文字，即每个方块字基本上记录一个单音节语素的文字，是一套完全陌生的书写符号系统。”[5] 再加上，外国学习者没有能够正确地认识和理解汉字系统的内部规律，往往只是记住了汉字的大概轮廓，经常造成对不同汉字之间的混淆，所以他们认为汉字是难认、难写、难记的。

2. 选择教材不恰当

教材是教师教学和学生学习所依据的材料，[5] 在对外汉语教学中起着纽带的重要作用。随着我国对外汉语教学研究的发展和深入，对外汉语教材出版的数目和种类越来越多，提供选择的机会多了，基本上能够满足国内外对外汉语教学的需要。由于各种教材都有自己的特点和适用层次与范围，并不是所有教材都适用于任何人，所以如果盲目地选择教材，就容易造成教学的困难，学习者的学习也不能很好地进行。教师要根据教学对象、教学内容、教学阶段、教学目的来选择适合的教材。

3. 对汉字教学不够重视

长期以来，对外汉语教学这一学科的研究已经取得了令人瞩目的成绩，但对外汉字教学的研究相对于其他板块来说还是比较薄弱的。张德鑫教授认为："汉字是被汉语教学遗忘的角落。"[6]汉字教学在整个汉语教学体系中只是处于附属地位。很多学校在课程设置上完全忽视了汉字课的教学，有的院校尚未单独设置汉字课，而已设的课也处于无序的状态。汉字教学只限于每课后边所提供的汉字笔顺表和对已学汉字的有限总结。结果，外国学习者需要花费大量的时间来学习汉字，但效率低下，汉字读写能力很差，严重影响汉语水平的提高。

4. 教学方法不当

纵观我国对外汉字教学使用的方法，可以发现普遍存在针对性不强，缺乏趣味性，效果不佳的现象。主要是由于教师没有真正把对外汉字教学与对内汉字教学的本质区别清楚。对外汉字教学的对象主要是从未接触过汉字、毫无"字感"的外国学习者，他们需要从零开始学习汉字。因此，教师要在教学方法的选择和运用上考虑到外国学习者本身的特点与条件，如学生是否来自汉字文化圈的国家，万万不可把对中国人适用的教学模式照搬到对外汉字教学中。照搬教学模式，不但收不到理想的教学效果，而且也不能引起学生的学习兴趣。

三、教学方法

对外汉语教师在进行汉字教学过程中该如何克服这些问题，使教学顺利开展呢？刘珣教授认为："汉字教学要体现五个原则：①语和文先分后合，初期汉字应按自身规律独立教学；②强化汉字教学，字与词教学相结合；③把握汉字的构成规律和基本理论，利用汉字的表意和表音功能识记汉字；④按笔画、部件、整字三个层次，从笔画、笔顺、部件、间架结构四个方面进行汉字教学；⑤重视对比，加强复习，通过书写识记汉字。"[5]

（一）对教师的要求

在对外汉字教学中，最重要的是要克服外国学习者学习汉字的畏惧感。其实汉字的书写与使用是有一定规律的，并不像他们想象中那么繁杂，只要掌握了学习与书写的规律和技巧，学习汉字就会成为一件既轻松又有趣的事情。因此，教师可通过讲述汉字的产生与发展以及汉字带给人美的感受等，来激发学生学习的兴趣和热情；也可以利用图片或视频展示汉字的书法艺术，消除学生汉字难学、汉字没有规律的印象，克服学生的畏惧心理。同时，教师在教学中也要给予学生鼓励与帮助，带领他们走出心理误区，共同领略中国汉字的魅力。

同时，教师应该努力提高自身的文字学修养和汉字教学能力。作为一名对外汉语教师，应当具备相关的文字学知识、汉字教学理论知识以及汉字教学的方法技能，不断提高文字学修养和汉字教学能力。[6]除了掌握好汉语的基本知识和汉字的专业知识外，还需要较高的外语水平。教师的板书要工整、美观，最好不要书写行书或草书，特别是在教笔画和笔顺的时候，更应该一笔一画仔仔细细地写清楚，给学生一个书写的范例。在教学过程中，教师要认真总结教学经验，寻找和尝试、创新汉字教学方法的技巧。

（二）对外汉字教学过程的要求

对外汉字教学的进程，要遵循循序渐进的原则，从基础教起，不能过于心急，否则会产生反效果，达不到预定的教学目的。

初级阶段是汉字教学实现“零突破”的阶段，也是打基础的阶段。在这一阶段，汉字教学的任务应该是积累，积累一定数量的独体字与合体字，积累一定数量的汉字构形系统知识。笔画和笔顺是汉字教学中最基本也是必要的训练内容。教师可以教给学生“笔顺歌”：“写字应当讲笔顺，掌握规则笔有神；先横后竖上到下，先撇后捺左右分；写完中间再两边，要让中间大而沉；从外到内要记住，进了屋子再关门。”[8]到了中高级阶段的时候，教师可以适当地加入一些汉字文化的知识内容。但也要注意处理汉字与文化之间的关系。汉字教学从第一课开始，所教的汉字本身就包含了文化因素，因此文化就成了汉字教学内容不可分割的一部分。可是，文化内容不能无限膨胀，冲击汉字教学。适当的文化内容知识有利于外国学习者学习汉字，能够激发他们的学习兴趣和求知欲，增加学习汉字的热情。

（三）对外汉字教学的方法

对外汉字教学的方法有很多，教师应该根据教学目的、教学内容、教学对象、教学条件选择适当的教学方法。在这里介绍其中一些主要方法。

1. 说文解字法

由于外国学习者从小就没有受过字形的训练，难以将汉字的“形音义”结合起来记忆，因此教师需要采用一些非常规的方法，使用那些学生能够接受、易于联想、比较幽默的解释来帮助他们记忆一些基本的汉字。[9]例如，教师在讲解汉字“交”的时候，可以伸开双臂，交叉两腿，让学生进行观察和想象，猜猜这是一个什么字。利用人体的形象表达，不但不会让学生感到枯燥，而且可以让学生在想象和联想的过程中学习汉字，并明白“交”字的形体特点。

2. 增减法

每个汉字都有着独特的特点，笔画和笔顺也会不一样，但是不同的汉字之间也会存在一定的联系。有些字的笔画增加或者减少几笔甚至一笔，就成为了一个新的字。教师可以利用这种方法来进行教学，不仅可以加深汉字之间的联系，而且还能够使学生区别汉字内部之间的细节部分，注意汉字的结构和笔画，加深对形近字的辨析。例如，教师在黑板上写出以下几个字，先让学生认读，然后让他们给每一个汉字加上一笔，使它成为另一个字。

①大　②土　③人　④木　⑤口

添加一笔后，成为了以下新字：

（1）天 太 犬 夭　（2）王 壬　（3）大 个　（4）术 本　（5）日 中

3. 结合语素教学

对外汉字教学，不能单单一个字一个字地进行教学，而应该“以字带词”，在适当的时候结合语素教学。学习汉字之后，就应该使学生知道这个汉字可能会出现在什么样的常用词或词组中，或者常常出现在什么样的汉语语境中。教师针对不同级别的学生，教授汉字时所提供的常用词或词组应该是不一样的，所给的语境也该因级别不同而难易有别。比如“水”这个汉字，学生知道了形音义的关系之后，教师可以根据学生的实际情况，选择“喝水”、“水杯”、“淡水”、“茶水”、“水源”、“水质”、“水晶”、“水车”、“墨水”等词组来进行教学，使学生学完这个汉字就可以拥有一个围绕这个汉字的词库。

4. 认真辨别字形字义

汉字的内部结构不是完全相同的，有着各自的特点。在书写的时候，需要细心地辨认字形，清楚了解每个字的笔画。很多外国学习者在书写汉字时，有的少了笔画，有的多了笔画，有的是笔画使用不对，有的是笔画位置不对。认真辨认字形字义，最重要的是要利用汉字形体的象形因素。例如，“木”和“禾”两个字，区别是“禾”上的一个横撇笔画，如果知道“禾”是有穗的谷物，而这个横撇正是植物的穗，这两个字自然就可以分辨清楚了。[8]

5. 汉字笑话

现代人都喜欢幽默，因为幽默可以化解尴尬的场面，还可以给人带来愉快的心情。教师平时可搜集一些有关汉字和汉字应用方面的笑话，在课堂上利用笑话来进行教学，这样能加深学生对汉字特点的认识，便于记忆，还可以调节课堂气氛。[6] 例如，夫妻两人带着爷爷去医院看病。丈夫看到挂号单上年龄的“龄”错印成了“令”，就对大夫说：“这个‘令’字漏掉一个‘齿’字。”“是掉了个‘齿’字。”大夫说，“因为我们这是老年人门诊嘛。”从笑话中，学生就可以清楚地知道“龄”是由“齿”和“令”两个字组合而成的。

6. 挑错改正

挑错改正的方法是利用学生容易写错汉字的现象来进行教学。“对于汉字初学者来说，错别字是不可避免的。”[6]通过平时的观察和收集，教师选择学生最经常写错的汉字，让学生自己来进行挑错改正，从而让学生明白汉字的结构特点和注意汉字的书写，避免写错汉字。比如：

教师在黑板上写下这些词组，让学生仔细辨认后，挑出错别字并改正过来。

（1）按装　（2）一股作气　（3）既使　（4）一诺千斤　（5）再接再励

7. 部件构字

合体字都是由两个或两个以上的部件构成的。教师可以把汉字的部件拆开，并把顺序弄乱，然后让学生根据给出的部件，写出已学过的汉字。部件构字的练习能帮助学生理解和熟悉汉字的结构特点，加深对汉字的认识和记忆。部件构字的方法，可以采用不同的形式进行教学。

（1）分组竞赛式。采用分组竞赛的形式进行，把学生分成若干组，在限定的时间内看哪个小组构字最多。[6]例如：

教师给出一些部件，让学生把这些部件两两组成汉字。

田 长 十 女 口 玉 日 又 弓 木

学生组成的汉字为：果 张 早 奴 国

（2）讲故事形式。采取讲故事的形式开展汉字教学，对可拆分出来的部件添加理据性的故事，使学生更容易记忆。例如，“男”字能拆分为“田”与“力”两个部件，可对这两个部件添加形象的内容，理解为“古代的男人在田地里用力劳作”。

8. 手指书空法

“手指书空法，是一种边唱笔画或部件名称，边用手指在空中书写的方法。”[7]一直以来，手指书空法在对外汉字教学课堂上常被利用，通过口、手的共同作用有利于加深对汉字书写的记忆，以帮助正确书写。

四、结　语

对外汉字教学不同于一般的面向中国学生的汉字教学。前者的教学对象是以汉语为第二语言的学习者，它是一种兼带第二文化教学性质的第二文字教学，主要目的是帮助外国学习者理解汉字的构造规律、正确书写汉字并能结合实际语境来正确使用汉字，从而帮助他们了解和探究中国文化，深入探索中国历代的发展历程，体味中国上下五千年文化的变化与发展，发掘中国灿烂文化遗产中的瑰宝。教师在教学过程中要结合实际情况，运用适当的教学方法，让学生正确地掌握汉字的书写和运用，帮助学生努力克服学习汉字难的问题，真正地深入到中国汉字文化中。

参考文献

[1] 范先钢. 现代汉语 [M]. 桂林：广西师范大学出版社，2004.

[2] 陈黎明，许建章. 现代汉语 [M]. 青岛：中国海洋大学出版社，2004.

[3] 黄伯荣，廖序东. 现代汉语.（上册）[M]. 北京：高等教育出版社，2002.

[4] 廖才高. 汉字的过去与未来 [M]. 长沙：湖南大学出版社，2005.

[5] 刘珣. 对外汉语教育学引论 [M]. 北京：北京语言大学出版社，2009.

[6] 周健. 汉字教学理论与方法 [M]. 北京：北京语言大学出版社，2007.

[7] 李泉. 汉字研究与汉字教学研究综观 [A]. 中国人民大学对外语言文化学院. 汉语研究与应用（第四辑）[C]. 北京：北京语言大学出版社，2005.

[8] 韩鉴堂. 汉字文化图说 [M]. 北京：北京语言大学出版社，2005.

[9] 周健. 汉语课堂教学技巧与游戏 [M]. 北京：北京语言大学出版社，2005.

对外汉语成语教学初探

谭响芳*

摘　要： 如何高效地掌握成语是汉语学习者面临的困难，也是对外汉语教学要解决的问题。本文在审视成语教学在对外汉语教学中的重要地位的基础上，探讨当前对外汉语成语教学水平不高的原因，分析了学生用错成语的主要类型，最后提出了该如何在对外汉语教学中进行成语教学的一些方法，以期唤起人们对对外汉语成语教学的关注，更好地促进对外汉语成语教学的发展。

关键词： 成语教学；对外汉语；现状分析；偏误情况；方法革新

一、对外汉语成语教学的重要性

成语是汉语中的精华，留学生学习成语具有重要的意义。第一，学习成语有助于了解掌握中华文化的内涵。要真正习得汉语，文化是必不可少的一环。成语是中华语言的精粹，包含了大量中华文化信息，学习成语有助于外国留学生加深对中华文化的理解，从而加快汉语言的习得。第二，学习成语是学习者自如地运用汉语进行交际的必要条件。在中国的日常生活中，成语出现的频率很高，在日常报纸、论坛、电视中，成语随处可见。外国人必须了解在正式场合和书面语中出现的成语，不了解成语将妨碍外国人在中国进行正常的生活。第三，外国人学习成语有利于加速中西各方面文化的交流。成语习得是高级的汉语人才必须跨越的一个障碍。高级汉语人才在中西文化交流中发挥着重要的作用。外国的汉语人才将令人着迷的中华习俗传播到世界，或将异乡的风土人情带来中国；双方交换中西方的先进价值理念，及时了解各方的经济信息，分享研究成果等。中西文化的交流极大地扩大了人民的视野，丰富了人民的生活内容。所以说，成语教学在外国人学习汉语的生涯中占有极其重要的地位，因此必须引起人们的高度重视。

---

* 谭响芳，2000 届对外汉语专业毕业生，现为化州市文楼镇人民政府公务员、科员。本文指导教师为马显彬教授。

二、当前对外汉语成语教学水平不高的原因

目前，对外汉语成语教学还处于初级阶段，理论实际教学水平不高，经分析总结，造成这样局面的原因有以下四个：

第一，外国人不重视成语的学习。外国人一般比较注重汉语的生活实用性，认为学习外语就是为了运用，所以他们比较重视日常交际话语的学习，而相对高深一些的汉语成语学习就被外国人忽略了。

第二，教师在成语教学中缺乏技巧与热情。教师面对这样的市场需求，对成语教学的研究也没有倾注太多热情，教师在日常教学中对遇到的成语一带而过、点到即止。到目前为止，教师也没有总结出系统的成语教学方法，没有对成语进行分类，学生难以从宏观上对成语进行把握。

第三，汉语教材不重视成语教学。目前，只有高年级学生的课本中有少量成语，教材中成语的比例偏少，编者不重视成语的教学。在外国留学生的汉语考试中也很少出现成语的考题。

第四，缺乏理论指导。没有深入研究外国留学生习得成语的过程，不了解外国留学生在习得成语过程中面临的问题，没有研究出提高学生习得成语效率的方法理论。市场上针对成语教学的理论性著作也乏善可陈。

三、留学生成语运用错误的几种情况

尽管留学生对成语抱有浓厚的兴趣，但从外国留学生运用成语的实际情况来看，他们在成语习得方面还存在很多问题。经观察，主要存在以下五个方面的偏误：成语形式偏误、成语语义偏误、成语褒贬不分、成语搭配错误、成语语用偏误。

（一）成语形式偏误

成语形式偏误是指汉语书写的错误，即错别字。造成这种情况的原因是汉字繁多，外国留学生搞不清楚同音字之间或形似汉字之间的区别。例如：

①希望你戒骄戒燥，争取下次获得更大的进步。

②他做事认真负责，一丝不拘。

③他的坏习惯不但没有改正，反而变本加利了。

④课堂上，老师旁证博引，学生听得入神了。

病句中的短语显然是成语“戒骄戒躁”、“一丝不苟”、“变本加厉”、“旁征博引”的书写偏误。中华文字繁多，音近形近者众，学习者没有注意到音近形近字的差别。中国人也很容易写成语错别字，高考成语改错题更是难点，这对将汉语作为第二语言

的留学生来说更是难上加难了，一不小心就会混淆。如“戒骄戒躁”的“躁”字，学生易用成“燥”字；如“旁征博引”，学生易将“征”和“证”混淆。同音、形似或同音兼形似是造成学生成语形式偏误的主要原因。

（二）成语语义偏误

成语语义偏误是指学生不能够准确理解成语的含义，导致在成语的实际运用中造成偏误。

洪波的研究表明，留学生在掌握成语意义时出现的问题主要是：“将成语中所认识的词的意义误解为整个成语的意义，以偏概全；用已知字的义项去理解成语中生僻字的义项；不知道引申义和比喻义而误用成语；没有把握住成语的附加含义；不理解成语反映的民族文化信息而造成的障碍，造成意义理解上的偏误。除了意义上的运用偏误以外，在成句方面对成语的语法功能和句法功能的运用也存在偏误。”[1]例如：

①犯点小错误是难免的，也是不足为训的。

②他请假去旅游后，久假不归。

③假期里我很闲，整天一事无成。

④老师在课堂上讲课，同桌他低声下气地告诉我，他放假不回家。

成语的使用虽然能让我们理解其用意，但与所要表达的客观对象不相符，在使用上出现了偏差。“不足为训”是指不值得作为行为的准则或榜样的意思。“不足”意为不值得；“训”意为教导、规范。而学生容易想当然地认为“训”是指教训，认为整个词是不值得作为教训的意思。“假”意为借；“归”意为归还。“久假不归”不是说请假后不回来，而是指原指长期借用而不归还，后亦指迷途不知返。例③中，“一事无成”指什么事情都做不成，形容毫无成就。根据句中的意思，应该用“无所事事”，因为闲而什么也不干。例④中，同桌因怕影响老师讲课，故悄悄低声告诉我他放假不回家。而“低声下气”形容说话时态度卑微恭顺的样子，与语义不符。

学习成语不可望文生义，学生一定要全面认识成语，了解成语中每个字的含义，成语的来源、原义，最终认清成语的实际意义，切勿错误理解成语的意思而造成语义的偏离。

（三）成语褒贬不分

成语褒贬不分是指学生不能准确地理解成语的感情色彩，在实际运用中，褒义的成语常常被用在贬义的句子中，或者贬义的成语常常被用在褒义的句子中。例如：

①我决定改头换面，重新做人。

②他刚刚知道自己考了个满分，于是整个人神气活现。

“改头换面”是个贬义词，比喻只改外表和形式，其内容、实质不变。而句子想要表达的是要重新做人，有积极的意义。这里用“改头换面”就不恰当了。“神气活现”是指自以为了不起而显示出得意和傲慢的样子，含贬义，而句中只想表达他考了满分后的喜悦之情，故属误用。与之类似的还有很多成语，比如“满城风雨”、“形形色色”、“无独有偶”、“无所不为”、“长此以往”、“趋之若鹜”、“半斤八两”、“等量齐观”、“费尽心机”等，学生在使用成语时应注意成语的感情色彩。

（四）成语搭配错误

和汉字词一样，成语具有特定的搭配对象。搭配错误是指有些成语有明确的搭配对象，但是被误用来搭配其他对象。例如：

①油画上面的人物形象栩栩如生，美轮美奂。

②小张和小明曾经闹翻过，现在已经破镜重圆了。

“美轮美奂”这一成语的实际意义是形容屋舍高大华美，而例句①中却用来形容艺术品，所以用错了。破镜重圆比喻夫妻失散或决裂后重新团聚与和好，不能用于朋友、同学、同事之间。容易搭配错误的成语很多，如“青梅竹马”主语的对象必须是年幼的男女。“休戚相关”只能用于人物之间而不能用于事物之间。“汗牛充栋”只能用来形容书籍多。“挥洒自如”形容画画、写字、作文，运笔能随心所欲，不能指风度。“豁然开朗”比喻突然领悟了一个道理，不能用来形容人的性格。“不可磨灭”指事迹、言论等将始终保留在人们的记忆中，若与情感、友谊搭配则不对。“循序渐进”指学习、工作等按照一定的步骤逐渐深入或提高，只用于修饰学习、工作，用作其他则不可。“如履薄冰”指人的心绪状况，不能用于客观处境。

（五）成语语用偏误

语用偏误是指在不同的文化背景中生活的人，因文化差异而对同一事物产生不同理解的情况。对事物的不同理解会使双方在交际过程中产生交际障碍。

例如，中国人一直认为龙是万兽之首，龙在中国人的心中是神圣的、高贵的、备受推崇的。所以中国的成语中关于龙的成语都是具有褒义色彩的，“乘龙快婿”比喻才貌双全的女婿。“卧虎藏龙”比喻隐藏着未被发现的人才或隐藏不露的人才。“龙凤呈祥”指吉庆之事。诸如此类还有“人中龙虎”、“烹龙炮凤”、“鱼跃龙门”等，都具有极其明显的褒义色彩。但是在西方人的观念中，龙是贬义的，因为龙在西方象征着恶魔，是邪恶的代名词。因此在中西方交流的时候，中国人关于龙的成语往往会引起西方人的不解。

四、如何提高对外汉语成语教学质量

为了提高对外汉语成语的教学质量，减少留学生在运用成语时产生的偏误，下面主要在教材的革新和教学方法方面进行探讨。

（一）在教材和成语研究方面下苦功

我们必须明确成语教学在汉语教学中的地位，让它在教材中得到重视。

首先，要提高成语在教材中出现的比例。现在教学大纲对成语掌握要求偏低，“国家汉办作为我国对外汉语领导机构在其汉语水平考试部编写的《汉语水平词汇与汉字等级大纲》中共收词 8 822 个，成语仅见 146 条，占词汇总数不足 1.7%。”[2]而教材编写方法，有时为了降低学生的理解难度，通过改写、换词等方式编写教材这种情况常有发生。一些能进教材供学生学习的成语，其重要性往往被人忽视，课后的巩固练习中均未有体现。我们必须扭转这一局面，尽力给学生提供一些原汁原味，具有独特文化信息价值的教材，并在课后安排一些练习让学生巩固记忆，不得刻意删减成语。

其次，要鼓励对外汉语学者对成语教学进行研究。目前对外汉语中对成语的研究不足，成语教学还只重视偏误分析，但成语的实验调查、成语的习得规律还没有人涉足。同时，没有人对成语进行明确的分类，这使得在教学中无法引导学生对成语进行宏观把握，造成相应的教学缺失。

最后，提高对外汉语老师的学术水平、教学水平。国家应定期举办与之相关的培训进修课程，举办教学交流会使老师共同提高教学技能，同时应及时将各种教学研究成果发送到老师的手中。

（二）教学方法的革新

中国成语对留学生来说有一定的难度，为减少学生负担，教师可以根据不同成语的特性选择不同的教学方法，提高效率，引导学生触类旁通。以下探讨的是面对特定类型的成语，可以运用多种教学方法共同对同一成语进行教学，增加教学过程中的趣味性，加快成语习得。

1. 说文解字法 VS 表演法

成语基本上是一字一义，其含义是字面意思简单相加的成语，理解字面意义便是理解了成语的奥秘。因此在教学中，应该着重运用“说文解字法”。如“良师益友”，“良”是好的意思，“师”指老师，“益”指有好处的，“友”是朋友，整个成语的意思连起来就是使人得到教益和帮助的好老师和好朋友。“能歌善舞”，根据字面意义理解，可以直接知道成语的意思指擅长唱歌和跳舞。与此同类的成语还有很多，比如“与众不同”、“绝无仅有”、“称心如意”、“口是心非”等。值得一提的是，在解释成语时，教材、教师和学生都要尽可能地采用汉语，这是一种十分有效的成语教学手段。

对于能够用“说文解字”方法教学的简单成语，最好课堂上能结合表演猜测法，加深学生对学习的兴趣和成语的理解。课堂可以用游戏的方式让某位学生进行动作表演，其他学生猜测。如“笑逐颜开”一词，当同学 A 表演时，必定可以引起同学们的巨大关注，这种方法让成语学习不再是一个枯燥的过程。这有利于提高学生的表达能力，也能促使他们养成用汉语思维的习惯。

2. 板块类推记忆法 VS 填充法

传统的语言学把词汇分成两大部分：可以借助语法规则进行自由组合的单词和不能用语法规则解释的固定短语。然而，“许多研究证明，儿童和成年人在自然环境中学习语言，首先习得的是语言中的固定和半固定的语言结构。在记忆了大量的‘板块’结构后，学习者通过类推，总结出语言结构的框架，人们首先习得的是那些具有语言功能和意义的‘板块’结构，然后通过分析和总结，从固定或半固定的语言预制材料中获得语法”[3]。成语是具有凝固性和定型性结构的短语。相同结构的成语有很多，这使得成语教学可以通过类推的方法提高教学效率。“依据一定的格式，通过改换某些构词语素，便可引入一系列同格式的成语。教学时可依据这些具有派生能力的格式，举一反三，让学生掌握更多的新成语。”如“出生入死”中有两组反义词，“生”和“死”、“出”和“入”一一对应。根据这种成语结构，可再引出一系列相同格式的成语，如“早出晚归”、“喜新厌旧”、“嫌贫爱富”、“好逸恶劳”、“深入浅出”、“大同小异”等。再如含有方向（位置）相对的成语“南腔北调”，“南”和“北”相对。解释该成语后便积极引导学生思考还有什么成语是含有方向（位置）相对的。之后给出的答案有“声东击西”、“前呼后拥”、“左邻右舍”、“东倒西歪”、“东张西望”、“左思右想”等。这样成语呈现出明显的模式化框架结构，放在一起教学加深了学生的理解，扩大了学生的词汇量，也活跃了课堂气氛。

在这类具有凝固性、定型性结构的成语教学中，可同时使用填充法作为巩固方法加深学生的印象，如声（　）击（　）、深（　）浅（　），这类成语需要填充的部分一般具有相对相反的关系，通过填充练习，让需要记忆的对比强烈的词语更加突出，这更能加快学生习得这一类成语结构的精髓。

3. 创设语境法 VS 造句法

语境即言语环境。语境在成语教学中地位十分重要，充分利用语境可以使教学事半功倍。教学中，我们可以减少直释其义的成语教学方式，讲解之前先导入语境让学生感知整体，让学生做好充分的思想准备。语境能增加学习者的潜意识，学生可较深刻地获得该语言的文化及民族思维方式，提高学生的语言交际能力。例如“刻舟求剑”这一成语，老师可先借助具有鲜活画面感的多媒体等给学生讲故事：有个楚国人坐船时不小心把剑掉进水中，他立马在船上掉下剑的地方做个记号，说“这是我的剑掉下的地方”。当舟停驶，他沿着记号跳入河中找剑却一无所获。教师讲清楚故事的经过、发展、结果后，引导学生整体地把握成语，重申该成语的比喻引申义是指人不懂变通、墨守成规，并说明这个成语的真正意义所在。这种配合画面的故事讲解，充满了趣味性，提高了学生的学习兴趣。语境法最适合“画蛇添足”、“掩耳盗铃”等寓言故事成语的教学。这些句子均给学生提供了清晰的语境，学生定可加深对成语的印象和理解。

能运用语境教学法的成语，最好与造句法结合教学，因为寓言故事都具有引申义比喻义，成语重点也在引申义比喻义，我们用语境法讲解清楚成语的真实含义后，必须让同学们练习造句，提问同学的造句情况，测试他们是否真正掌握了成语的意义。

五、结　语

本文分析了对外汉语成语的重要性，成语教学效率不高的原因和留学生运用成语偏误的几种类型，同时提出了要用不同的教学方法进行教学，旨在增加课堂趣味性和提高教学效率。我期待借此唤起大家对成语教学的关注，希望广大有识人士能积极投身到对外汉语成语教学中，加大对对外汉语成语教学的研究力度，用实际行动来表明对对外汉语成语教学的重视，借此为对外汉语教学事业添砖加瓦，将对外汉语教学推上更高的层次。

参考文献

[1] 洪波. 对外汉语成语教学探论 [J]. 中山大学学报论丛, 2003 (2): 20~25.

[2] 张文一. 中高级程度留学生汉语四字格成语习得与教学 [D]. 暨南大学硕士学位论文, 2006. 32~42.

[3] 杨玉晨. 英语词汇的“板块”性及其对英语教学的启示 [J]. 外语界, 1999 (3): 24~27.

“上”和“下”的习惯用法比较及其教学策略

邓彩灵*

摘　要：现代汉语中“上”和“下”主要表示空间位置、时间或次序、社会地位高低或身份贵贱、物品质量好坏等。在实际语言现象中，二者并不总是对称出现的。本文对“上”和“下”的习惯用法进行了比较，着重分析其在使用时表现出来的对应与不对应现象，并对HSK作文动态语料库中关于“上”和“下”的偏误进行整理、分析，还针对这些偏误进一步探究“上”和“下”的教学策略。

关键词：上；下；习惯用法；偏误；教学策略

一、引　言

关于“上”和“下”的用法已有很多人研究过，如李冬梅（2008）[1]、杨丽娟（2009）[2]、单侠（2009）[3]、王祖嫘（2009）[4]、张凯（2009）[5]、冯莉（2010）[6]、刘苹（2010）[7]等，他们所做的多是关于“上”和“下”的空间语义及其做趋向动词的研究，也涉及“上”和“下”对称与不对称问题，如冯莉的《“在……上/下”的隐喻分析》。这些文章中不乏精彩论述，但是，我们认为这些研究有的过于繁琐，有的又不够详细，不利于对外汉语教学。本文运用对比分析法和归纳法，从“上”和“下”习惯用法对比方面着手，侧重分析“上”和“下”在实际语言运用中的对称和不对称现象，并对HSK语料进行分析，整理出留学生的语用偏误，从而提出在进行对外汉语教学时的策略。

二、“上”和“下”习惯用法比较

现代汉语中“上”和“下”都可做名词、形容词和动词，所表示的意义也很多，主要有：第一，表示空间位置；第二，表示时间或次序；第三，表社会地位高低或身

* 邓彩灵，2011届对外汉语专业毕业生，现为广东省英德中学语文教师。本文指导教师为陈宗林副教授。

份贵贱；第四，表示物品质量的好坏；第五，其他方面，如时间的开始或结束等。下面就以上五种情况的对应性进行整理、对比分析，探究其具体表现。

（一）表示空间位置

“上”和“下”的一种意义就是表示空间位置，其中这种空间位置又包括几种情况：第一，表方位。“上”和“下”往往与方位有关，其方位概念的获得是古人的直观感受。“上”在甲骨文中是两条线，下面一条弧线表示地面，上面一条短横表示在地面之上，本义就是上面。“下”也由两条线表示，上面的一条弧线表示地平面，下面的一条短横是指事符号，表示在地面之下，本义就是下面。第二，表动作，相当于“去”、“到”。第三，表动作趋向或结果。如表1所示。

表1　“上”和“下”表示空间位置的几种情况

<table>
<tr><td rowspan="2">表方位</td><td>上面</td><td>上方</td><td>上游</td><td>上蹿</td><td>楼上</td><td>树上</td><td>场上</td><td>脸上</td><td>书上</td></tr>
<tr><td>下面</td><td>下方</td><td>下游</td><td>下跳</td><td>楼下</td><td>树下</td><td>场下</td><td>—</td><td>—</td></tr>
<tr><td rowspan="2">表动作</td><td>上车</td><td>上船</td><td>上Q</td><td>上山</td><td>上场</td><td>上网</td><td>上北京</td><td>——</td><td></td></tr>
<tr><td>下车</td><td>下船</td><td>下Q</td><td>下山</td><td>下场</td><td>下网</td><td>——</td><td>下厨</td><td></td></tr>
<tr><td rowspan="2">表动作趋向或结果</td><td>爬上</td><td>逆流而上</td><td>穿上</td><td>赶上</td><td>贴上</td><td>种上</td><td>写上</td><td>——</td><td>端上来</td></tr>
<tr><td>爬下</td><td>顺流而下</td><td>脱下</td><td>——</td><td>撕下</td><td>撒下</td><td>——</td><td>蹲下</td><td>端下去</td></tr>
</table>

在表方位时，“上”和“下”经常是成对出现的，如表1中“上面”、“下面”，“楼上”、“楼下”等都是一一对应的；但是当出现“他在这本书上发表了一篇文章”这类句子时，就没有“书下”等词与之对应了。

表动作时，“上”和“下”都是作为动词出现的，它承载的语义也是对应的。如和“上车”对应的就有“下车”。主体的位置从一个地方移到了另一个地方，空间位置发生了变化。“上”和“下”后面跟的宾语多为“具体处所”或“虚化的处所”。具体处所如“车”、“船”等，虚化的场所如“网”实指“网络”，“厨”实指“厨房”。在接“学校”、“厨房”等宾语时，“上”和“下”就不能完全对应了。我们会说“下厨”，但不会说“上厨”。一般来说，表动作的“上”能用“下”替换，且替换后格式左右两端意义相反。这类用法中的“上”仍然具有实在的词汇意义，相较于“上”单独充当谓语的情形看，它由原来独自承担谓语的功能变为与动词一道，共同充当句子中的连动谓语。

“上”和“下”都经过了语法化的过程。表趋向的“上”和“下”是从动作动词“上”和“下”演化而来的，在这一演化过程中动作动词“上”和“下”的本义及其引申义依然会被承袭或映射。动作动词“上”的本义是“由低到高的移动”。在表达本义时“上”有凸显终点的用法，就引申出“使附着”和“到达、达到”义，即物体附着某物或到达某地、某空间。如“爬上床”中是附着“床”，“爬上山坡”是到达“山坡”这个地方。“下”的本义是“由高到低的移动”，在表达本义时，“下”有离开原点的用法，就引申出“使脱离”义，如“脱下”、“拆下”；而“到达、达到”义就要有带终点的成分时才会附着，如“下乡”、“下车间”，因此也就出现了表结果的语义。当“上”和“下”在空间趋向中表结果义时，二者是不可能完全对应的。如有“考上大学”之说，却没有“考下大学”之说。而和“穿上”对应的是“脱下”而不是“穿下”。

（二）表时间或次序

除表空间外，“上”和“下”还可表示时间或次序，如表2所示。

表2　“上”和“下”表时间或次序

表时间	上次	上辈子	上节课	上午	上限
	下次	下辈子	下节课	下午	下限
表次序	上集	上卷	上家	上联	
	下集	下卷	下家	下联	

“上”和“下”在表示原来的时间或次序意义时是可以找到对应词的。如表时间的“上次”、“下次”，表次序的“上集”、“下集”。

（三）表社会地位高低或身份贵贱

“上”和“下”还可以表示社会地位高低或身份贵贱。中国社会在几千年的历史中都是等级森严的封建社会。等级制度在中国人的社会生活甚至日常生活中都扮演着重要角色。皇帝与臣子、主人与奴仆、父母和子女、领导者与被领导者之间都存在着尊卑关系，这种尊卑观念也在词汇中留下了足迹，如表3所示。

表3　“上”和“下”表社会地位高低或身份贵贱

表一类人	上级	上仙	上卿	上宾	上帝
	下级	下仙	下官	——	——
表动作	上款	上报	上缴	上访	上诉
	下款	下达	下发	——	——

在表某类人时，“上级”、“上仙”都是指地位较高、身份较尊贵的人，与之相对应的地位较低、身份较卑微的人则用“下级”、“下仙”表示。但个别的词，如“上

宾”、“上帝”等，在“下”中则没有可与之相对应的词。

用“上”和“下”表动作的时候，也可以从中体现出地位高低、身份尊卑。当地位较低的人向地位较高的人进行汇报时用“上报”，缴纳税务时用“上缴”，反之则用“下达”、“下发”，语义上是相反的，但文字上也并未完全可以对应。另如“上访”、“上诉”等的相反义也无“下访”、“下诉”的说法。

（四）表物品质量好坏

“上”和“下”的另一个意义就是表示物品质量的好坏。如表4所示。

表4　“上”和“下”表物品质量好坏

上等	上策	上品	上乘	上层	上好
下等	下策	下品	下乘	下层	——

用“上”修饰的物品质量是优质的，如“上等马”指“良马”；而用“下”修饰的物品质量则稍逊，甚至极坏，如“下等马”指“劣马”。在表物品质量好坏时，“上”和“下”在使用时常常成对出现，如“上等”、“下等”和“上策”、“下策”。但也有个别不对应的，如“上好”。

（五）其他用法

除以上四种对应意义外，“上”和“下”还有属于自己的一些特别的用法，多为引申用法。主要有：①“在＋V/N＋上”格式表示“在……方面”或“某方面的情况”，“在＋V/N＋下”这种格式，表示“产生某种结果的原因”或“某种条件的限制”；②“V＋上＋补语”表轻松语气，“V＋一下”表动作短暂；③表状态；④表时间开始或结束。具体例子如表5。

表5　“上”和“下”其他用法

名词＋上	工作上	学习上	生活上	政治上	态度上
在＋……下	在……培养下	在……教导下	在……帮助下	在……情况下	在……条件下
表轻松语气	跑上几圈	玩上几天	买上几个	——	——
表动作短暂	玩一下	看一下	解释一下	——	——
表状态	聊上	抽上	爱上	看上	纠缠上
	慢下来	暗下来	静下来	缓和下来	冷静下来
	说下去	听下去	等下去	写下去	住下去
表时间开始或结束	上课	上班	上学	上台	——
	下课	下班	放学	下台	——

通常我们用"在+V/N+上"格式表示"在……方面"或"某方面的情况"，用"上"主要是因为它和说话者的表达目的或关注点有关，有排除其他方面之意。例如，"在学习上"主要是说"学习"这方面的情况，说话人已经排除了"政治"、"工作"、"生活"等方面。但对于"下"则多用"在+V/N+下"这种格式，表示"产生某种结果的原因"或"某种条件的限制"，即说话人的表达目的是提出限制条件。例如，"在同学的帮助下"，说话人已经把条件限制在"同学的帮助"上，而非其他人的帮助或其他的原因等。

"上"表示轻松的语气是指"上"附于谓语动词之后，表示轻松的语气。如"跑上几圈"、"玩上几天"，话语里充满一种轻松语气。值得指出的是，"上"在表示轻松的语气时，其后可接虚宾语，如"买上它几个"。在"玩一下"、"看一下"中，"下"做动量补语，表明动量少。

表动作状态持续方面，往往是"V+下+去"格式，如"说下去"、"听下去"等。在对应方面，一般没有与之对应的"上"的格式。生活中我们或许会说"看上去"、"听上去"等词，但这时语义和"看下去"、"听下去"毫无关联。另外，"上"还表示该动作开始并继续下去。如"老朋友一见面就聊上了"中就有动作开始并持续的状态，但话语中也没有"聊下了"这种说法。表示状态的获得时，与"下来"同现的一般都是负向形容词①，既可以是描写事物的声音、光线、速度的，也可以是描写人的情绪、态度的。较常用的有：静、安静、暗、黑、慢、冷静、平静、缓和、软等。

还有其他情况：在规定时间内开始或结束某事。"上课"、"上班"、"上台"都表示开始做某事，也有"下课"、"下班"、"下台"与之对应，表示结束做某事。但和"上学"相对应的可以是"放学"，也可以是"下学"。

从以上例子我们可以看出"上"和"下"在使用中是具有对称性和不对称性的。高于界限的空间为"上"，低于界限的另一部分空间为"下"。因此在被用于表示具体空间方位时，只要客观现实中对称地存在相应的事实，二者在分布上就是对称的。因为人类在用语言对客观事实进行表述时，主观上也一般都会遵循客观真实的原则，所以，"上"、"下"在表示具体的空间方位时，其用法是对称相同的，如"在桌子上"、"在桌子下"。而在引申过程中界限和所表示的空间的具体性消失，成为一些抽

① 根据语义特征对形容词进行的分类（即从人们对某一性质的态度进行的分类）：正向形容词：大、长、粗、厚、快、高、胖、好、积极、漂亮、聪明、勤快、善良等。负向形容词：小、短、细、薄、慢、矮、瘦、坏、消极、丑、愚蠢/笨、懒惰、恶毒等。当然，有时候，所谓正向和负向因人而异，比如买衣服时有人喜欢长，他就可以说"这一件没有/不如那一件长"；有人喜欢短，他就可以说"这一件没有/不如那一件短"。参见：http：//manage. eblcu. cn/specls/cls/401053/course/1/2/sid001. html。

象的象征性界限和空间方位概念，如“在经济基础上”、“在意识形态下”。这些在人类的认识领域中形成的抽象空间方位不可能像在客观现实中本身存在的空间方位一样总是对称地相反相成，于是“上”、“下”所表示的这些抽象意义上的方位就不一定总是对称出现。

三、“上”和“下”的使用偏误

“上”和“下”的习惯性用法较为复杂、灵活，留学生在使用时经常出现偏误。这种偏误在平时的作业、说话或 HSK 考试中都会表现出来。通过 HSK 动态语料库，我们搜集到了外国留学生关于“上”和“下”的使用偏误。经过整理、分析、归纳后，发现外国留学生在使用“上”和“下”的过程中主要有四个方面的错误：

（一）错别字

虽然“上”和“下”的书写非常简单，但是我们发现，在 HSK 作文中仍有很多外国留学生写错字。主要是会把“上”写成“尚”等同音字，把“下”写成“土”或“卞”等字。

（二）遗漏

遗漏偏误指由于在词语或句子中遗漏了“上”或“下”导致的偏误。如：

（1）★[①]在生活繁忙的现今社会，很多人都不想把时间花在感情（上）。

（2）★我觉得在社会（上）可以有“安乐死”这个选择。

（3）★上帝在《圣经》（上）说不可杀人，而我们的国家的法律也不准我们随便去杀人。

（1）、（2）中偏误出现的原因在于对“在＋名词＋上”格式的不理解，最终导致出现遗漏现象。（3）中遗漏“上”，是因为留学生没有掌握到方位短语除了能够表示实物本身，还可以表示其所负载的信息内容。

（三）多加

与遗漏偏误相比，误加偏误的情况比较单纯，多发生在一些语法形式上，如：

（4）★因为要考上大学了，所以那段时间我父母管我比较严。

（5）★每逢假期或传统节目上，父母亲应该安排时间与家人一起团聚。

（6）★由“三个和尚没水喝”的传说上，我想到第一个人的作用的重要性和绝对性。

---

① 带“★”号的句子为留学生作文中的错误句子（下同）。

(7) ★按着病人的要求下，医生通过家人的同意，对这位患者进行了“安乐死”。

(8) ★但是，很不幸的狗不明原因下死了。

在（4）中，留学生用“考上大学”主要是因为还未理解“考上”是表结果的，表动作的完成，不符合语境中的时态；（5）、（6）、（7）、（8）本不用加“上”/“下”，但留学生因学习了“上”/“下”的相关用法，导致目的语过度泛化，从而在不用“上”的语境中误加了“上”/“下”。当然，我们还可以分别将（7）、（8）改为“在病人的要求下”和“狗在不明原因下死了”。留学生之所以会出现上面的偏误，主要是因为没有掌握“在+名词/动词+下”格式的用法。

（四）误代

误代偏误是由于从两个或几个形式中选取了不合适、与特定语言环境不符的形式，多为“上”、“中”、“下”和“里”的混淆。如：

(9) ★尤其是那个监狱在孤岛里，没有人管理你，你一个人过几年，甚至几十年。

(10) ★缺乏资源的情况上，发达国家有利于接受这些资源的大部分，相反，世界上占大多数的发展中国家接受了一部分。

(11) ★因为，孩子在生长的过程上很受父母的影响。

(9)、(10)、(11) 中的误代，主要原因是混淆了“上”、“中”、“下”、“里”的用法，关于这几个字用法的区别连中国人也难以说清楚。上面我们说“在……上”格式表示“在……方面”或“某方面的情况”，在“在……下”这种格式，表示“产生某种结果的原因”或“某种条件”，由于（10）“缺乏资源”是作为前提条件的，所以应该用“下”。(11) 表某个过程，应用“在……中”；“上”和“里”有时可以互换，但“孤岛”并非完全是封闭式的，所以此时还应用“在孤岛上”而不是“在孤岛里”。

另外，在对外汉语教学中，趋向补语或表状态持续的用法也是外国留学生学习的一个难点，对外汉语教学中需特别注意。

四、“上”和“下”的教学策略

从语料中我们知道，对外国留学生来说，“上”、“下”表空间位置、时间或次序、物品质量好坏意义时是比较容易掌握的，但在表示其他复杂或抽象的意义时就显得尤为困难了。鉴于“上”和“下”在日常交际中的重要性及其在汉语学习中的艰巨性，在教学过程中，我们应尝试从以下五方面着手：

（一）别太计较词性

我们知道，汉语词汇的词性并不是固定不变的，在不同的语境中词性则有所不同。所以，我们觉得老师在讲解生词时并不一定要向学生说明生词的词性，只要学生会运用那个词就可以了。

（二）对比教学

“上”和“下”的用法其实很多都是可以对应起来的，类似“上面”、“下面”、“楼上”、“楼下”……我们在讲其中一个词时，不妨把另一个语义或与其相反的生词也引出来，这样有助于学生对照着理解、记忆，还扩大了词汇量。当然，遇到那些不具对应性的词语时，也要对比着讲解，以免学生生造词，用“下学”表示放学等。

（三）语境教学

词语的文化含义常常是通过语境表现出来的，在不同语境中同一词语的含义可能不同。将相同的词放在不同的语境中辨析，更有利于学生的掌握。如在讲“上”和“下”表动作或状态持续时，就可以创设一系列的语境让学生自己体会。老师可先讲“老朋友一见面就聊上了”的语境：玛丽和杰克很久没见面了，今天见到了，就一起聊天、说话，从10点聊到12点，聊了很长时间。

（四）适当引入文化

语言无不渗透着文化，文化又依赖语言的记录和诠释。留学生学汉语，教师教留学生学汉语都无法回避汉文化。“上”和“下”之所以会有表物品质量好坏和表社会地位高低或身份贵贱意义，这跟中国古代文化有一定关系。这种使用方式与人的认知心理也有关系。在空间、时间和心理这三个概念中，人类最早认识的是空间，于是经常用空间概念来解释时间和心理概念。在心理上，人们经常会把心里的目标看作物理位置上的高处或者上方。而对质量好的物品、身份地位尊贵的人多用“上”修饰。如“上宾”，重要的、有地位的客人，一般是与主人一起坐，坐在较高之处。可以对词语加以文化上的注释，说明“上辈”、“上司”、“皇上”等表示的是什么特定的社会文化意义，有什么历史渊源，如何理解和使用这些具有特定文化内涵的词。也可以让留学生参与特定的重大活动，如大型会议，让他们了解整个会议座次的安排、接待的礼仪等，获得直观印象。

（五）图示法

图示法适用于配合教师讲表空间意义时的“上”和“下”作为趋向补语表动作或结果的情况。“动词＋上”，动作者由低向高移动。若是“动词＋上来”则说明说话者在高处，动作者从低处向说话者方向移动；若是“动词 + 上去”则说明说话者在低处，动作离开说话者所在之处，向高的方向移动。

五、结 语

综上所述，“上”和“下”习惯性用法确实并非完全对应，但它的对应性和不对应性仍有一定认知规律，当然有些还是很复杂的。教学过程中应找出合适的教学方式，先易后难，先讲本义、常用义，再讲引申义，还要帮助外国留学生了解文化的异同。如何在对外汉语教学中产生更好的教学效果还需要我们更进一步的探索。

参考文献

[1] 李冬梅. 试谈对外汉语教学中的趋向动词教学 [J]. 语言研究，2008 (5)：100 ~ 101.

[2] 杨丽娟. “NP 上”和“NP 里”的认知分析与对外汉语教学 [J]. 新乡教育学院学报，2009 (2)：61 ~ 63.

[3] 单侠. 对外汉语教学中方位词“上”和“下”的语义认知探究 [J]. 理论界，2009 (9)：150 ~ 151.

[4] 王祖嫘. 对外汉语教学中对趋向补语教学的一些设想 [J]. 语言研究，2009 (11)：120 ~ 122.

[5] 张凯，陈秀清. “V 不上”和“V 不下”的对立和非对立 [J]. 渤海大学学报（哲学社会科学版），2009 (5)：120 ~ 124.

[6] 冯莉. “在……上/下”的隐喻分析 [J]. 绥化学院学报，2010 (1)：117 ~ 119.

[7] 刘苹. “到”义动词“上”、“下”的隐喻基础 [J]. 湖北社会科学，2010 (7)：118 ~ 120.

泰国、越南初级汉语学习者语音教学方法探究

甘　楠*

摘　要：泰国、越南初级汉语学习者学习汉语语音时，由于受到母语的负迁移、《汉语拼音方案》的影响、听觉影响、训练影响等产生系统性的偏误。要防止“洋腔洋调”和错误“化石化”问题的出现，对外汉语教师在一开始的语音教学中，就应该对学生有全面的了解，运用适当的教学方法“对症下药”，运用最恰当的方法把声母、韵母、声调传授给学生，使初学者能又快又好地掌握正确的发音。

关键词：语音偏误；教学方法；泰国；越南；初级汉语

一、引　言

在对外汉语教学中，汉语语音教学是整个语言学习的基础。建立正确的发音习惯，克服“洋腔洋调”[1]是提高汉语学习者口语表达能力的关键。近年来，第二语言的教学研究有不少成果，能直接指导对外汉语教学。但是在语音教学方面，由于学习者不同的语言系统或不同的母语背景影响而产生的偏误没能得到很好的研究，尤其是针对国别的问题研究。随着泰国、越南汉语学习群体迅速扩大，掀起了阵阵的汉语热。本文针对泰国、越南的初级学习者学习汉语的语音偏误，着重探究汉语语音的教学方法。

二、泰国、越南学生学习汉语过程中产生的语音偏误

外国学生学习汉语语音时产生的偏误大致有三类：一类是声母偏误；一类是韵母偏误；一类是声调偏误[2]。

* 甘楠，2010届对外汉语专业毕业生，现为韶关市武江区地方税务局公务员。指导教师为陈宗林副教授。

（一）泰国学生汉语语音偏误[3]

1. 声母

问题出现在“z、c、s、zh、ch、sh、r、j、q、x、k、h”等11个声母上。

虽然泰语中存在“s”音，但是没有“z、c”音。“z”的发音介于［tʂ］和［ts］之间，“c”介于［tʂ·］和［ts·］之间，极似舌叶音［tʃ］、［tʃ·］。

发“zh”时，舌尖多未靠后；“ch”的塞音成分不明显，有时听起来像［ʂ］；sh［ʂ］有的发成［s］；声母［r］有时发成边音［l］。

“j、q”的发音类似舌面中音［c］、［c·］；“q”有的送气不明显，有的发成［tʃ·］；x［ʂ］有的发成sh［ʂ］，有的发成［ʃ］，多数发成［s］.

“k”的发音有的与h［x］相混，也有的送气不明显，听起来像g［k］。“h”的发音有鼻化现象，此类偏误多出现在“hu－”音节中；另外，发音部位也比较靠后，接近［h］。

2. 韵母

问题主要出在“o、e、－i、ü、ao、ei、ie、ua、ou、üe、iu、ui、ian、uan、üan、un、－ng、er”等韵母上。

单韵母中的u、ü是泰国学生发音的难点，主要是圆唇的程度不够，而且迅速地咧开嘴，u发成“uei”；ü发成“ü—i”；“o”与声母相拼时，其发音往往就变成［ua］；“e”舌位偏低，近似于央元音［ə］。

复合韵母中的ün、üe、üan等，同样是圆唇音发不好。同样也是因为圆唇程度不够而读成“ie”、“ian”，另外，圆唇动作保持不了而读成“ün—in”；“iu”和“ui”的中间音完全丢失。

鼻韵母中的“ian”发成［ian］或［iən］，“iang”有时变成［iəŋ］；“uan”发成［uən］；“üan”发成［uan］或［uən］；很多后鼻音韵母鼻音不够靠后，听起来像前鼻音。

另外，卷舌音“er”的卷舌不明显。

3. 声调

一个音节一个音节地发音时，泰国学生发的汉语声调在区别性方面还是很清楚的，但有明显的偏误。

一般来说，阴平调不够高；阳平调有较长的预备阶段，且由于受到母语声调的影响往往在第二声后拖出一个音调，发成近似升降调；上声多半与泰语的第二声对应以211的形式出现。第四声音节时间过长，有拖沓感。其教学难点在于阳平和上声。

和泰语一样，越南语是有声调的语言，声调具有区别意义。学习汉语在声调方面具有一定的优势，但是由于其母语不同，产生的偏误模式有所不同。

（二）越南学生汉语语音偏误

1. 声母

问题主要在于“z 与 c；zh 与 ch；j 与 q；b 与 p；d 与 t；g 与 k”等六组音上。同组音发音部位相同，但是发音方法不同。塞音和塞擦音、送气和不送气的塞擦音、擦音和塞擦音之间往往是偏误集中率最高的。其根源在于越南语音系中没有送气音，容易造成学生辨音和发音时声母之间的混淆。往往“坡 pō”读成“bō”，而“汤 tāng”读成“dāng”；“标 biāo”读成“piāo”；“炮 pào”读成“bào”等。“窃取 qièqǔ”读成“jièjǔ”、“侵权 qīnquán”读成“jīnjuán”；“开阔 kāikuò”读成“gāiguò”。

另外反复出现的偏误有：zh［tʂ］发成［tʂw］或［tʂʻw］，r［ʐ］发成 r［r］（颤音）。

2. 韵母

韵母方面的偏误和泰国学生的发音难点有点相似，单韵母中的 u、ü，复合韵母中的 ün、üe、üan 等圆唇的程度不够，而且迅速地咧开嘴，保持不了圆唇动作。“u”发成“uei”；“ü”发成“ü—i”；“üe”、“üan”发成“ie”、“ian”；“ün”发成“in”。

3. 声调

越南学生由于母语的第五声（跌声）的影响发阳平时发生偏误，即 35 读成 315[4]或者 325[5]。阴平（第一声）和去声（第四声），这两个声调似乎没什么联系，而在平时的教学中很少人会注重两者的区别。但是，由于两个声调都以 5 度为高起点，对音高的控制他们就难以掌握。例如，“妈妈”读成“màma”，“多”读成“duò”，“象”读成“xiāng”，“发现”读成“fàxiān”，“再说”读成“zàishuò”。不管是读单音节的词，还是读双音节词，这两个声调都会错读、混读。

主要原因是：阴平和去声起点都很高，学生没有注意区分，高平调发成中平调，类似 33，而且时常下降；去声起点不够高发成类似 41，降调既不够迅速也不明显。

三、偏误产生的原因

对泰国、越南汉语学习者的偏误加以分析，归结其产生原因主要有以下四个方面：

（一）母语的负迁移

母语的负迁移（即干扰）是影响语音的主要因素。[2]原因是初学者在刚刚开始学习一种外语的语音的时候，学生的语言知识与经验，只有其母语（假定他不掌握其他外语)。当他已经掌握了一套成型的语言知识时，这有限的不充分的目的语知识对学习和使用标准的目的语形式的干扰便开始出现。

1. 声母

再来看看声母偏误的问题。泰语中没有舌尖前音［ts］、［ts·］，没有舌尖后音，只有舌面中音［c］、［c·］和舌尖前音［s］。所以他们遇到汉语的 z/c/s/、zh/ch/sh、j/q/x 时，往往会发生各种偏误。

越南语中没有送气音，所以越南学生发 p/t/c/ch /q 时，往往发成 b/d/z/zh/j。

2. 韵母

由于泰语中没有 e［ɤ］和 ü［y］这两个音，所以学生就用央元音［ə］代替“e”，用［i］或者［iu］代替 ü［y］。越南语中同样没有 ü［y］，因此学生因为圆唇程度不够或者保持时间不够长而产生同样的偏误。“e”就念成“ie”；“ üan”就念成“ian”，泰语中没有［ei］这样的发音，但是有一个近似的［ə：i］，所以他们发“ei”时，听起来就像“e + i”；泰语中没有 uo［uɔ］，近似的有［u：a］，这个 u 是个长音，学生常用它来代替“uo”。

3. 声调

我们先来分析音高相近的声调问题。泰语有 5 个声调，初级汉语学习者学习汉语语音的时候大多使用母语的声调来替代汉语的声调：用泰语的第一声替代汉语的阴平，用泰语的第五声替代汉语的阳平，用泰语的第二声替代汉语的上声，用泰语的第三声替代汉语的去声。这样相对应的学习当然能给初级学习者带来方便（不像欧美学生那样声调乱窜），但是也造成了负迁移。

阴平：泰语的第一声低，为中平调，调值为 33；汉语阴平高而平，调值为 55，所以我们就会觉得泰国学生说的汉语阴平像东北方言似的，比较低，总达不到 55。如三思［$san^{55}si^{55}$］发成［$san^{33}si^{33}$］；参差［$cen^{55}ci^{55}$］发成［$cen^{33}ci^{33}$］。

阳平：泰国学生很容易犯两种错误，一是用泰语的第五声——升调 14 替代汉语的阳平 35；二是用泰语的第四声——高平调 453[6] 来替代汉语的阳平，从而拉长了声调，尤其是发韵母 u 的阳平时尤为明显。如随俗［$sui^{35}su^{35}$］发成［$sui^{14}su^{14}$］或［$sui^{453}su^{453}$］.

上声：用泰语的第二声（211）替代汉语的上声（214）。如总则［$zong^{214}ze^{35}$］发成［$zong^{211}ze^{35}$］；最早［$zui^{51}zao^{214}$］发成［$zui^{41}zao^{211}$］。

去声：用泰语的第三声（41）替代汉语的去声（51），而且音节时长较长，在降之前也有个准备阶段。如四岁［$si^{51}sui^{51}$］发成［$si^{41}sui^{41}$］。

由此可见，泰国学生汉语声调偏误的模式是：阴平上不去，阳平去声长。

越南语的 6 个声调也影响着汉语学习者的语音声调，越南学生由于母语的第五声——跌声的影响出现类似的情况，把阳平（35）读成（315）之类的，以 i 和 ü 的阳平最为突出，如一会儿［yi^{35}］读成［yi^{315}］；鱼［yu^{35}］读成［yu^{315}］。

（二）《汉语拼音方案》引起的偏误

《汉语拼音方案》是一种拼音字母，而不是单纯记音的音标，其中“ɑ、e、i、o”这些字母代表的音素不止一个，如 ɑ、ɑn、iɑn、iɑng 这四个韵母中“ɑ”的实际发音是不同的；ei、ie、e、en 这四个韵母中的“e”的实际发音也是不同的。但是它们都用同一个字母（ɑ 或 e）来表示，所以学生就容易把他们发成同一个音，于是就造成了把“iɑn”发成［iɑn］、把“ei”发成［i］的结果。

另外，《汉语拼音方案》中有许多省略式也误导了学生的发音。如：“o，－i，ü，üe，iu，üɑn，un，ün”等韵母的发音偏误，相当一部分是因为受了省略式的误导，看字母发音而造成的。

初级水平的越南学生由于受到汉语拼音符号的误导产生了发音偏误，具体表现为：错误地认读声母（错误的读音一般来源于越南语），越南语中没有送气音。如：一些越南学生把 mótuōchē（摩托车）的“tuō”［t·uo ^{55}］发成［tuo ^{55}］；pǎobù（跑步）［p·ɑo ^{214} pu ^{51}］发成［bɑo ^{214} bu^{51}］；tàijíquán（太极拳）中的“tài”［t·ai^{51}］发成［tai^{51}］。

（三）听觉偏误[2]

1. 汉语声母方面的听觉

对第二语言的初学者而言，可借听觉辨音的已有的语言经验往往就是母语语音，也就是说，学习者对第二语言语音的感知程度跟母语语音系统有关。这在学习的最初阶段表现得特别突出。在汉语声母听觉偏误方面，来自越南语的干扰主要表现为：越南语塞音、塞擦音声母多数没有送气音，学生在初级阶段不易感知汉语声母中的送气音。其干扰形式是：

［－送气］……→［＋送气］……→［－送气］

汉语有六个送气音声母［p·］、［t·］、［ts·］、［tʂ·］、［tɕ·］、［k·］，越南语只有一个送气音［t·］，由此可见，越南学生对汉语其余的五个送气音都不太敏感。不同送气音声母有不同的偏误倾向，［p·］、［k·］这两个音的偏误情况在不同学习阶段都显得较为稳定，因为除了送气特点以外，他们的发音部位（双唇/舌根）、发音方法（塞音）也存在于越南语中（［p］/［k］），学生对此类还是容易听辨的。至于［t·］、［ts·］、［tʂ·］、［tɕ·］则有好几个因素制约着学生的听辨。

2. 汉语声调方面的听觉

汉语声调方面的听觉偏误最主要地表现在阳平（第二声）上，前面说过泰国学生用泰语的第四声——高平调（453）来替代，从而拉长了声调；越南学生也习惯用越南语的第五声——跌声（315）来替代汉语的阳平。长期习惯替代造成了听辨能力的不敏感。

（四）训练产生的偏误

所谓的训练问题，是指由于教材或教学过程中的解释不够详尽，或该讲而没有讲，或训练方式不当而使学生发生偏误。有教学经验的教师都会发现，有时学生使用的形式完全符合我们所给的规则，可是任何一个本族人都能指出他用得不对。这不仅仅是我们讲解有问题，也包括教材本身的问题和教师的经验不足、学识水平不够的问题。这两个方面，教师的经验、学识水平更重要一些。因为课本的不足，有经验的教师可以弥补，从而避免使学生发生偏误。泰语、越南语中缺少舌尖后音，然而，舌尖后音 zh、ch、sh 被认为是外国学生的共同难点，教材有针对性的说明，教师们也从一开始进行教学时就特别强调，所以只要注意，学生们就能发得比较好。而舌尖前音和舌面音则没有得到应有的重视，导致偏误越来越严重。

声调训练也存在同样的问题，汉语的上声一直是教学的重点，然而对于泰国和越南学生，不仅上声，阳平也因为母语负迁移而出现很严重的问题，特别是发“ǘ”的时候总是用泰语的第四声——高平调（453）来代替。而对于越南学生而言，学习汉语阴平和去声的辨别是个难点。因为两个声调的起点都很高，是以 5 度为起点的，在听觉上他们因习惯性而难以区别，教材上没有针对性的说明和训练，教师要进行训练和材料整理的确麻烦。

四、解决偏误的方法

针对泰国、越南汉语初学者容易出现的语音偏误，把声母、韵母按照发音部位归类[7]，在教学中运用合适的教学方法。

（一）声母教学法

1. 舌面音“j、q、x”的教学方法

（1）手势描述法。用双手模拟发音器官，右手掌心向下平举；左手微弯（第二个手指关节向上），通过双手来描述发音前、后的舌位。

（2）气息感应法、教具演示法。这两个方法主要是针对同组音内的送气与不送气音的区别教学。双手轻轻举起一张薄纸，贴在嘴前，发“j”的时候白纸没有变化，但是发“q”的时候，较多而强的气流使纸张跳动。

（3）夸张法、对比法。为了让学生们更直观地看到“j、q”的不送气与送气的区别，发“q”音的时候可以稍微夸张一点，进行声音对比。

2. 舌尖前音“z、c、s”的教学方法

（1）手势描述法。同样用双手模拟发音器官，发舌尖前音时左手伸出食指和中指，食指代表上牙，中指代表下牙；右手五指并拢平举，通过双手来描述发音前、后发音器官的部位。

（2）气息感应法、教具演示法。同样双手轻轻举起一张薄纸，贴在嘴前，发“z”的时候白纸没有变化，但是发“c”的时候，较多而强的气流使纸张跳动。

（3）夸张法、对比法。为了让学生们更直观地看到“z、c”的不送气与送气的区别，发“c”音的时候可以稍微夸张一点，进行声音对比。

3. 舌尖后音“zh、ch、sh、r”的教学方法

（1）手势描述法。用双手模拟发音器官，右手自然平举，手心向下且稍微弯曲，模拟口腔的形状；左手五指并拢弯曲，手心向上，发塞擦音（zh、ch）时指尖先顶住右手第二关节再分开；发擦音（sh）时左手指弯曲，靠近但不接触右手第二关节。

（2）气息感应法、教具演示法。用发舌尖前音的方法来教授“zh、ch”。

（3）夸张法、对比法。与舌尖前音和舌面音的方法相同。

（4）带音法、过渡法。带音法就是用一个已学过的音素或母语中存在的音素带出另一个发音部位和方法相关的新音素，或者以一个容易发的音带出另一个发音部位与之相近的较难发的音。“r”对泰国和越南学生来说都是难点，但是相同发音部位的“sh”较为容易掌握。所以待sh发准后，可利用sh的发音部位，拖长sh的音程，震动声带是音声由清变浊，便自然发出r来。

4. “b、p、d、t、g、k”的教学方法

（1）示范法。教师示范法是学习者语音模仿的范本。对于这三组音的教学，首先可以用示范法。教师提醒学生注意观察老师的口形，多次示范，给学习者发音的启示。

（2）图表演示法（音形结合）。利用图表可使发音形象化并突出发音的特点，有助于学生发准语音。除了可以给学生画出口腔、舌头、声带等示意图之外，还可以进行音形结合，让学生在懂得意思的情况下去记住区别意义，从而记得发音的区别。如下图：

bbb—bō 广播

马儿奔跑—ddd

一只鸽子—ggg

ppp—pō 泼水

像根伞柄—ttt

蝌蚪蝌蚪—kkk

声母b、p/d、t/g、k

（3）气息感应法、教具演示法。像教 j、q/z、c 和 zh、ch 一样，用薄纸来感应送气音和不送气音的区别。发 p、t、k 时，有气流冲出，吹动纸片；而相对应的 b、d、g 则无此现象。从而能帮助学生找到发送气音的感觉。

（4）拼合法。如教 b、p/d、t/g、k 这几组发音部位相同，发音方法相近，但是能根据发音时吐气强弱不同（送气与不送气）而产生区别意义的声母。送气与不送气，在很多语言中没有区别意义的作用，在泰国、越南等东南亚国家也是一样的。这些组音就需要老师自己首先把握发音技巧，然后说明一下发音原理和要领再进行示范发音。老师发音时尽量把动作放慢，有意识地将送气的时间拖长些，然后再发韵母，这样做可以使学生在视觉和听觉上体会到两者的不同。例如，先对比练习“bà 爸”和“pà 怕”。因为声母“p”的音和第四声本身气量足，学生容易掌握用力点。等学生有了语感后再进一步联系其他音。

如：bà　　p—à　　dà　　t—à　　gāi　　k—āi
　　爸　　怕　　大　　踏　　该　　开

（二）韵母教学法

1. 韵母 o、e、i、u、ü、un、ün、üe 的教学方法

（1）描述法、示范法。因为这几个音唇形、舌位是比较容易描述的，教师可在采取描述法时结合示范法让学生掌握发音部位和感知发音发法。o：把嘴微微张开，舌位半高半低，舌头后缩，舌根隆起对着软腭，唇稍拢圆，软腭和小舌抵住咽壁，声带振动；u：普通话里圆唇程度最高的元音。发音时，双唇收拢前突，肌肉比较紧张，中间成为一个小圆孔；同时舌头后缩，后舌面向软腭升起；小舌抵住咽壁，声带振动。其他几个音也适用简单的描述进行解释，配合相对应的示范。发 un、ün、üe 这三个音时，要着重强调圆唇时期的准备动作。

（2）夸张法。学习者的语音偏误有时相当顽固，教师可运用夸张手段，持续较长时间圆拢或压扁嘴巴形状来发 o、u、ü、e、i 等五个音。

（3）带音法、过渡法。根据舌位的关系，我们可以先发好 i［i］，因为 i［i］是普通话中最容易学习的单元音，然后舌头保持不动，把嘴唇圆起来就发出 ü［y］；发好 ü［y］，然后舌头后缩，双唇收拢前突就发出 u［u］；发好 u［u］，嘴唇稍微放松，但是仍然保持圆唇，舌头稍稍下压变成半高就发出 o［o］；发好 o［o］，舌头不动，嘴巴后缩扁起，就发出 e［ɤ］。当然，在拼读汉语拼音时要注意，j、q、x 后的 ü，上面两点总是要被省去的，ju、qu、xu、yu、yun 中的 u 并不真的是［u］，它真正的发音是 ü［y］。

当然这也算是图表法，甚至也可以用夸张法，当要求教学生一起做手势时就成了模仿法。

（4）唱读法。把单韵母配上汉语的四个声调进行练习，如 ā、á、ǎ、à/ō、ó、ǒ、

ò/ē、é、ě、è/ī、í、ǐ、ì/ū、ú、ǔ、ù/ǖ、ǘ、ǚ、ǜ/yūn、yún、yǔn、yùn 等形式，不仅让学生掌握韵母的发音方法，还让他们有声调的意识。

2. 鼻音韵尾韵母 an、en、in、un、ün、ang、eng、ing、ong 的教学方法

咬舌法。前后鼻音的区别是很麻烦的，特别是学习者在听辨方面都不清楚的情况下。所以教师要做好规范的发音示范，让学生听清 an 与 ang 等相对音的区别。如果不能准确地发好前鼻音，那就是舌头不能前伸，也不能把舌头慢慢顶住上齿背的问题。练习时可让学习者把舌头前伸，放在上、下齿之间，先练习咬舌尖。如发 an 的步骤是：张嘴，发音，结束时上下齿轻轻咬住舌尖，an 便发出。多次反复后，舌头便能前伸顶住上齿背，发出正确的 an 来；发 ang 时，嘴巴自然张开，舌面向软腭运动，同时软腭和小舌下降（舌位压低），直至软腭和舌面后形成阻碍，气流只能冲鼻腔通过，发出［aŋ］。当然，发后鼻音的时候可以稍微夸张一点让学习者能更清楚地辨别。其他的前、后鼻音同样可以通过咬舌法来教授。

（三）声调的教学方法

阴平和去声是东南亚学生的难点，但一般教材往往不注意，只把重点放到上声上。而阴平调值是 55，去声是 51，起点应当很高。学生的问题一是起点不够高，二是发第四声不会迅速下降。阳平则受到母语语调的影响往往出现偏误。

针对上述情况声调的教学方法有：

（1）手势法。在发音时辅以手的移动，显示音高的变化，引导学生正确地发出要发的声调。例如发第一声时，五指并拢，手心向下，由高处平推，表示调值为 55；教第四声时，手掌由高向下挥，表示调值为 51。

（2）头势法。头部的自然摆动和抬头、低头与口发四声的结合也可以作为引导发四声的技巧。如：目光平视，头部由左向右平行移动，口发第一声；头部有稍低向上扬，口发第二声；头部先向下，让下巴贴近胸部，再慢慢向上扬，口发第三声；头部由左向下斜摆，口发第四声。

（3）图示法、描述法。通过五度标记法让学生直观认识汉语四个声调的音高变化。如上图。[8]

（4）声调组合法[2]。一般按照汉语的四个声调阴平、阳平、上声、去声的顺序进行训练，使四个声调在学习者脑中形成深刻印象，然后在听写、认读时便能迅速而准确地说出或写出音节的声调来。如 bā、bá、bǎ、bà 。

（5）双音节定调练读法[2]。对比第一声（阳平）和第四声（去声）时，可以辅以手势：先高举手，再迅速向下，同时跺脚（夸张一点）。让学生感受到声调的差别。另一种方法是，整理材料进行经常性、系统性的训练。针对越南学生第一（阳平）、第四声（去声）混淆的特点设计的训练步骤有：

①操练时先练第一声（阳平），如高、周、湿、击、包、中等单音（强调起音要

高）；接着练习相同声调的搭配，如：包厢、参观、出发、衷心、应该等。

②再练第四声（去声）：去、掉、记、大、力、爸、下等单音词；接着练习相同声调的组合词，如电话、面对、护照、见面、宿舍、乐队、再见等。

③再练第一声（阳平）和第四声（去声）的组合：开会、发动、黑暗、中外、声调、书店、知道、音乐等。

④再练第四声（去声）和第一声（阳平）的组合，如会说、化装、济州、一生、大家、菜单、现金、账单等。

⑤最后练第一声（阳平）、第四声（去声）和其他声调的组合。使学生不仅留意两者的区别，更能因为经常性的练习而正确掌握好发音。

五、结　语

综上所述，泰国、越南初级汉语学习者学习汉语语音存在的偏误，不管是受到哪种因素的影响，基本上都是成系统的。只要教师们注意分析研究，针对学生的学习特点探究合适的教学方法，不断提高教学技能，根据实际情况有系统性、针对性地分析、训练，也就是“知已知彼”、“对症下药”，就能让泰国、越南初级汉语学习者更快、更好地掌握准确的发音。

参考文献

［1］陈晨，李秋杨. 语音偏误标记与语音对比——谈泰国学生语音习得问题［J］. 云南师范大学学报（对外汉语教学与研究版），2008（3）：82～87.

［2］崔永华，杨寄洲. 对外汉语课堂教学技巧［M］. 北京：北京语言大学出版社，2006.

［3］王建勤. 汉语作为第二语言的学习者语言系统研究［M］. 北京：商务印书馆，2006.

［4］谢小玲. 浅谈汉越声调的异同［J］. 南宁师范高等专科学校学报，2008（6）：45～47.

［5］高春燕. 越南留学生汉越声调比较［J］. 红河学院学报，2008（12）：82～86.

［6］僚人家园（Naeuz Vahraeuz 僚语论丛）［EB/OL］. http：//www. rauz. net. cn/bbs/dispbbs. asp？boardID＝22&ID＝18240.

［7］徐子亮，吴仁甫. 实用对外汉语教学法［M］. 北京：北京大学出版社，2008.

网络与多媒体

网络时代的华文教育刍议

尉万传*

摘　要： 随着“华文热”的持续升温，华文教育师资与教材短缺，尤其是教材的滞后已经成为一种不争的事实，弥补这个缺口已成为华文教育的当务之急。现代互联网技术的高速发展及其在教育和传媒中的广泛应用，为华文教育开辟了新的空间，互联网实际上可以作为一种“特殊教材”来解目前的华文教育之急。华文教育有必要而且能够充分利用互联网技术来拓展新的发展空间。华文教育阅读课的教学特别需要互联网作为辅助手段。

关键词： 网络；华文教育；阅读

一、引　言

随着中国改革开放的进一步深入、经济的持续增长，中国大陆已成为当今世界经济最具活力和发展潜力的地区。海外华侨华人经济有着密不可分的血肉联系，也在同时崛起。与此相应，在文化领域，全球范围内近年来兴起了“华文热”。除了一部分华侨华人（或华裔）来华留学学习汉语言文化外，大多华侨华人及其后裔是在所在国接受华文教育的。海内外华文教育在师资、教材等方面面临着最为迫切的挑战：①师资方面，数量不足，素质偏低，在亚洲地区尤为突出。如仅仅在马来西亚，华文教师现在缺员就至少达3 000，泰国、缅甸、印尼等都同样面临着师资短缺的问题；同时，现有的相当数量的教师语言基础知识不够全面，也未掌握语言教学的基本规律和方法，有些教师仅在中国学习数月便匆匆回国任教。国内华文师资的整体素质相对来说较为理想，但由于华文教育是一门新兴学科，很多教师缺乏专业训练和必要的教学实践，真正对华文教育进行过深入研究的恐怕也为数不多。另外，国内外急需的这方面的双语教师就更为欠缺。②教材方面，海外华文学校所使用的教材主要有以下几类：由当地华文学校、华人社团或个人编写，译成汉语的当地教科书；当地华人所撰写的

* 尉万传，博士，现为广东外语外贸大学外国语言学及应用语言学研究中心在站博士后，湛江师范学院外国语学院副教授，主要从事语言与认知、第二语言习得研究。

文章；由大陆或台湾的侨务部门、教育部门专为其编写的教材，大陆和港台地区、新加坡的中小学、幼儿教材，少量使用中国对外汉语教学系列教材。这些教材存在着各种各样的问题：或程度过于艰深，不符合海外华裔儿童的汉语水平；或脱离当地华人的具体生活状况，也较少考虑到学生的兴趣和需要；或宣教过露，易引发社会敏感问题；或与当地师资、课时未能很好配合；甚至有的粗制滥造、品质低劣。但即使是这样的教材，种类也十分有限，海外华文学校因而极少有选择的空间。而国内的华文教育则大多以对外汉语教材代替华文教材。这种状况的形成，一方面由于基础研究不够，华文教育的学科定位还存在问题，导致选材标准、选材手段不科学等；另一方面，华文教育的政策性也常常导致各方华文教育组织为完成某项任务而匆匆编纂，因而教材的种种缺陷在所难免。与此同时，海内外对华文教材的需求却在激增，各方对华文教材的呼声越来越高。华文教材和师资问题已日益成为制约华文教育发展的瓶颈。

20 世纪末，计算机网络技术的进步，使计算机、通信、多媒体技术相互渗透和融合，通信网络高智能化，大大拓宽了信息技术的应用范围。人类文化信息传播通过以电视和网络为代表的图文与数字化传媒的手段进行，人们可以主动地选择报纸、广播、电视和国际互联网了解即时新闻，并制作信息通过互联网广泛传播。中文在海内外拥有数量巨大的使用群体，是中文网络及其应用开发的坚实基础。2001 年 9 月 6 日，在“2001 北京互联网发展论坛”上，爱立信（中国）有限公司首席执行官兼执行副总裁张醒生，美国在线时代华纳副总裁朱莉娅·伽西娅在各自的演讲中都提到：2007 年，中文将成为世界第一网络语言。[1] 依托信息科学的发展和海内外华人社会的努力，中文网络资源发展迅速，中文网络、中文搜索引擎、中文电子邮件系统发展愈来愈完善。仅 2000 年蔡虎昌在《世界汉语教学》第四期上就介绍了 20 多个重要的可资利用的华文教育资源网址。[2] 海外以留学生为主体的新移民纷纷创办华文网络出版物，90 年代中期已超过 30 多种。这些网络电子刊物促进了中文信息的数字化、网络化，使中文信息突破了地理空间的限制，是文化传播手段的一次革新。

互联网技术的应用，使中文实现了资源共享；充分利用网络中文资源，不仅可以缓解当前华文师资紧缺的状况，而且能够使优质的华文教学资源得以通过网络共享，有效地弥补一时难以解决的华文教材问题。本文拟以国内华文阅读课（包括报刊阅读）为例，探讨网络辅助教学。

二、华文教育阅读课存在的问题

阅读课是为华文学习者开设的一门重要的专门技能课，目的是培养学生的书面阅读能力（其中，中高级阅读的报刊课主要以报刊为工具）。据了解，目前大部分学生对阅读课不感兴趣，课堂效率不高。问题主要集中于以下三个方面：

（一）教材内容陈旧过时，没有现实感

当然，经过精心筛选的经典名篇对培养学生的阅读欣赏能力具有不可替代的作用；但由于学生语言能力、历史文化背景知识的相对欠缺，这样的文章不可能占有很大的比例。而报刊文章一般具有很强的时效性，与现实世界联系密切，内容涉及政治、军事、外交、经济、贸易、文化、环保、体育、休闲、健康等各方面，是很多阅读教材首选的材料来源，报刊阅读课教材自然更不例外。然而，众所周知，任何一本教材的编写、出版、发行直到运用于课堂上都需要一段相当长的时间，这使阅读教材失去了本来应有的时效性，与现实产生了距离，难以激发学生的学习兴趣。

（二）教材量小面窄，难以涵盖社会生活的方方面面

就提高学生的阅读速度，培养其阅读能力而言，大多阅读教材显得单薄，阅读量极为有限；就增加信息量，开阔学生的知识面而言，尽管大多教材在编纂时，考虑了覆盖面的问题，但在有限的时间内，在一本教材的空间内，要照顾到古今中外的各个方面显然是难以做到的。

（三）教学方法和教学手段单一

目前，在各院校中，这种课型的教学仍是在传统的教室里以传统的方法进行的，囿于并不令人满意的教材；尽管阅读课课时数有限，但教师对语言要点、难点的解释说明、对背景知识的介绍占用了大量时间，学生的积极主动性无法发挥，学习兴趣调动不起来，实际的教学效果可想而知。

三、互联网辅助阅读教学的若干问题

由于互联网上蕴藏着海量的信息资源，打破了时空限制，可以实现全球华文资源的共享，符合阅读课时效性、实用性、综合性的特点，这就为我们改变传统教学方式、弥补教材不足创造了非常有利的条件。如果我们能够最大限度地利用互联网进行阅读课辅助教学，对改进教学内容、教学方法和手段都会大有裨益。下面简要地探讨一下互联网辅助阅读教学的若干问题。需要说明的是，互联网辅助阅读教学毕竟只是起一种辅助作用，并不意味着可以完全取代传统的纸质教材。

（一）访问网站，搜索新闻报道作为阅读教学辅助材料

新闻报道是目前国内外许多网站的重要内容之一。教师可以根据所学内容，从网站上搜索与教学有关的最新资料、背景知识以及相关内容，提供给学生。教师可以选择不同的方式为学生提供资料，或将整篇文章下载，发给学生；或将网址提供给学生

并对这些网址作简单介绍，让学生有选择地上网进行浏览。这样教师就不必在课堂上把大量的时间花费在这些背景知识的介绍上了。教师在给学生发送相关辅助资料的同时，还可以给学生提供一定数量的思考题或书面预习作业，这样一方面督促学生浏览相关文章，一方面可以作为对学生预习情况的检查。要想在网上顺利查找相关资料，离不开搜索引擎的帮助。目前国内常用的雅虎（http：//www. yahoo. com. cn）、新浪（http：//www. sina. com. cn）、网易（http：//www. 163. com）等搜索引擎为我们查找各类信息提供了方便，应该及时把相关信息告诉学生。

（二）订阅电子刊物

目前网上电子刊物数量众多，内容涵盖了社会生活的各个方面。这些电子刊物或收费，或免费，大多以主题为分类标准。常用的订阅方式为电子邮件。教师可根据自己的教学实际需要，利用搜索引擎来查找和订阅一定数量的适合自己教学的电子刊物，然后根据其内容提出自己的要求，或作书面作业，或作口头报告，或进行讨论。这些电子刊物还可以下载到本地硬盘或软盘中，便于学生反复阅读。同时，电脑中的电子词典（诸如金山词霸等）所提供的在线查询等功能为学生查找生词提供了方便，也能够提高学生的阅读效率。

（三）用电子邮件，加强师生交流

由于阅读课的性质和课时的限制，学生和老师双向交流的机会很少，如果能充分利用电子邮件，可以较好地解决这个问题。学生在阅读中遇到各种各样的问题后，可以利用电子邮件与老师交流，通过这种方式，不但可以解决不同学生的不同问题，还可以使教师对学生容易产生的问题有更清楚的认识和了解，对开展下一步的教学活动大有裨益。而且利用这种方法，教师还可以及时把学生的问题保存起来，为自己的教学积累第一手资料；对学生而言，不仅可以及时解决阅读中的问题，还可以同时提高自己的写作水平，对于那些手写汉字有困难的欧美学生来说，尤为合适。

（四）用多媒体教室，实施局域网考试

目前一些多媒体教室不但具有播放音像、上网等功能，还具有考试功能。由于阅读课主要考察的是学生的阅读理解能力，参照国外考试设计的标准，教师完全可以将试题都设计为多项选择题，在考前将考试名称、考试分值、评分标准、考试时间等有关信息输入到主控台计算机内。在考试进行时，教师可以及时了解学生的答题情况；考试后，微机系统自动处理学生的答案，并将考试成绩存入数据库中。这种考试方法可以让学生及时得到考试成绩并进行反馈，同时教师也可以从繁重的阅卷任务中解脱出来。

四、余　论

丰富生动的互联网资源不但可以弥补教材的欠缺，而且可以充分调动学生的积极性，使教学真正实现“以学生为中心”，并且可以激发学生的兴趣；互联网资源的时效性可以让学生在第一时间内掌握当前的热点问题；其开放性令学生可以最方便、最快捷地找到自己感兴趣的东西；查找方便的网络在线词典可以节省学生的阅读时间，提高阅读效率；还可以极大地增进师生的互动和双向交流。这些都是网络可以为我们的教学提供的便利条件。

当然，毋庸讳言，网络本身也存在着局限性，存在着制约教学的不利因素。

首先，网络信息浩如烟海，要想在如此众多而又高度无序的信息中查找自己所需要的教学辅助材料并非易事。如果教师不懂得信息检索技巧，不具备在纷繁复杂的信息中选择自己所需材料的能力就不能给学生提供信息含量高的学习辅助材料；如果学生不知道或不善于利用互联网的查找功能，同样会浪费大量的学习时间，导致学习效率低下，学习效果不佳。另外，如何保证所有学生在课内外按照教师的要求，浏览应该浏览的东西，也还是个问题。

其次，虽然互联网的发展日新月异，在很多地方（包括国内）网络带宽仍然不足，必然导致网络传输速率低。从总体上来讲，中文互联网技术应用水平不高。教师和学生在使用互联网查找资料时可能会花费过多的时间。而且网络与计算机技术的发展速度极快，教师需要不断进行相关知识的更新。这就对教师提出了新的要求和挑战。

再次，网上资源丰富，但也存在着规范性差、科学性参差不齐的突出问题。如何达到教学大纲所规定的要求，与教材、教学进度相一致，尽量避免冲突、矛盾；教师在这方面的工作量也相当大。如何加强教师之间、师生之间在这方面的合作和协调是需要研究解决的问题。

最后，由于各地学校情况不同，计算机教室的配置参差不一。计算机虽已普及，网络的发展也十分迅猛，但由于经费等各方面的原因，有些学校仍没有配备计算机教室或配置不够完善。这当然会给教师利用互联网教学带来困难。

尽管目前还存在着各种各样的问题，但仍然可以预见的是，互联网应用于华文教育的前景非常广阔。我们不能因噎废食，而应该与时俱进，在改革和不断的创新中，积极探索利用好这本“特殊的教材”。

参考文献

[1] 杨文全．中文将成为世界第一网络语言［EB/OL］．中华网．http：//news. china. com/zh－cn/tech/ technews/10000034/20010906/10098335：html.

[2] 蔡虎昌．网上华文教育资源介绍［J］．世界汉语教学，2004（4）：110～112.

汉字的多媒体教学

张鲁昌*

摘　要：汉字教学是对外汉语教学和华文教学的重要组成部分，是学好汉语的重要基础。汉字多媒体教学降低了汉字教学难度，增加了汉字教学的趣味性。多媒体为汉字教学提供了动画效果和造字功能，并节省了大量时间，增加了汉字训练的强度，在汉字书写、讲解、练习以及文化展示等四个方面发挥了非常好的作用。目前的多媒体软件在汉字教学中存在严重不足，汉字教学也为多媒体软件的设计提出了要求。

关键词：对外汉语；华文教育；多媒体技术；汉字教学

汉字教学是对外汉语教学和华文教学的重要组成部分，是学好汉语的重要基础。但近几年常听到有部分从事对外汉语教学或华文教学的老师说，随着计算机技术的进步、输入法软件的发展，汉字教学已经并不重要了，其实这是一种似是而非的说法。还有不少学者提出了认写分流模式，即把汉字的认读与书写分开要求和训练，多认少写，增加识字量降低写字量。但是从已发表的论文看，研究大多处在理论探讨和初步实验阶段。[1]汉字是汉语的书写系统，想学好一种语言却不学好这种语言的书写系统是不可想象的。汉字是中华文化的重要组成部分，想要熟悉中国文化一般都是首先从汉字开始的。或许在学习汉语的初级阶段，汉字并未显得多么重要，但随着学习的深入，离开汉字将会寸步难行。我们从事海外汉语教学的经验和我校赴泰国实习学生的反馈已充分证实了这一点。现代科学技术的进步，只能在促进汉字教学的基础上进行创新，提高汉字教学质量，降低教与学的难度，使学生花费尽可能少的精力，学会尽可能多的汉字，而绝不是降低了汉字教学的重要性和对汉字教学质量的要求。

汉字的多媒体教学问题早在20世纪90年代就已引起了学者们的关注，但至今还没有较为深入的论述，而对于汉字多媒体教学的具体操作讨论的更少。同时，由于汉字多媒体教学研究并没有对计算机技术提出细致的要求，至今还没有一款非常适合汉字多媒体教学的软件。

---

* 张鲁昌，湛江师范学院人文学院讲师。主要研究方向为语用学与对外汉语教学。

一、多媒体技术应用于汉字教学的意义

姜丽萍（2008）归纳对外汉语教学的原则时认为应把汉字作为教学的重点和难点。[1]赵金铭认为多媒体汉语课堂教学有下面几个特点：节省板书时间，客观地增加了学生练习的时间；增强直观性，易于理解；体现交际性原则，有利于培养语言交际能力。[2]

我们认为汉字多媒体教学的首要意义是降低了汉字教学难度。多媒体把视听融为一体，加大了信息的输入量，易于学生掌握。心理学研究证明，人对信息材料的接收，视觉占83%，听觉占11%；而人对信息的记忆保持，单凭视觉为25%，单凭听觉为15%，视听结合则可达65%。[3]不管是笔顺、部件、结构，还是字义讲解、文化阐释、汉字练习，以现在的技术手段，我们都可以使用多媒体进行教学，这样的效果是一支粉笔、一块黑板的传统教学方法难以达到的。而对于教师来说，虽然增加了课堂设计和备课的难度，但汉字教学的难度能大大降低，教学效果显著提高。

其次，汉字的多媒体教学增加了汉字教学趣味性。汉字的传统教学方法最明显的缺陷是枯燥乏味、费时费力而效果又差，多媒体教学却能完全改变这种局面。图片、动画甚至音响不只是对儿童，就是对成年人也同样具有强烈的吸引力，在欣赏和娱乐中，汉字的形体结构和意义可以牢牢刻在学习者的头脑中。

二、多媒体技术为汉字教学提供的便利

多媒体教学的运用，改变了以往粉笔加黑板的模式，使课堂充满了动感、立体感、情境感、真实感，提高了教学效率。[1]

多媒体为汉字教学提供的第一个便利是动画效果。现在除了通过网上下载汉字笔顺的 Flash 以外，还可以通过 Word 和 PPT 课件自己制作汉字的笔顺，通过动画演示出来。通过 Truetype 造字程序，可以把两个或多个部件的汉字拆开，通过内码输入的区位输入法输入到 PPT 课件中，然后通过 PPT 的动画设计，可以把一个多部件的汉字进行部件组合的动画演示。不管是笔顺还是部件组合，都可以进行多次反复的演示，生动而有趣。我们还可以通过汉字字形的演变进行字义的讲解，而对于汉字的甲骨文、金文或小篆形态，能够准确书写出来的老师非常少，而多媒体可以帮助老师们把这些汉字形体展现出来，从而让学生更好地理解字义。图画、简笔画的运用也是字义讲解的重要手段，多媒体都可以帮助教师来完成，而且可以节省大量现场操作的时间。

多媒体为汉字教学提供的第二个便利是造字功能。通过 Truetype 造字程序和区位输入法软件，我们几乎可以制造出任何我们想要的字形，并输入到课件中，这为我们对学生进行改错训练提供了很大的方便，也可以避免因教师书写的不规范而让学生把

正确的字形误认为是错误的，省去很多因教师书写而引起的麻烦。

多媒体为汉字教学提供的第三个便利是节省时间，增加练习强度。汉字教学要通过大量练习来使学生巩固已学习的汉字，比如汉字笔顺练习、看拼音写汉字、用所给汉字组词等，如果由老师板书在黑板上，往往要花费很多时间，而多媒体可以在瞬间完成，节省出大量时间供学生进行操练。

三、多媒体技术在汉字教学中的应用

汉字教学的任务是以汉字形、音、义的构成特点和规律为教学内容，帮助学习者获得认读和书写汉字的技能。[4]因此，汉字的多媒体教学也应围绕汉字的形、音、义进行设计。多媒体技术可以在以下五个方面对汉字的教学起到非常好的作用。

（一）汉字书写

1. 笔顺笔画演示

书写汉字时下笔先后的顺序叫笔顺，它是人们正确书写汉字的经验总结。按照笔顺规则书写汉字，可以写得迅速、美观。[5]汉字的笔顺是书写的基础，教学时要注意运笔方向。在网上可下载汉字笔顺演示的 Flash 动画，这是比较简单省事的方法，但能下载到的数量是有一定限制的。不能下载到的汉字笔顺演示，也可以自己通过 Word 2007 中的插入艺术字，选择第一种楷体 GB_ 2312，输入要演示的汉字，然后选中该字，剪切，选择性粘贴（图片是 Windows 图元文件），右键编辑图片，剪切整个汉字图片，粘贴到 PPT，取消组合，即可对汉字的笔画进行编辑了。通过自定义动画，选定演示汉字的第一笔，添加“进入”中的擦除效果，按照该笔画的运笔方向选定方向，然后依次制作其他笔画的动画效果，即可制作出整个汉字的笔顺演示。每一笔画还可以通过右键设置形状格式，对笔画进行不同颜色的填充。当然，这种方法除了可以演示整个汉字，也可以对单个笔画进行演示。使用该方法的局限是，汉字的五种基本笔画横、竖、撇、点、折中，折笔虽然可选择添加“进入”中的阶梯状效果，但演示效果不好。也可以通过 Flash 软件对汉字的笔顺进行编辑，相比于 Word 和 PPT 制作出的折笔效果要好，但步骤复杂，不易制作。

通过多媒体对笔顺进行演示，比教师在黑板上书写要清晰明了，富有趣味性，而且可以多次重复演示，不会因教师自身的书写习惯让学生产生误解。

2. 部件组合演示

部件也叫字根、字元、字素，是汉字的基本构字单位。整字根据它包含的末级部件的数量分为两类，一类是独体字，一类是合体字。由一个末级部件构成的字是独体字，由两个或两个以上末级部件构成的字是合体字。在 7 000 个通用字中有 236 个是独体字，仅占通用字的 3.4%。（苏培成，1994：63 ~ 70）因此在现代汉字中合体字占绝大多数。中国文字改革委员会和武汉大学合作用计算机对《辞海》（1979 年版）中的 11 834 个正体字进行了切分，得出末级部件 648 个。其中有成字部件 327 个，如“口、手、目、寸、小、白”；不成字部件 321 个，如“勹、宀、廴、卄、凵、饣”。[5]

由于人的短时记忆容量有限，信息一次呈现后能在短时记忆中正确回忆起 7 ± 2 个信息单位，以数字计大约为 5 至 7 个数，不相连的字母为 7 个，无关联的汉字一次则能记住 6 个。在第二语言学习中如能在短时记忆中组成有意义的信息单位，如词、句，则记忆容量可以大大增加。（刘珣，2000：107）汉字的笔画数较多，《现代汉语通用字表》收字 7 000 个，平均每字 10.75 画。[5]而汉字的部件数却很少，根据苏培成的统计，由三个及三个以下部件组成的汉字约占《汉字信息字典》收录的7 785个正字的 94%。[5]部件是对笔画进行组块。组块是将若干较小的单位联合而成的熟悉的、较大的单位，实际上是一种信息的组织和再编码。例如，呈现一串数字 0125611664051239，人们很难马上记住；但是如果把它们分成组块来记，如 0125－6116－6405－1239，就容易记住了。[1]因此，记忆两三个部件要比记忆十几个笔画容易得多，而且相同的部件在不同的汉字中绝大多数都会反复出现，在基本的汉字笔画笔顺教学后，以部件组合教学是增加记忆容量，取得良好汉字教学效果的重要而有效的手段。

多媒体为我们进行部件组合教学汉字提供了极大的便利。用 Truetype 造字程序对多部件的汉字进行拆分，用区位输入法内码输入 PPT 中，通过动画的形式进行组合，而且不同的部件还可以用不同的颜色显示，生动而富有趣味。如“谢”字笔画数很多，部件却是很简单的“讠”、“寸”和常见字“身”，拆分后，可以用绿色的“讠”、红色的“身”和紫色的“寸”进行动画组合。之所以要用原字进行拆分，是因为在不同的汉字中，部件的大小以及其他部件的比例是不同的，如果直接用不成字部件“讠”和成字部件“身”、“寸”组合，那么组合出来的字各部件不成比例，很难看，而且容易误导学生写出这样的各部件不成比例的汉字。

当然，我们也可以给出一个或一批字让学生找出部件。如“学汉语”三个字，学生可分别找出“⺍、冖、子”，“氵、又”，“讠、五、口”等部件。[6]那么，我们可以通过与汉字组合相反的动画设计，让学生亲眼目睹一个个部件从整字上拆分出来。如有必要，还可以再重新组合起来，以加深学生部件拆分与组合的印象。

3. *汉字结构演示*

正确安排字的结构是书写出来的汉字是否美观的关键。多媒体同样为我们提供了便利。可以首先在 PPT 上做出红色米字格，把汉字输入米字格中，各笔画的相对位置、比例、长短大小等一目了然，这一点在黑板上大多难以做到，即便能够做到，也费时费力，效果不好。

4. 错字演示

学生容易写错字，教师进行纠正后往往还容易再犯。在课堂上进行演示是一个改错的好办法。Truetype 造字程序为我们在多媒体上演示错字提供了可能。打开 Truetype 造字程序，选择代码，然后在工具栏“窗口”点击“参照”，输入正确的汉字，选定右边窗口的汉字拖入左边窗口，即可进行任意的修改，我们可以根据学生最常见、最容易犯的错误制造出我们想要的错字，再输入到 PPT 中，即可在课堂上演示错字，并可以和正确的汉字进行比照。这样可以给学生留下深刻的印象，一般不容易再写错了。

（二）汉字认读

1. 看图连词

教师通过多媒体调出一些真实图片，然后把相关词语（可带拼音）放在一起，让学生连线。

2. 连词识字

这种方法比前一种难度大，学生整体认读词语比较容易，但是把词语拆分开来认读就比较困难，学生觉得似曾相识，但又不能肯定跟哪个词搭配是对的。例如：开、字、门、球、写、打。通过拆分、组合的练习，可以加深学生对词语的印象。

3. 组词接龙

组词接龙，即用第一个词的最后一个字作为下一个词的开头，学生一边说、教师一边在课件中打出，然后让学生认读。这样的练习有一定的趣味性。

4. 扩展

扩展是汉字认读的有效方法之一，扩展的过程既是复习已经学过的汉字的过程，同时又是在已有知识基础上扩大认读范围的过程，可以有效增加已学汉字的重现次数。使用多媒体可以加快练习速度，增加练习量。

5. 汉字辨认

很多汉字字形非常相近，可能仅是一笔或者只是某个笔画不同的差别，如不细心分辨，很容易读错写错。例如：大—太—天—无；我—找—钱。用多媒体课件，可以用不同颜色标示出两个汉字的差别之处，对比强烈，可以加深学生印象。

（三）汉字讲解

使用多媒体进行汉字的讲解，可以充分展现汉字象形、指事、会意、形声的造字方法，既可以让学生充分了解汉字的构造，又可以从汉字的结构中领悟汉字所表达的意义。

（四）汉字练习

多媒体为汉语教师充分展示自己的想象力创造了非常有利的条件，这种想象力在汉字练习中可以充分表现出来，也就是如何通过教师对汉字设计的创造性练习，让学生迅速而牢固地记住汉字。常用的练习方法有：拆字组字、加减一笔、加减偏旁、改正错字等，甚至可以把汉字的笔画拆出来，让学生像搭积木一样去随意组合出正确的汉字。除此之外，教师的想象力还有很大的发挥空间。

（五）文化展示

对外汉语教材《汉字文化图说》一书用汉字的起源之谜、汉字形体的演变、汉字的构造、汉字的识认与使用、汉字与中国文化、汉字艺术等六章讲解并用图片展示了有关汉字的文化，系统而全面。[7]这些与汉字文化相关的内容如果能用多媒体展现出来，会更加生动、更加富有情趣。当然这是单独设立的一门汉字文化课，在其他课程中，汉字文化应更加注重与汉字形、音、义相关的文化内容的展示，否则会喧宾夺主，影响教学进度。

四、目前多媒体技术在汉字教学中的不足

虽然我们现在已经能够制作出我们想要的汉字教学效果，但要使用多个软件，而且制作过程复杂，费时费力，有时效果又不理想。目前多媒体在汉字教学中的不足主要表现在：需要使用多款软件才能完成各项汉字教学设计；制作汉字动画费时费力，而且效果不好；汉字拆分、涂色非常麻烦，再进行组合时难以使各部件各就各位；因为组合时“不可视”，位置调整困难，难以达到“无痕”组合的效果；汉字拆分后，与其他汉字拆分出的部件组合时各部分比例不协调等。那么，汉字教学也就对多媒体技术提出了更高的要求：能够在一款软件内完成所有汉字教学设计；能够用简单的方法对汉字进行拆分和涂色；拆分后再组合时能够进行“可视”、“无痕”组合；拆分出来的汉字部件与其他汉字拆分出的部件组合后，可自动协调各部件比例，达到标准配合比例。

五、结　语

汉字教学是对外汉语教学和华文教学的重要组成部分，汉字教学的成败甚至直接关系到汉语教学的成败，因此，我们必须予以足够的重视。由于现代多媒体技术的发展，为汉字教学提供了一个非常好的教学平台，我们应该充分加以利用，提高汉字教学效果。但目前的多媒体技术对汉字教学设计的要求来说，还有很大的改进和提高的空间，我们非常希望多媒体软件的设计者能设计出一款能够满足汉字教学各项要求的软件，为我们更好地改善汉字教学效果，提高汉语教学质量，为推动汉语、汉文化更好地走向世界提供技术动力。

参考文献

[1] 姜丽萍. 对外汉语教学论 [M]. 北京：北京语言大学出版社，2008.
[2] 赵金铭. 对外汉语教学概论 [M]. 北京：商务印书馆，2004.
[3] 卢竑，段宁贵. 基于多媒体技术的对外汉字教学 [J]. 中国教育技术装备，2008 (8).
[4] 刘珣. 对外汉语教育学引论 [M]. 北京：北京语言文化大学出版社，2000.
[5] 苏培成. 现代汉字学纲要 [M]. 北京：北京大学出版社，2004.
[6] 崔永华，杨寄洲. 汉语课堂教学技巧 [M]. 北京：北京语言文化大学出版社，2002.
[7] 韩鉴堂. 汉字文化图说 [M]. 北京：北京语言大学出版社，2005.

对外汉语中高级电影课理论与方法的探讨

罗东海*

摘　要：本文重点探讨在对外汉语教学中开设中高级电影课的理论基础，主要运用认知心理学和克拉申的第二语言的习得输入假说分析汉语电影教学对第二语言习得者在语音、词汇、文化习得方面的影响，以揭示电影教学在第二语言习得中的习得原理和一些优势。同时探讨电影课程的课堂设计，旨在充分利用电影资源，培养学习者的交际能力，充分利用电影资源优势的课堂设计。

关键词：汉语电影教学；语言习得；语言交际能力；课堂设计

一、引　言

把电影引进第二语言教学已经不是新鲜事了，许多学者和专家都已经进行了研究。事实证明，在英语作为第二语言的习得中，把电影这种最接近现实世界情境的特点和语言习得相结合，对第二语言的习得是非常有效的。但是大多数都是针对英语习得而言的，播放的都是以英语为母语的欧美国家的电影，研究对象是把英语作为第二语言的习得者。而对于把汉语作为第二语言的习得者，我们对电影在他们汉语习得中的影响的研究较少。

本文将对在电影课有一定汉语知识基础的外国留学生习得汉语的过程进行理论和方法的探讨，这对开设对外汉语中高级电影课也是一个有益的尝试。对外汉语中高级电影课作为一门第二语言习得的电影课，我们需要从开设这门课的意义、影响、教学目的和教学设计等几个方面进行探讨。

* 罗东海，2009 届对外汉语专业毕业生，现为广东顺德领航教育集团策划总监，本文指导教师为郑继娥副教授。

二、电影教学与语言习得的关系

（一）电影与语言习得的关系

1. 电影为语言习得提供了一个有意义的情景

美国教育学家克拉申的输入假说理论认为，“学习者在有意义的情境中理解语言的能力超出理解非情境化语言的能力”[1]。可见为学习者提供一个有意义的情景非常重要。电影能为语言习得者提供一个有意义的情境，这个情境由下面三个因素构成。

构成因素一：电影的声音。电影的声音是营造有意义情境的一个不可或缺的元素。电影的声音由语言、音乐、音响三个基本元素构成，而电影中的语言又包括对白、旁白以及群众杂声。对白是电影语言的主体，是学习者语音学习的最大信息输入，对学习者的影响最大，因为电影中的对白来源于生活，和实际生活中的语言交际所接触的话语是最相近的。电影中的音乐是根据角色性格的塑造和渲染情绪气氛的需要精心设计出来的。除了语言、音乐之外，还有音响，其范围包括动作的声响、自然音响（雨声）、枪炮音响等，它能够推动故事情节的发展。电影声音中的音乐与音响的结合为创造一个有意义的情境作了环境的铺垫，再加上电影的语言，使得学习者能够处在一种非常逼真的交际环境之中。

构成因素二：电影的画面。如果只有声音没有画面，那么看电影就变成一堂听力课了。电影中画面的形成，包括光、色、影的综合作用，使电影具有了直观性。当电影中的声音和画面同步时，才是完整的电影概念，才最终构成一个有意义的情境。因此电影的画面是构成有意义情境的重要因素。

构成因素三：情节。电影的情节一般包括开端、发展、高潮、结局等部分，其中还有序幕和尾声。电影的情节能够展示人物性格，表现人物与人物、人物与环境之间的相互关系。电影的情节，对于构成一个有意义的情境起到决定性的作用。如果一部电影缺乏基本的情节，那么学习者就无法对电影的语音和画面进行解码处理。可见电影所提供的有意义的情景，离不开电影的情节。因此电影的情节是构成因素中最关键的一个。

2. 电影的语言环境为语言习得提供了良好的学习途径

在对外汉语电影教学课堂中，对于学生而言，在老师的主导下进行的是一种有意识的学习；而在电影和学生之间，由于电影反映的是现实世界，为学生提供了一种逼真的语言交际情景，学生在不知不觉中就进入了一个现实的语言环境，这又是一种潜意识中的习得语言。学习和习得在电影课上同时起作用，相互促进。从心理学的角度看，我们可以把电影课堂中“学习”与“习得”看作注意的两个方面，即有意注意和无意注意。

学习是有意注意，习得是无意注意，有意注意是自觉的、有预期目的的，且需要做一定努力的注意；无意注意是没有预定目的也无需做意志努力的注意，这有利于语言习得。无意注意不易疲劳，对脑细胞的能量调节有好处，而有意注意消耗脑细胞的能量较多，如果持续时间过长，脑细胞就会因疲劳产生保护性抑制，这就需要以无意注意来调节。电影课堂可以对无意注意和有意注意进行调节，使得学习者始终能保持一种语言学习的状态。由此可见，电影的语言环境为语言习得提供了良好的学习途径。

（二）电影教学对学习者语言习得的影响

电影对语言习得起着促进作用。心理学研究表明，人们对知识信息的获得以视听觉比重为最大，人类从听觉获得的知识能够记忆约15%，从视觉获得的知识能够记忆约25%，如果同时使用这两种传递自身的媒体，则能接受知识约65%。视听结合接受信息，识别得快，感知得多，记忆得牢。多媒体的综合运用，加上电影可产生最佳的视听效应。“电影课用电脑多媒体技术，综合处理文本、画面、图像和声音等多媒体信息，并使他们建立起逻辑联系，同时作用于人的视听感官，从而使视、听、说三者有机结合起来，有效地促进了学习者言语信息的输入与输出。”[2] 电影课堂能够充分发挥视、听、说三个方面结合的优势，对于语言的习得起到促进的作用，表现为电影对学习者语音、词汇、语法、文化习得的影响，下面我们将从认知心理学和克拉申的第二语言习得输入假说两个方面进行探讨。

1. 电影对语音习得影响

在英语的习得中，观看欧美英语电影，对于我们的听力和口语都有帮助，同样在汉语的习得中，观看汉语电影对于学习者的听力和口语也是有帮助的，这个问题，很多学者和专家都已经论证过，在这里不进行展开。下面将从语音、字音两个方面进行探讨。

（1）电影对于学习者的语音有着矫正和模仿作用。

普遍认为，掌握汉语的声母、韵母对许多留学生来说并不是特别难，掌握声调才是最难的。在中高级阶段，留学生对于汉语的语音知识都已经有了一定的掌握，出错频率比较高的是声调。电影中的语言、音乐、声响是学习者的听觉信息输入的三个元素。在电影课堂上，由于电影所具备的有意义的情境，当语言声音信息刺激输入的时候，学习者的视觉和听觉会进行感觉登记，并会和他的已有的知识储备进行联系作出反应。这时候的语言声音输入就和他的已有知识进行一个对比，当发现输入对白的语音和已有知识相符合时，这就意味着他能听懂电影的内容，这样能够增强学习者的自信心，语音知识也得到了加强和巩固。当电影对白所发出的语音和他已有的不相符合或者有出入时，就迫使他重新建立语音记忆，这时电影的语音起到一个矫正和模仿的作用。这种影响最明显的莫过于对学习者声调的矫正和模仿，因为这时与平时老师的矫正和模仿所处的环境不一样，现在他处在电影所营造的一个有意义的情境中，在视觉和听觉相结合的情况下进行有意识的矫正和模仿，记忆会更加深刻，效果会更好。

电影对于学习者语音的影响是双面的，有矫正必然会有误导，模仿也有正确与错误之分，所以对于这种误导和模仿错误的负面影响，我们需要加强课堂教学的设计，以尽量避免这种负面影响。

（2）除了有助于声调的矫正和模仿，对新字词的字音学习也有帮助。

在观看的过程中，学习者首先接触到的是对白的字音，然后是字形，最后是字义，由于所处的环境特别，学习者对于新字词的字音会感觉特别深，记忆时间就会比平时长，这也有利于信息存储的录入。当在老师的主导下学习字义时，由于字音提供了记忆的信息特征而且老师会对电影进行重放，学习者能很快搜索出记忆库中相对应的画面和字音的情境，这样，掌握新字词的效率就会提高。

2. 电影对于汉语词汇的习得和语法掌握的影响

现代西方心理学认为，人的认识要正确反映客观事物，光凭感觉和经验是不够的，还须有一个内在的、逐渐发展起来的认知心理结构。瑞士心理学家皮亚杰称之为“图式”，皮亚杰把以往行为主义心理学的“刺激—反应”的单向活动模式改造为双向活动模式，同时把“图式”引进，把认识活动分析为“刺激—图式—反应”的连续过程。人的“图式”是随着环境的变化而变化的，这个认知结构的发展受同化、顺化、平衡三个基本过程影响。同化是个体对环境的作用，顺应是环境对个体的作用。前面电影对学习者语音的矫正和模仿就是这个认知结构在起作用。那么电影对于学习者对汉语词汇和语法的掌握有什么样的影响呢？电影激活并强化了学习者已有的词汇和语法规则。

（1）从认知心理学的观点看，学习者是一个积极的信息加工者。也就是说，学习是学习者已有知识与新信息相互作用的过程，学习者将所听到的、看到的信息与已有知识相联系。在中高级阶段，留学生已经积累了一定的日常用语，头脑中关于汉字的图式已经相当丰富。留学生头脑中关于汉字的图式包括词汇和语法规则，再加上母语中所建立的经验和积累。在电影课堂上，当学习者在观看影片时，学习者对于电影对白（字形、字义、语法）的认知，不只是停留在字面上，他会和已有的知识进行联系加工，对头脑中的图式进行同化或者顺应。这是认知结构“图式”接受在起作用，这对学习者的词汇和语法规则起到强化的作用。

因为在电影课上学习者必须调动自己的各种感觉能力，全身心地投入和感知，从而透过影片的声、光、色、影、画等形式及其构成关系，对影片予以知觉、判断、想象、创造、沟通、交流和感应，获得较为丰富的信息。这使得学习者在面对影片内容时，尤其是在影片的词汇上，会更加敏感。哪个汉字字形不认识，哪个成语老师讲过，哪个词组和平时的用法有出入（语法方面）等，这些问题都会出现在学习者身上，这时候学习者的记忆注意力就会集中，集中在对白上。由于学习者是一个积极的信息加工者，而且人类的思维是非线性的，这时信息就会被充分激活，因此也就更容易被提取。这种激活状态还会自动地扩散到与这个方面的信息相关联的其他方面，这是记忆的激活性，由于人具备记忆的激活性，当词汇被充分激活时，学习者就很容易在同一时刻里回忆起一连串关联的内容，构成一个“语义网络”。[3]

因此对于学习者来说，电影能令他们平时不怎么使用的词语和句式得到激活，常用的得到强化，平时不怎么记得的字形又得到加强。那么对于不认识的词语和句式，在观看电影的时候是怎样处理或者怎样习得的呢？

（2）电影为新词汇和语法的习得提供了可理解的输入。在电影课堂上，学习者面对不认识的词语，由于电影是一个情节连贯、有着上下文结构的文本，加上文字、画面、声音同步，这对学习者起着启示和提供推断信息的作用。电影中的一些人物动作、肢体语言、神情仪表都为学习者提供了可理解的信息输入，这些都为学习者习得新的语言提供了信息，学习者从而在这个语境中习得新词语。所以当在观影中遇到不认识的词语时，这个语言习得机制就会起作用。这是汉语习得者在电影课堂上习得词语和语法的过程。

3. 电影语境和电影内容对于文化教学的优势

对外汉语中的文化教学，刘珣先生在《对外汉语教育学引论》中把它主要分为三个方面：第一是语言的文化因素；第二是基本国情和文化背景知识；第三是专门性文化知识。在语言的文化因素中又包括语构文化、语义文化和语用文化。[4]

在对外汉语中高级阶段，文化教学占据着很大的比例，而且文化具有抽象性，因此有时候对留学生进行文化教授，需要通过一些教具来辅助教学，以提高教学效率。那么电影对于文化教学有什么帮助呢？

（1）借助电影，能够最大限度地对语用文化进行教学。

语用文化是培养语言交际能力的主要内容，因为在语用文化中文化教学包括：称呼、问候和道别、道谢和道歉、敬语与谦辞、褒奖与辞让、宴请与送礼、隐私与禁忌。这也是中西方文化差异最明显的地方，掌握了这些文化差异，在语言交际中，就能避免许多错误，交际就能继续进行。在电影中，语用文化体现得最为明显，因为电影对白是经过艺术加工的口头语言，来源于生活，又高于生活，电影所反映的内容离不开生活，而文化又渗透在生活中的每一个角落，电影和语用文化紧密相连。在观看电影的过程中，能够非常清楚地认识到我们中国一些称呼、礼仪和他们国家的差异，这自然而然使得学习者在日常交际中遵守这些语用习惯。可见电影能够对语用文化进行最大限度的教学。

（2）通过电影作品了解中国的基本国情和文化背景知识。

在某种意义上，电影作品是现代中国社会的一个缩影，它可以使汉语第二语言学习者了解中国国情和一些文化背景知识。电影为学习者了解中国的基本国情和文化背景知识提供了巨大的资源，在观看电影的过程中，学习者能够非常直观地了解到这方面的信息。

(3) 电影能够促进学习者对一些文化差异的理解。

在电影课堂上，观看电影时会产生一个语境，这个语境也为文化教学提供了一个有意义的情境，学习者处于这种语境中，能够更好地理解电影所反映的文化内涵和文化差异，这是电影在文化教学中的优势。这个语境，从广义上讲，包括言语交际的社会文化背景、交际参与者相互间的关系、交际的场合和目的、交际双方在交际过程中各自的心理状态以及一个民族特有的民族心理、审美价值观、宗教信仰等。由于电影在制作的过程中，为了表达电影的主题，导演会刻意通过故事情节、人物形象把这种语境表达出来，所以学习者在观看的时候，能够比较轻易地进入到这个语境中，这对于学习者理解电影主题是非常有帮助的，在理解了电影主题的同时，也就是在潜意识中习得了文化，也就完成了对学习者的文化教学。不过这种文化习得是表面性的，要想深入习得中国文化，还是需要和其他文化教学课程相配合。

我们以《看电影学汉语》（王晓凌，2005）教材中提及的电影《刮痧》为例子，电影讲述了一个因为跨文化因素而产生误解到最后相互理解的故事。从中我们可以看出中美两国在家庭、教育、法律、制度方面的不同。我们能得出这个结论是离不开导演专门设置的一个跨文化差异的语境这个因素的。

因此，电影在文化教学中扮演着一个重要的角色。学习者对语言文化中的因素了解越多，语言的交际能力就越强。在电影课堂上，要注意对文化教学环节的设计，以充分发挥电影在文化教学中的优势。

三、电影课如何实现对外汉语教学的培养目标

对外汉语教学的特点就是以培养汉语交际能力为目标，以技能训练为中心，将语言知识转化为技能。在电影课堂上，我们要达到最终的教学目标同样还是要培养汉语学习者的交际能力。“认知心理学认为学生掌握了一定的语言知识并不表示学生能自动地产出，应该将语言知识迅速转化为言语技能，也就是将‘陈述性知识’转化为‘程序性知识’，并且使‘程序性知识’达到自动化，以便在需要时能快速、准确地提取。”[5]“陈述性知识”是一种静态知识。在对外汉语教学中主要指汉语的语音、词汇、语法等语言知识以及相关的语用规则知识和文化背景知识，这些知识主要通过教师的课堂讲授和练习获得，属于理解和记忆性的知识。“程序性知识”是一种动态的知识，主要通过训练和实践获得，在对外汉语教学中主要指听、说、读、写等言语技能知识。那么在电影课上如何实现这个教学目标呢？要实现培养汉语交际能力的教学目标，我们要做好选片和课堂设计这两方面的内容。

（一）选片原则

选择什么类型、什么内容的电影，对于电影教学目标有着非常大的影响。在电影课堂上播放的电影，是经过编辑和符合课堂设计需要的电影。如果在课堂上播放完整的电影，那是不切实际。要实现培养汉语交际能力的教学目标，在选片的原则上有四点：[6]

1. 语言适应性

要以中国电影为教学资源，属于对外汉语教学范畴，而非中国电影史和电影艺术教学，选片的第一原则是语言适应性。所选的电影没有语言适应性也就谈不上培养交际能力了。

2. 文化学习性

中国电影提供了大量中国文化信息，较其他教学材料具有显著的文化优势，应该选择那些关注传统与现实、东方与西方文明冲突的电影，将语言教学和文化教学紧密结合起来。文化教学是中高级阶段教学的要求，因此在选片的时候要注意文化的学习性。

3. 内容时代性

课堂实践证明，学生对较新的、反映当代中国社会生活和人生百态的作品感兴趣。因此要尽可能选择中国影坛20世纪90年代以来创作的、现当代题材的作品。内容时代性的选择也是考虑到语言的时代性，也就是“活语言”，要培养学习者的交际能力，离不开“活语言”的学习。

4. 艺术精品性

在考虑了以上三点的同时，要注意影片的艺术质量，要选择那些内涵深厚、艺术形式讲究的作品，满足学生的欣赏要求，确保学生观影后有感可发、有话可说，要培养汉语的交际能力，学习者就必须要开口，如何让他们“开口”呢？那就涉及课堂设计了。

（二）课堂设计

关于电影课的课堂设计，具体可以参照教材《看电影学汉语》和《看电影说汉语》这两本教材。在电影课堂设计中，有一些影响因素和教学环节值得我们探讨。

1. 电影语音的影响因素

在电影的课堂设计中，电影的语音有两个因素值得我们注意。

（1）第一个因素：电影声音中语言的变化，这会给学习者带来一定的影响。在汉语普通话中，单音节的声调变化有阴平、阳平、上声、去声四种，但是在连续语流中，这四种声调的走向和高低会有所变化。例如，两个上声连读时，第一个上声字要变成阳平调，如“好马”的读音与“毫马”相似，这对学习者而言是有一定影响的。

因为在单独发声时，“好”与“毫”不是同一声调。这种影响主要体现在学习者的口语表达中。所以在课堂设计中，对于这些现象要进行适当的提醒和引导。不过这种影响是在一定程度范围内的，因为有时候这个问题可以借助电影的屏幕来解决，屏幕的文字可以消除一些负面因素。

（2）第二个因素：在电影中，语言的音节清晰度与语句可懂度之间也存在一定的关系，这对于学习者而言也是一个影响因素。“当汉语普通话的语句可懂度接近100%时，音节清晰度大约为80%，换句话说，大约听清说话者所发字音的80%，我们就可以完全听清他所要表达的内容，对于英语而言，所要求的音节清晰度更低，大约比汉语低30%，即音节清晰度在50%左右时，语句可懂度几乎达到100%。”[7]因此我国的电影在语言清晰度上要比英语国家的高，这对于学习者来说，也是有利的一方面。这就要求我们在设计课堂时选择的影片要注意语言的清晰度。带有太强区域语言色彩的影片就尽量避免，目的就是尽可能地让学习者听懂，有利于学习者语言的习得。

2. 课堂设计环节

在对外汉语中高级电影课的设计中，必须把“技能”也就是实践这个环节突出，因为只有通过训练实践才能更好地实现以交际能力为培养目标的教学。下面三个环节对于实现培养汉语交际能力的教学目标有着重大的影响。

（1）配音练习环节。由于电影是通过动作、语言来塑造人物的，因此在课堂教学中，可以设计一个配音练习环节，对电影进行静音处理，让学生来按照字幕给电影配音。一方面可以锻炼学生的发音，另一方面可以调动学生的积极性和参与性。这个环节就可以突出交际能力的培养，能够实现教学目标。

（2）段落听力测试。对于电影中几个比较重要的情节或者情境，可以进行听力测试，以考查学生对电影的理解情况和对汉字的掌握情况。对于学生不认识的词语，观影过后，要进行字形、字义、字音和语法方面的讲解并布置抄写作业，这样教学才能结束。

（3）参演电影。对学生进行分组，选择几个有趣的情节，让学生进行表演。同样也是对电影进行静音处理，这样也就为学生模拟了一个交际环境，这样有利于培养他们的交际能力。

总之，电影课堂设计的目标是充分利用电影的优势以培养学习者的汉语交际能力。

四、结　语

电影作为一种教学资源，其中还有许多值得我们去挖掘和探讨的内容，对外汉语中高级电影课作为多媒体教学的一个重要分支，由于本人的知识结构和研究水平、研究的深度和广度有限，而且在教育中引入现代教育技术绝不是教育手段的简单更替，它也必将伴随教育思想、教育模式和教育方法的改变。所以对于电影在对外汉语教学中的影响，我们还需要作出更多的探讨和努力，以适应对外汉语教学的新趋势和新要求。

参考文献

[1] 温象羽. 视听说课中的语言习得［J］. 天津师范大学学报，2000（2）：74～77.

[2] 郑艳群. 对外汉语计算机辅助教学的实践研究［M］. 北京：商务印书馆，2005.

[3] 彭玲. 影视心理学［M］. 上海：上海交通大学出版社，2006.

[4] 刘珣. 对外汉语教育学引论［M］. 北京：北京语言大学出版社，2000.

[5] 王晓凌. 看电影学汉语［M］. 西安：陕西师范大学出版社，2005.

[6] 姜丽萍. 关于构建以培养交际能力为目标的对外汉语教学框架的思考［J］. 汉语学习，2007（1）：77～82.

[7] 林达悃. 影视录音心理学［M］. 北京：中国广播电视出版社，2005.

多媒体教具在少儿对外汉语教学中的运用研究

叶倩颖*

摘　要：多媒体教具是对外汉语课堂日益普及的教具，本文探讨了广泛运用多媒体教具的理论基础并分析了在不同教学环节、对外汉语的不同课型方面如何运用多媒体教具及其使用的优点，并且提出自制简便好用的多媒体教具的方法。

关键词：多媒体教具；少儿对外汉语；课堂教学

一、引　言

（一）多媒体教具的定义和分类

教具是指在教学时用于讲解说明某事物的模型、实物、图片、幻灯片等。[1] 多媒体教具，则是不仅具有讲解说明事物的功能，同时还包含了多媒体技术的教具。常见的媒体信息有文本、图像、声音、视频和动画等，多媒体教具便含有以上媒体信息的若干种，因此，只要可以获取、处理、编辑和展示以上媒体信息，还可以讲解说明事物，都可以成为多媒体教具。

多媒体教具的范围较广，大致可分为两类：一是硬件，如多媒体计算机、扫描仪、数码相机、数码摄像机等，它们是软件得以运用的前提和载体；二是软件，如影视短片、多媒体课件等。多媒体课件是根据教学大纲的要求和教学的需要，经过严格的教学设计，并以多种媒体的表现方式和超文本结构制作而成的课程软件，[2] PowerPoint 就是目前应用最广泛的课件形式之一。除此以外，常用的还有 Flash 和 Authorware 等。

（二）第二语言课堂教学中使用多媒体教具的现状

据了解，在国内权威的外语培训机构中，绝大多数的第二语言教学课堂中都用到

---

* 叶倩颖，2010 届对外汉语专业毕业生，2013 年获香港理工大学艺术硕士学位，现任职于香港《都市日报》。本文指导教师为郑继娥副教授。

多媒体教具。在这些课堂中，教师运用音频、视频等技术进行歌谣教学、故事情境教学等，使学生更好地把握学习要点。这些现象说明，使用多媒体教具是一种十分有效的教学手段。如何使用多媒体教具才能发挥其最大功效，令课堂教学有更好的效果，将是本文的研究重点。

各种汉语项目的开展，对外汉语教育理论、方法的发展以及课堂教具的改良，大都侧重于成人对外汉语教学。如今各国少儿把汉语作为第二语言学习的人数也在上升，然而汉语作为第二语言的少儿汉语教学理论和方法的研究还相当滞后，很多还是空白。而且在少儿对外汉语的课堂中，运用计算机——多媒体教具进行辅助教学，在促进少年儿童更好、更快地掌握汉语方面，具有举足轻重的地位。

为了适应目前少儿对外汉语教学的现状及其发展趋势，少儿对外汉语教学的教学研究也应更加深入。不仅是传统意义上的教学内容、教学流程需要更新换代，属辅助教学方面的教学工具也有待进一步改进，在少儿对外汉语课堂中使用多媒体教具是这门课程的一大趋势。

本文从研究教学对象的心理特征和习得规律出发，在教学对象的心理特征和习得规律中论证多媒体教具是适合少儿对外汉语课堂的教具，并探讨在不同课型、不同教学环节中如何更好地使用多媒体教具。在英语、数学教学课堂中可以常见教师自制的教具，如图片、小模型等，多媒体教具同样也可以自己动手制作，并且简便好用。多媒体教具是少儿汉语教学的重要辅助工具，高效地使用多媒体教具，既是促进少儿对外汉语教学发展的一种推动力，也是帮助少儿汉语学习者更快掌握汉语的有力工具。这也是本文的研究意义所在。

二、教学对象的汉语习得规律

（一）心理学规律

本文中讲到的“少儿”，专指处于小学阶段的儿童，一般处在 6 ~ 12 岁这个年龄段。少儿对外汉语教学不同于针对其他人群的汉语教学，面对的人群是少年儿童，无论是在心理特征上还是语言习得规律上，少年儿童与其他年龄层的人群相比，具有一定的特殊性。儿童在这个时期习得语言，是最容易接受、成效最显著的。

“……当儿童处在四五岁时，他们就能很好地听说和理解自己的母语了。他们习得语言时具有一种自我理解、分析的能力，不需要外力的加入。”[3] 在启蒙阶段，父母教育小朋友学说话时，也根本不需要向其解释任何语法结构。同样，在少儿第二语言的课堂上，教师也只要列出句型，学生就能自己发现和总结语法规律，从而更好地掌握第二语言。

另外，从记忆的角度看，无论是学习生词、句子，还是其他内容，记忆对语言学习者都是极其重要的。有学者指出，6～12岁的儿童都是运用自己的形象记忆去学习语言。那么，在多媒体教具的运用上，就更应体现直观性，加强对第二语言的字母、音素和词句的视觉及听觉的形象记忆，从而提高学习效率。

而且，运用形式多样的多媒体教具，对学生的情绪记忆也是有帮助的。情绪记忆是对已体验的情绪或情感的记忆。如第二语言学习中，在某些对话、朗读或表演等活动中体验过的愉快情绪的记忆。利用多媒体教具，可以增加学习者在学习过程中愉快、深刻的情感经历，从而加强学生的情绪记忆。

（二）教育学规律

对外汉语教学，是一项特殊的教育活动。首先我们要明确教学目的：就是要培养学生运用汉语进行交际的能力。但鉴于6～12岁的儿童这一群体有特殊的生理、心理特征，因此，教学方法也有别于成年人的对外汉语教学。在儿童6～12岁这个阶段的对外汉语课堂，离不开趣味性、娱乐性、活动性。由游戏性学习逐渐过渡到课堂学习的比重将会日益加大，学生的智商（知识、技术、潜能）和情商（自信心、主动性、独立性和团队精神）会日益被开发。

这个时期的汉语教学，要进一步提高他们学习汉语的兴趣和语言表达能力，应遵循以初步掌握和运用汉语为导向，以培养初级的、简单的听、说、读、写交际技能为基本目标的原则。孩子天性好奇，喜欢好玩的东西，过于机械、严肃的练习难以引起他们的学习热情。同时他们的注意力容易随外界事物的变化而转移，精力不够集中。因而，设计多媒体教具也应以此为前提。同时，多媒体教具更应体现趣味性、娱乐性、活动性，也不能忽视科学性和针对性，做到“寓教于乐”和“寓教于动”。

在少儿对外汉语课堂中，可以使用的教具是多种多样的，但目的都是要增加课堂的趣味性，从而提高学生的注意力。那么，多媒体教具结合了多种媒体技术，则能够从多角度体现教材内容，因而教材与学生之间的联系就打破了传统的从“文字”到“文字”，建立起“画面”与“词语”的直接联系，增强教材的画面感，让学生更直观地学习汉语。

综上所述，我们认为少儿对外汉语课堂中使用多媒体教具是必然的。下面我们将从不同的教学环节和不同课型讨论如何使用多媒体。

三、在不同教学环节使用多媒体

徐子亮曾提出，对外汉语课堂的教学环节一般有以下几项：组织教学，准备教案、教具，提醒学生提高注意力；复习检查，让学生回顾一下前一节课所学的内容；讲练新内容，导入新课、讲解和巩固新内容；最后布置课外作业。[4] 其中最主要的是导入新课、讲解新知识和巩固新内容这三个部分。

在不同环节，教学设计需侧重的内容也是各不相同的。儿童学生在不同时间的生理、心理状况也各不相同。所以在教学环节的不同阶段，多媒体教具的运用应该满足教学设计的需要，目的都是要把学生“吸引”到教学内容上。因此，在各个阶段，多媒体教具的运用方法、方式都应有所改变。下面着重从导入新课、讲解新知识和巩固新知内容这三个环节来分析运用多媒体教具的方法、方式。

（一）导入新课环节

人们在认知世界时，有无心理准备，感知和接收信息的效果是不同的。对于新的教学内容，学习者势必有一个适应的过程，然后才能进入接收状态。在其毫无思想准备的情况下，突然接触，会一时反应不过来。为了缩短这个适应过程，就要进入新内容的导入，激活学习者的知识结构和认知机制，让他们处于一种振奋状态，调动和集中注意力接受新知。多媒体教具在这个阶段的应用，目的就是要使学习者尽快回忆起以前所学过的内容，并进入振奋状态，充满好奇心，去迎接新知。

华侨大学的对外汉语教师杨文惠就提出在词汇教学时可使用多媒体演示导入的方法。[5]杨老师运用了视频播放的多媒体教具进行新课导入，其内容为中国传统文学的代表作之一，让学生获得丰富的感性知识，引发了兴趣，使教学迅速地有效进行。在教授课文《梁祝》这一课时，先给学生播放影片《梁祝》，当播到梁山伯与祝英台开始萌发爱情时，就按“暂停”。此时教师引入“产生爱情”一词，从而进行词汇教学。

哥伦比亚大学的阎玲老师曾提到“一幅形象的画面，一组动听的声音，一段动态的场景，往往可以诱发认知内趋力，使人对自己的认知产生强烈的热情。因此情景教学是诱发学生认知内趋力的最佳条件”[6]。多媒体教具的应用，可以将视像、声音、文字等技术结合起来。她在低年级汉语课上，就常常在多媒体平台上展示一幅图画而取代必须交代的情景，进而引入新课。

以上是将多媒体教具用于对外汉语教学的两个成功例子。虽然并不完全适用于少儿对外汉语教学，但其中有很多方法是值得借鉴的。在少儿对外汉语课堂中，要运用好多媒体教具，导入首先要注意内容的筛选。与其他年龄层的汉语课程一样，所演示的内容要贴近学生的生活实际。少儿汉语课的直接目标是令他们尽快地使用汉语在生活中进行交流，如果所学的不是日常生活中所见所闻的事情，他们很快就会丧失认知的内趋力。其次，使用的多媒体教具不应过于复杂，要简单易操作。前面提到小孩的注意力容易集中在运动的事物上，如果教师在课上要花心思去摆弄多媒体教具的话，学生就只会关注着教师的行动，而忽视学习的内容。

（二）讲解新知识环节

进入讲解新知识的环节，就到了一节课中最重要的部分。在少儿对外汉语课堂，需要不时穿插游戏或练习。无论教师使用何种教学形式，PowerPoint 在这一环节可发挥较大作用。它可以将文字、图片、声音结合到一起，操作简便，内容也可以很丰富。我把自己进行对外汉语课试讲时所用的课件作为例子分析。

要讲授的内容是拼音“j”、“q”、“x”，首先在第一张课件上用卡通字体写出这三个声母。针对该年龄层的学生，可选择卡通类型的课件模版，吸引学生的注意力，但也要注意画面不能过于繁杂，避免喧宾夺主。接着，出示小鸡的图片，开始讲授“j”声母。之所以选择小鸡的图片，因为“鸡”字的读音与“j”的发音相同，这样，学生看到“鸡”就会联想到课上老师教的声母“j”了，这是通过唤起学生的表象记忆，使他们记忆学习内容，深入浅出，学生学习的效果会事半功倍。用同样的方法，讲授“q”和“x”两个声母：“q”与气球图片相对应，“x”与西瓜图片相对应，从而让学生认得“j”、“q”、“x”三个声母。

当讲到“j”、“q”、“x”与韵母“ü”相拼的规则时，又可使用 PowerPoint 的“自定义动画”功能，体现“ü”碰到“j”、“q”、“x”时的特殊性：“ü”与“j”、“q”、“x”相拼时，头上的两点要去掉，那设计课件时，就可设置成“j”、“q”、“x”一出现，“ü”就变成了“u”的动画效果。运用动画，就使这一特殊规则直观地体现在学生面前，让学生有一种眼前一亮的感觉，很快就记住了“ü”一旦碰到“j”、“q”、“x”，就马上变形这一学习难点。而教师的教学目标也容易达到了。

讲解时，师生之间的互动要达到一定的量，那么，教学安排中也可以设置让学生自己来操作这一动画的环节。这样的教具不需要分发给每一个学生，但每个学生都有机会尝试，既直接达到了教学效果，又节省了开支，值得在少儿对外汉语课堂上广泛使用。

（三）巩固新内容环节

这一环节是对经过教学而了解的内容趁热打铁加以巩固，能够起到对教学内容进行梳理概括、画龙点睛的作用，还可以延伸拓展课堂教学内容，进而达到训练提高语言技能的目的。多媒体教具在这一环节的运用就是要体现所学知识的条理性和结构性，使学生一目了然，消除疑惑。

例如，《中文滚雪球少儿课本》第一册的第五课[7]，其中一个内容是学习“这是……吗?”的句型及其回答的格式。巩固这一内容时，可使用 PowerPoint 列出这一句型，然后出示可以替换的内容让学生进行替换练习。也可以使用 PowerPoint 的“自定义动画”功能，让学生说出答案后再出示正确答案，这样学生们既可以自己判断自己的答案正确与否，也可以点评其他学生的答案。

再如，学习汉语数字“一”到“九”时，可以在多媒体平台上播放汉语儿歌《数鸭子》的 MTV，这是一首轻快的儿歌，里面的歌词就涉及数字的概念，教师还可以教会学生唱这首儿歌。这样，学生在轻快的歌声中不仅可以巩固新学的知识，又学会一首好听的歌曲。

巩固环节是一节课的尾声阶段，小学生学习了将近一节课后，难免会出现注意力分散、开小差、搞小动作的行为。在这个时候，教师的教学设计就更应该注入轻松、欢快的元素，抓紧最后的时间吸引学生的注意力，复习新学的内容。多媒体教具在这里也发挥了极大作用。

四、在不同课型中使用多媒体教具

不同的课型培养小学生的不同技能，因此，每种课型的侧重点不同，多媒体教具的辅助方向也不尽相同。本文将从综合课、语音课和文化技能课这三种课型去阐述多媒体教具的辅助性运用。

（一）综合课

综合课也是阅读精读课，换言之，就是要在读的内容上接收语言精华，无论是词语、句法，还是文化内容，都是最为重要和必要的知识，对课文要精雕细刻，因此综合课是其他听说课、阅读课的基础课和引路课。多媒体教具在综合课上的运用是十分广泛的，无论从内容上，还是在使用技能上，都可以渗入到教学设计各方面。

以《中文滚雪球少儿课本》第一册的第七课来分析，[7]这一课学习的是“b”声母，教材的设置是将“b”放到儿歌《小河、水波》中去学习。虽然课本中有儿歌的文字，也有小河和水波等图片出现，但我们知道，儿童对于运动的事物较感兴趣，我们可以设想将这些课文内容变成会“动”的事物，这样就易于学生理解了。

儿歌中出现了小河、水波、鱼、虾和乌龟等事物，我们便可以从互联网上找到这些元素，然后用Flash软件将这些元素做成一幅动画，形成一定的故事构思，再配上一些音乐，学生在课上可以一边看动画，一边听儿歌，从感性层面理解要学习的内容。播放儿歌时，要有字幕同时出现，而且字幕还应带有拼音，这样学生就算看到不认识的字，也可以了解这些字的读音，方便后面的生字教学。

听完儿歌后，就可以开始学习本课的生字词了。这时，可以使用PowerPoint演示生字词，以便教师带读。另外，PowerPoint的动作设置在一定程度上也可以吸引学生的注意力，让学生的大脑的求知欲保持旺盛的状态。也许学生在听儿歌时，还不清楚什么是乌龟、什么是虾等动物，那么在学习生字词这部分，教师就可以在PowerPoint上展示乌龟、虾等动物的图片，让学生直观地理解“乌龟”、“虾”等生词的意思。

在学写汉字的部分，同样可以在多媒体平台上进行教学。老师在示范笔画的写法和汉字的写法、结构时，可以使用手写板，在平台上直接显示出来。教师示范后，学生也可以亲自在平台上用手写板练习。通过多媒体平台加进学生动手的环节，体现学生的主体地位，会有更好的教学效果。

最后在巩固练习环节，如前面学写汉字的部分，学生同样可以在 PowerPoint 上完成造句等练习，节省时间和纸张。

（二）听说课

运用多媒体教具，打破了传统师生之间唯一的“口耳之学”，不需要教师太多语言方面的讲解，直接明确汉字的读音。如今有部分学校的汉语正音课引进了语音实验的操作，让学生在语音实验中理解音理和进行语音训练，分析和判断语音偏误。[8]但这些设备是针对成年人习得第二语言语音而开设的，并不适合少儿对外汉语教学。儿童习得第二语言的语音大多是通过耳濡目染自然习得的，也就是无意识的习得。但在少儿对外汉语课堂上也是可以使用多媒体教具的。

针对少儿的语音教学，教师只需要告诉他们字的正确读音，让他们反复地进行模仿，多训练几次，他们就会自然习得。所以在课堂上，多媒体教具就起到了示范和训练的作用。语音课上最常用的方法就是教师使用激光教鞭（laser pointer）或无线鼠标，这样，教师在上课时可以一边演示，一边离开电脑，自由地在学生中穿梭，随时纠正学生发音。也有调查证明，这种手段贯穿语音课的始终，也是最受学生喜爱的一种教学手段。

针对少儿语音教学，还可以运用上示范发音的儿歌视频。学习同一类的生词时，如家庭成员的称呼，就可以“爸爸、妈妈、爷爷、奶奶”等词串成一首儿歌，配上 Flash 动画，学生会更容易接纳。将这些儿歌再配合激光教鞭的教学手段，学生就可以在轻松愉快的环境中学习汉语了。

（三）汉字课

虽然在综合课上也有教授汉字的内容，但毕竟在综合课上的时间是有限的，所以在专门的汉字课上，必须加强训练汉字的理解和书写等方面的内容。

认识汉字，首先是要会读。前面提到，可以运用专人录制的音频作为示范音，以示正音；其次，要记住这些汉字，就要理解字义。有学者认为，通过字理识字法能提高识字教学的效率，由此可以看出，理解字义的重要性。那么在汉字课上，我们也可以使用 PowerPoint 将字理展示出来，对综合课上学到的字进行分类，再将它们的偏旁部首拆分，剖析每部分的意义后再组合，学生可以很快理解字义。在 PowerPoint 上展示字形时，将字的偏旁部首“镶嵌”在一个个立体方块上，使用“自定义动画”的功能，使这一个个有偏旁部首的立体方块“飞入”幻灯片中，让学生感到“很有意思”。在课上，也同样让学生有自己亲自演示的机会，加深他们对这些自己“操控”过的汉字的印象。

汉字教学还有一个难点就是笔顺，很多母语非汉语的学生很难把握汉字的书写顺序。目前在互联网上也可以找到汉字笔顺教学的 Flash 动画，虽然数量不多，但对于小学低年级的汉字教学，应该是可以满足的。教师备课时，把这些动画下载下来，在汉字课上播放给学生观看，看了一次之后，让学生跟着动画书写，如果记不住，动画也可以反复循环播放。从视觉角度上说，汉字是平面的事物，易引起人的视觉疲劳，如果汉字教学中加入其他元素，将其变成运动的事物，激活人的视觉神经，尤其是小学生，他们对运动的事物有更大的兴趣，这样的汉字课会变得其乐无穷。

五、结 语

在计算机与网络充斥的时代，计算机的应用逐渐走进对外汉语课堂。在少儿对外汉语课堂中，普及多媒体教具是对外汉语教师的重要任务。但由于实地条件、学校经济条件和教学资源的差异，有很多教学软硬件并不适用于所有学校。所以，要普及多媒体教具就要尽可能地降低制作、使用多媒体教具的成本。就汉字教学的多媒体资源而言，要在网上找到教材上所有汉字的教学视频极其不容易，如果重新开发一套汉字教学软件，开支的庞大更是不言而喻。事实上，只要有一台 DV 机和简易操作的计算机软件，就可以自制汉字教学的视频。教师可以将自己书写汉字的步骤录下来，再经过视频编辑软件的修缮，制作成汉字教学的视频。在讲授汉字书写时，教师一边播放视频，一边指出书写易错点，这样既可以提高学生对汉字的新鲜感，更重要的是可以大大地节省开支。每一位对外汉语教师都充分发挥自己的聪明才智，相信会有越来越多低成本、简易好用的多媒体教具出现在少儿对外汉语课堂中。

参考文献

[1] 教具 [EB/OL]. 百度百科. http://baike. baidu. com/view/ 700922. htm.

[2] 什么是课件 [EB/OL]. 百度知道. http://zhidao. baidu. com/question/ 103823336. html.

[3] Steinberg, Danny D., Natalia V. Sciarini. An Introduction to Psycholinguistics [G]. 北京: 世界图书出版社, 2007.

[4] 徐子亮. 实用对外汉语教学法 [M]. 北京: 北京大学出版社, 2005.

[5] 杨文惠. 轻松教汉语——汉语课堂教学实用技巧 72 法 [M]. 北京: 世界图书出版社, 2009.

[6] 阎玲. 零起文点与多媒体辅助教学. 第七届国际汉语教学学术研讨会论文, 2009.

[7] 詹爱平. 中文滚雪球少儿课本（第一册·简体版）[M]. 北京: 北京大学出版社, 2005.

[8] 郑艳群. 对外汉语计算机辅助教学的实践研究 [M]. 北京: 商务印书馆, 2007.

对比研究

汉英句法对比和语言教学

胡明亮*

摘　要：汉语和英语的句法形式呈现分裂、新增、空缺、合并和对应等五种关系。对应关系非常复杂，同样对语言习得造成很大困难。对外汉语教学不仅要注意分裂、新增、空缺和合并，更要注意对应关系。

关键词：语法；对比；对应；对外汉语教学

一、绪　论

汉英语言的对比研究，有助于对外汉语教学、英语教学和汉英翻译。汉语和英语的语序有很多共性，也有很多差异。分析汉语与英语语序的异同，发现两者在形式、语义和语用功能上的细微差异，可以帮助教师和语言学习者认识所学语言的特点，提高学习效率。

耶斯帕森（Jespersen，1924/1951）在《语法哲学》一书中，认为语言对比可以帮助我们“更深入地了解人类语言和思维内在性质”[1][2]。拉多（Lado，1957：vii）认为，语言对比是“通过比较任何两种语言和文化，来发现和描写一种语言的使用者在学习另一种语言时会碰到的问题”[3][2]。Ellis（1994：698）认为母语和外语的对比分析可以在一定程度上预测外语学习中可能的偏误[4]。正如许余龙（1992：19）所说：“我们不能指望应用对比语言学能解决外语教学中的所有问题，同时也不能因为应用对比语言学解决不了某一个问题而全盘否认它对外语教学的指导意义，甚至全盘否认对比语言学的价值。”[5]

在对外汉语教学的过程中，恰当地将目的语与学生的母语挂钩对比，可以使学生发现汉语和母语的共性，更好地利用正迁移。其次，使学生对汉语和母语的差异更加重视，从而自觉地加强有关方面的训练，减少负迁移。另外，语言对比也可以减少学生对汉语的陌生感和恐惧感，增加学习兴趣。编写教材时，也要利用语言对比，揭示汉语与学生母语的异同，有针对性地设计课文、注解和练习，突出难点和重点。

---

* 胡明亮，博士，湛江师范学院外国语学院教授，主要研究方向为对比语言学和语言教学。

二、汉语和英语句法的对应

Stockwell 等（1965；转引自 Ellis，1996）根据母语和目的语的对比，列出目的语的难度，分 5 个等级，可以翻译为分裂、新增、空缺、合并和对应，并认为分裂最难，对应最容易，如下表所示[6][4]。

语言对比和目的语难度表

语言难点	母语	目的语	英语和西班牙语例子
1. 分裂（split）	X	X，Y	英语 for 对应西班牙语 por 或 para
2. 新增（new）	0	X	英语无语法的性，西班牙语有
3. 空缺（absent）	X	0	英语助动词 do，西班牙语无
4. 合并（coalesced）	X，Y	X	英语 his/her 对应西班牙语 su
5. 对应（correspondence）	X	X	英语-ing 对应西班牙语-ndo

表 1 所举 5 种情况的例子，均选自英语和西班牙语的词汇形式。分裂，指母语的一种形式如英语中的介词 for，对应西班牙语的两个介词 por 和 para。新增，指母语没有，但是目的语有，如英语名词没有性，但是西班牙语有表示语法性的形式。空缺，指母语有，目的语没有，如英语有助动词 do，西班牙语就没有类似的词语。合并，指母语的两种形式，对应目的语的一种形式，如英语 his 和 her，对应西班牙语的一种形式 su。对应，就是基本上相当，如英语作补语用的-ing 形式，对应西班牙语的-ndo 形式。

除了表 1 涉及的词汇与词形变化，不同语言在句法上也存在 5 种对应关系。下面，我们就以英语为母语，汉语为目的语，探讨两者在句法上的分裂、新增、空缺、合并、对应等情况，以期有助于英语国家的汉语教学。

英美人学习汉语句法的难度，也与英汉语言的差异相关。但是具体情况要复杂得多。各种对应关系，都需要深入分析。

（一）分裂

分裂，指英语只有一种形式，而汉语有多种。例如，英语中的一般疑问句（即所谓 yes-no questions），与汉语的三种问句相对应，如（1）所示。

（1） a. Did anyone call last night?

b. 昨晚有没有人打过电话来?

c. 昨晚有人打过电话来吗?

d. 昨晚有人打过电话来吧？

英语（1）a 是中性的问句，不带有倾向性，接近于汉语的（1）b[7]。而汉语（1）c 则带有倾向性，相当于英语的“Did someone call last night”，其中将代词改成了 someone[5]。（1）d 则含有更多的倾向，回答更可能是肯定的。对于英美人来说，汉语的三种问句的确比较难学。如果硬要在英语里找（1）d 的对应形式，就要用所谓反意疑问句，如“Someone called yesterday，didn't he”。

（二）新增

新增，指英语无，汉语有的情况，如汉语的“把”字句。什么时候用，什么时候不用，必须结合形式、语义和语用三个方面，才能讲得稍微清楚一些。但是目前的课文，往往忽视这三个方面的综合描述[8]。例如，“把”字句是汉语的一种特殊结构。在形式上，“把”字句用介词“把”将受事放在动词前。在语义上，“把”后边的受事具有“全部”意义，如（2）。

（2） a. John smeared paint on the wall.

b. John smeared the wall with paint.

c. 约翰把油漆涂在墙上。

d. 约翰把墙上涂上油漆。

许余龙认为，例（2）a 和（2）c 中，“wall”和“墙”都没有被全部涂上油漆。而（2）b 和（2）d 则有“把整个墙壁涂上油漆”的意义[5]。除了许余龙提到的语义，我们还要从语用上看“把”字句的特点。以（2）的汉语为例，（2）c 和（2）b 中“把”后的受事“油漆”和“墙”都是有定的事物，即上文提到或者可以从语境推测出来的事物。

（三）空缺

空缺，指英语有，汉语无的情况。如英语主要用冠词 the/a 表示名词的有定性，而汉语没有专门的冠词表示这一功能，有定性更多依靠语序表示。上文（2）a 和（2）b 的两例英语，“wall”前都有定冠词 the，所以都是有定的，而“paint”前都没有定冠词，都是不定的。汉语（2）c“把”的受事“油漆”和（2）d“把”的受事“墙”，则多半是有定的；动词“涂”或者“涂上”后的部分，可以是有定的，也可以是不定的。学生有时会过多使用“这个”、“那个”等来对应英语的定冠词，而不善于运用语序表示事物的有定特征。所以，目的语的空缺，也会造成学习困难。第四章还会专门比较汉英表示有定的情况。

（四）合并

合并，指英语的多个形式，在汉语中对应一个形式。常见的例子有：英语定语可以出现在中心词的前边或者后边，而汉语定语只出现在中心词的前边。又如，英语介词短语作状语，多出现在句尾，也出现在句首，极少出现在句中（即主语和谓语之间）；但是汉语介词短语作状语，多出现在句中，特殊情况下出现在句首，极少出现在句尾，如（3）所示。

（3）a. He bought a book from the bookstore.

b. From the bookstore he bought a book.

c. He，from the bookstore，bought a book.

d. 他从书店买了一本书。

e. 从书店他买了一本书。

f. ＊他买了一本书从书店。

英语的三个语序都是合语法的。根据 Biber 等的统计，例（3）a 最常用，达95%；例（3）b 则少用一些，有5%；而（3）c 则罕见[9]。而汉语的（3）d 则是最常用的语序，（3）e 较少用，而（3）f 则不合语法。这样，在教汉语介词短语的位置时，只需强调句中的位置就可以了。

（五）对应

对应，指英汉之间形式和功能都对应。这样的结构有很多，如强调句、被动句和存现句，属于 Stockwell 等的第 5 种情况[6]。但是，即使是这些比较对应的结构，在形式、语义和功能上，还是会有差异。所以，这类结构对英美学生来说也同样困难。我们以强调句、被动句和存现句说明这种情况。

汉语有"是……的"强调句，英语也有 it is…that 强调句，两者在结构和功能上都类似。Chao（1968：297）认识到汉、英强调句的相似性，一般将"是……的"强调句翻译为英语的"it is…that"强调句，如（4）[7]。

（4）a. 我是昨儿去看戏的。

b. It was yesterday that I went to see a play.

但是两者还是有很多区别，需要给学生解释。例如，在结构上，共同点是将被强调的成分放在"是"和 is 后，不同点是汉语的其他成分（如"我"）不一定在句尾，而英语的其他成分往往放在句尾。在语义上，"是……的"之间的语义成分受一定限制。在语用上，两者都把焦点放在"是"和 is 后。差异是，汉语的句子主题可以出现在句尾或句首，而英语的主题只能出现在句尾[10]。

汉语的"被"字句与英语被动句既有共性，也有差异。两者都将施事放在介词（汉语"被"和英语 by）的后边。但汉语"被"字句的使用没有英语那么频繁，而且还有"不利"的含义。英语则用得较多。在语用上，两者都具有承接上文、转换主题等功能，但汉语更多用于"接续上文、结束话题"[11][12]。

（5）a. Three men escaped from the state prison yesterday but were captured before sundown.[13]

b. 许凤仙是春节时候才嫁到这村来的新媳妇，是个能说能干的人物，嫁到这里不几天，就被选为副队长了。[14]

例（5）a 的英语句子里，第二个小句用被动语态，以便与前部分衔接。同样，例（5）b 的汉语里，最后一个小句用“被”字句，也是为了与上文衔接。

汉语的“有”字句与英语的 there be 存现句对应。在语法形式和语义关系上，两者都具有存在动词、存在处所或时间、存在事物的含义，也都倾向将存在事物词语放在动词之后。在语用功能上，两者都具有引出新信息的信息功能、强调和提醒等人际功能、承上启下的语篇衔接功能。如（6）所示。

（6） a. There are two pictures on the wall.

b. On the wall there are two pictures.

c. There are, on the wall, two pictures.

d. Two pictures there are on the wall.

e. 墙上有两幅画。

f. * 两幅画墙上有。

g. * 墙上两幅画有。

“有”字句和 there be 句的共同之处是存在事物一般出现在动词之后。不同之处是英语一般将处所词语放在 there be 和存在事物的后边，如（6）a；偶尔也放在句首（6）b；其他位置则少见，如（6）c ~ d。而汉语必须将处所词语放在“有”前，如（6）e，在其他位置则不合语法，如（6）f ~ g[15]。

三、结　语

在教学和编写教材的过程中，应该充分利用对比语言学的研究成果。运用对比的方法，既清楚明了，又能浅显易懂地向学习者讲解母语与目的语的相同和相异之处，以提高教学效率。Stockwell 等（1965）的对比，只是语言形式的对比。但是，我们在进行语言对比时，除了形式，还要仔细研究两者在语义关系和语用功能等方面的异同。

另外，将语言之间的异同概括为分裂、新增、空缺、合并和对应等 5 种情况，只是一种简单的做法。语言之间的对应关系非常复杂，仅仅用“有”、“无”等来概括远远不够。即使是功能和形式都对应的结构，也会在语义和语用等方面有所不同。这方面的研究，还需要在语料库的基础上，进行定量分析。

参考文献

[1] Jespersen, Otto. *The Philosophy of Grammar* [M]. London: George Allen and Unwin

Ltd., 1951.

[2] 潘文国，谭慧敏. 对比语言学：历史与哲学思考［M］. 上海：上海教育出版社，2006.

[3] Lado, Robert. *Linguisitics Across Cultures: Applied Linguistics for Language Teachers* [M]. Ann Arbor, Michigan: University of Michigan Press, 1957.

[4] Ellis, Rod. *The Study of Second Language Acquisition* [M]. Oxford University Press, 1994.

[5] 许余龙. 对比语言学［M］. 上海：上海外语教育出版社，1992.

[6] Stockwell, R., J. Bowen, J. Martin. *The Grammatical Structures of English and Spanish* [M]. Chicago: Chicago University Press, 1965.

[7] Chao, Yuenren. *A Grammar of Spoken Chinese* [M]. Berkeley, CA: University of California Press, 1968.

[8] 胡明亮. 对外汉语教材中的语法问题［R］. 第十届世界汉语教学研讨会论文，2010.

[9] Biber, Douglas, Stig Johannsson, Geoffrey Leech, Susan Conrad, Edward Finegan. *Longman Grammar of Spoken and Written English* [M]. London: Pearson Education Limited, 1999.

[10] 胡明亮. 汉语"是"强调句和英语 it 强调句的比较［A］. 潘文国. 英汉语比较与翻译（8）［C］. 上海：上海外语教育出版社，2010. 175~184.

[11] 莫红霞. 汉语"被"字句的句式选择和表达功能［J］. 浙江工业大学学报（社会科学版），2004（2）：189~194.

[12] 胡明亮. 汉语"被"字句和英语被动句［A］. 潘文国. 英汉语比较与翻译（9）［C］. 上海：上海外语教育出版社，2010. 187~197.

[13] Leggett, Glenn, C. David Mead, Melinda G. Kramer. *Prentice Hall Handbook for Writers* [M]. Upper Saddle River, New Jersey: Prentice-Hall, Inc., 1991.

[14] 胡裕树. 现代汉语［M］. 上海：上海教育出版社，1981.

[15] 胡明亮. 汉语有字句和英语 there be 存在句的对比［A］. 蔡昌卓. 多维视野下的对外汉语教学研究［C］. 桂林：广西师范大学出版社，2009.

两岸汉语差异对海外华文教学的影响及对策

侯昌硕[*]

摘　要：文章从语音、词汇、语法、语用、文字等方面分析了两岸汉语的差异以及这些差异对海外华文教学的影响。为了减少这些不利影响，让汉语走向世界，让中华文化发扬光大，两岸应该携起手来，在海外华文教学方面展开合作，如两岸合作研究制定汉语的标准，合作编写华文教材，合作编写工具书，合作开发海外华文教学的网络资源库等。

关键词：普通话；国语；差异；华文教学

随着中国经济社会的发展，国际市场的开拓，中国国际地位日益提升，世界上学习汉语的朋友越来越多，汉语国际教育也越来越受到关注，在世界范围内已经形成了一股“汉语热”。目前世界范围内学习汉语的各国朋友已达数千万人之多，有100多个国家和地区的2 300所大学教授中文，还有各类不计其数的华文补习班。当然，我们也得承认这样一个现实：在这些汉语学习者中，华侨华人学生几乎占了绝大多数，约占总人数的70%。因此，我们必须高度重视海外华侨华人社会华文教育事业的发展，抓住当前大好机遇，增强使命感和责任感，进一步加大工作力度，积极推动海外华文教学的发展。

海峡两岸都推行汉民族共同语（大陆称“普通话”，台湾称“国语”），都在积极开展海外华文教育，但是众所周知，两岸隔绝了几十年，两岸的汉语也出现了许多差异，表现在文字、语音、词汇、语法、语用等各个方面。两岸汉语的差异无疑使汉语形成了两套标准和规范，这让海外华侨华人学习汉语时感到茫然和困惑，这也对海外华文教学产生了不利的影响。因此了解两岸汉语的差异，积极寻找应对的策略，对两岸华文教学都是非常紧迫的。

* 侯昌硕，博士，湛江师范学院人文学院讲师，主要研究方向为现代汉语和普通语言学。

一、两岸汉语的差异对华文教学的影响

（一）两岸语音的差异对海外华文教育的影响

自大陆改革开放以来，两岸交流日益频繁，人们也注意到了两岸语言存在着的若干差异。就语音而言，虽然我们听得懂台湾人说的国语，但我们会明显感觉出台湾“国语”语音上与大陆普通话的一些差异，这些差异包括声调的差异以及声母、韵母的差异。这些差异在两岸字典的注音上就可以体现出来。虽说两岸字典汉字注音基本相同，但一些差异也明显存在。李青梅曾经比较了大陆《新华字典》（1990 年版）和台湾《国语辞典》（1981 年版）中的 3 500 个常用字的注音，发现注音相同的有 2 711 个，注音不同或不完全相同的有 789 个。有差异的约占 23%，差不多占了 1/4。[1] 如播、蹈、帆、讽、危、巍、伪、紊、蜗、崖、椰，《新华字典》分别注为 bō、dǎo、fān、fěng、wēi、wèi、wěi、wěn、wō、yá、yē，《国语辞典》分别注为 bò、dào、fán、fèng、wéi、wéi、wèi、wèn、guā、yái、yé。跌、褐、寂、淑、凸、突、掷，《新华字典》分别注为 diē、hè、jì、shū、tū、tū、zhì。《国语辞典》则分别注为 dié、hé、jí、shú、tú、zhí。《新华字典》注轻声而《国语辞典》不注轻声的，如臂 bei、咐 fu、璃 li、咧 lie 、啰 luo 、殖 shi 等。《国语辞典》注轻声而《新华字典》不注轻声的，如不 bu、个 ge、过 guo、慌 huang、榴 liu、喷 fen（嚏 ~）、萄 tao、头 tou 等。

这种语音的差异不仅表现在字典词典等工具书上，更明显地体现在两岸的日常发音上。虽然台湾有明确的读音规范，而且一般人也知道正确读法，但是我们听到的台湾人日常所讲的国语给我们的感觉就是有点“嗲”，不论男女老少都带有嗲声嗲气的特点。所以台湾“国语”的发音已经呈现出跟大陆普通话相区别的比较明显的特点，具体表现在：

1. *声母方面*

部分声母发音部位偏前。如发翘舌音 zh、ch、sh 时，发音部位偏前，发成了平舌音 z、c、s 了。如“知识”（zīsí）、“正常”（zèngcáng）；发舌面音 j、q、x 时，发音部位也偏前，有些发成了舌尖前音 z、c、s 了。如“谢谢”（siè）、讲（ziǎng）。有的将声母 k 或零声母 w 发成了舌根不送气清塞音 g。如“包括”（guā）、“蜗牛”（guō/guā）。

2. *韵母方面*

部分韵母发音存在开口度偏小或舌位偏高等现象。如韵母 e、er 开口度偏小，舌位偏高，发成前半高元音。有介音（韵头）ü 音节中，如撮口呼韵母 üe、üan、ün、iong 中的 ü 介音圆唇度明显不够，有的 ü 带展唇色彩，有的甚至已经用 i 代替。有些

撮口呼单韵母 ü 的发音也存在上述这些现象。如“白云”、“需要”、“晕倒”、“约会”、“冤枉”、“高雄”、“确切”、“喜剧”、“学习”等。

3. 声调方面

台湾“国语”的声调存在着高音不高，低音不低的特点，用5度标记法来衡量，就是高的很少高到5的，低的很少低到1的，一般在2～4之间。比较明显的是：阴平不够高，不够平，有的听着像阳平。如“微博（wéi）”、“期待（qí）”、“初期（qí）”、“接着（jié）”、“微笑（wéi）”、“卑微（wéi）”、“攻击（jí）”。

4. 其他方面

普通话里的许多轻声字在台湾“国语”里大多读成了本调，如“事情、故事、觉得、衣服、面积、东西、便宜、朋友、下来、麻烦、妈妈、爸爸，哥哥、叔叔”等。

除了语音本身的差异外，两岸的注音方案也不同，大陆是汉语拼音方案，而台湾沿用注音字母或者后来的台湾注音体系。

这些差异就使两岸语音形成了两套标准，给海外华文教学带来很多混乱。有的采用大陆的读音标准和注音方案，有的则采用台湾的标准和注音方案，这势必会影响海外华文的教学。

（二）两岸词汇的差异对海外华文教育的影响

在两岸汉语差异的各个方面，词汇差异无疑是最突出也是最主要的方面。《两岸常用词典》共收42 000条字词，两岸共用的占85%以上，其余为有差异的词语。[2]两岸词汇差异主要表现在以下四个方面。

1. 各自所特有的词语

那些只在或者主要在某一特有的区域内流行，代表着该地区某一特有概念或者某种特定事物的词语，叫做“华语区域特有词语”。[3]两岸代表两个不同的华人社区，当然两岸汉语中就有一批各自所特有的词语。

（1）大陆地区：人大、政协、大腕、黑哨、呼死、驴友、团购、禁摩、考级、私宰、减负、双规、个体户、大款、下岗、离休、超生、并轨、返聘、希望工程。

（2）台湾地区：矮化、拜票、票选、差假、更休、呆人、关防、役男、红蚂蚁、暗盘、量贩店、刺头、宕户、律动、平宅、台车、捷运、凯子、勘灾、翘材、志工、呛声。

2. 同实异名的词语

同实异名词语是指意义相同或相近而词形不同的词语。包括：

（1）词义相同，构成的语素相同，但语素次序相反。如大陆的“熊猫”在台湾叫“猫熊”，类似的还有：传播/播传、空闲/闲空、责怪/怪责、客人/人客、善良/良善、安静/静安、界限/限界、继承/承继、光荣/荣光、蛮横/横蛮等。

（2）词义相同，词形部分相同。如大陆的“出租车”在台湾叫“计程车”，大陆的“软件”在台湾叫“软体”，类似的还有：信息/讯息、充足/冲量、网络/网路、闭幕/落幕、信号/讯号、动荡/摆荡、吸收/吸纳、概率/毛率、保证书/切结书、打印机/列印机等。

（3）词义相同，词形基本不同。如大陆的“立交桥”在台湾叫“交流道”，大陆的“旅游”在台湾叫“观光”，类似的还有：文身/刺青、冷饮/冰品、畅销/热卖、被告/辩方、上级/层峰、待命/备差、电磁炉/电子锅等。

3. 同名异实的词语

同名异实词语是指汉字书写形式（即语素和语序）完全相同而语义、色彩或词性方面相异的词语。

（1）词义不同的，如：

窝心：大陆是郁闷、不开心的意思，而台湾则是开心、心情舒畅的意思。

土豆：大陆是指马铃薯，而台湾指的是花生。

仪仗队：大陆指迎送外宾或在游行队伍前面，由军乐团组成的队伍，台湾则指由民间组成的吹吹打打的出殡队伍。

（2）感情色彩不同的，包括：

大陆是贬义，而台湾是中性或褒义的词语，如：

贩卖：是指商人买进货物再卖出去以获取利润，在大陆这个词带有贬义色彩，但在台湾是中性词。

宣扬：是指广泛宣传使大家知道，大陆常用作贬义词，指宣传不好的言论、思想，而在台湾却是中性词。

叫嚣：是指大声叫喊吵闹，在大陆是贬义词，而台湾则是中性词。

勾当：本指事情，大陆多指坏事情，是贬义词，台湾则是中性词。

大陆是中性或褒义的，而台湾是贬义的词语，如：

宾馆：大陆指“较大而设施好的旅馆”，是褒义词；台湾则指有妓女的旅馆、饭店，是贬义词。

扬弃：大陆有两个义项：①在事物新陈代谢的过程中，发扬旧事物中的积极因素，摈弃其消极因素，这是褒义；②抛弃，这是贬义。不过大陆多用褒义义项，很少用贬义义项。而台湾只有“抛弃”一个义项，所以只能是贬义的。

4. 同中有异的词语

（1）词形相同，词义范围大小不同。这类词语又可分为两小类：一类是台湾词语含义比大陆普通话词语广；另一类是台湾词语含义比大陆普通话词语窄。

台湾词语含义比大陆广的词语，一般是台湾词语在原有意义基础上产生了新的意义，而大陆词语意义没变。如：

开幕：台湾不只指“①一场演出、一个节目或一幕戏开始时打开幕台前的幕；②（会议、展览会等）开始”，还可指新创办的商店开始营业。

空降：台湾另产生“比喻上级从别处委派、指定、任命高级职位的人员”义。

台湾词语意义比大陆普通话词语窄的词语，一般是大陆普通话在原义基础上发展出新的意义来，而台湾词语则意义不变。如：

紧张：台湾和大陆都有：①精神处于高度准备状态，兴奋不安；②激烈或紧迫，使人精神紧张。但台湾没有“供应不足，难于应付”这一意思。

长城：台湾只指万里长城，没有“比喻坚强雄厚的力量、不可逾越的障碍”这一比喻义。

（2）词形相同，词语的语法意义有差异。某些词语在大陆与台湾用法不同，即搭配关系有差异，导致大陆与台湾同一个词语的词性有差异。如：

领导：大陆是兼类词，既是动词，指“率领并引导”，又是名词，指“担任领导工作的人”。而台湾只能用作动词。

同居：大陆只用作动词，指①同在一起居住；②男女双方未结婚而共同生活。而台湾除了有与大陆相同的动词用法外，还可以作名词，指“居住在同一单位内的邻居”。

两岸词汇的差异不仅不利于两岸人民之间的交际，而且不利于语言教学，尤其是海外华文教学。

（三）两岸语法的差异对海外华文教育的影响

两岸汉语的语法差异不像其他几个方面那么突出，并且不成系统、比较零散，我们列举了一些比较明显的差异。

（1）普通话中程度副词一般只能修饰形容词和与心理活动有关的动词，如“很好”、“非常关心”等，而在台湾“国语”中，有很多动词和动词性的词语能够被程度副词修饰，如：

起初他们对我很应酬，因为我的学历比他们高。（三毛《白手起家》）

类似的还有“最保护、很嘲弄、很配合、很缄默、十分恪守、太出丑”等。

（2）“……中”的用法。“中”本是一个方位名词，在大陆，用在动词后表示持续状态，动词前有“在”，构成在“在……中”结构，如“列车在运行中”；在台湾“国语”中，“中”可以直接用在动词性词语后，表动作正在进行，如：

专案人员刻全力查访三人下落中。（《中央日报》1996．11）

必胜班高普考第二梯抢滩报名中。（《联合报》）1996．11）

类似例子还有“进行中、推展中、举办中、实施中、优惠中、调查中”等。这种用法实际上是从日语中来的。如日语中“营业中、故障中”等表示动作行为正在进行，后来传到台湾“国语”中。近年来，受台湾“国语”的影响，大陆汉语中这样的用法也越来越多。

（3）台湾“国语”中“动＋极＋宾”形式比较多见，在大陆这样的用法比较少。如：

不过一路从高速公路走来，倒是阳光灿烂，空气洁净，像极了南台湾。(《海峡》1997. 2)

她立即爱极了腹中这对未出世的双胞胎。(《我的故事》)

这样的用例中，尤以“像极……”最常见，如“像极了处女座的美女”、“像极了缺了口的水库”等。

(4) 台湾“国语”中，趋向动词位置及用法与大陆不同的情况。普通话里的趋向动词“去、来、出去、回来、过来”等常要用在宾语的后面，而台湾“国语”却可以用在宾语前面，如：

他回来台湾打球，应该是意义大于实质。(《中央日报》1996. 11)

回去住宿的地方，却不知道是欢喜还是悲伤地哭了。(陈映真《云》)

(5) 单音节形容词或心理动词叠用表示程度加深。如自信满满、兴趣缺缺、满满的信心、想来真是怕怕。

(四) 两岸语用的差异对海外华文教育的影响

在语言表达方面，台湾“国语”呈现出跟大陆不一样的风格，比较明显的如：

1. 台湾“国语”文言色彩浓

在台湾的日常用语中，保留不少古代的词语，比如，人们一般不用“周围”一词，而用“周遭”，如说“这种事情发生在我的周遭”等。在新闻媒体上，文言味较浓的词语如“秉持、慰留、宣示、裁示、福社、昭示、肇致、核备、核示、建言、期勉、举凡、嘉许、履任、频仍、延揽、厘定、厘清、奥蕴”更是常见。如：

蔡婷婷幼年失怙，家扶中心安排接济。(《中央日报》1996，12)

还有被逼到拿公卖局房产去抵押，以应付国库需钱孔急的情形。(《光华》1996，11)

其他还如：台北庶几可为殷鉴、俾能改进教育子女的方式、遄返首都。

台湾新闻有时还借用与古代事物有关的词来表示现代事物，如“阁睽、幕僚、漏夜、晋见”等，这样的词，大陆更是不用的。

2. 台湾“国语”存在较多欧化句式

把头发光光地往后梳起，在脑后带着一个小拳头大的发髻的她的脸，添增了好些初为母亲的温婉。(陈映真《云》)

还有，如喜爱旅游的我们、大多数的我们、身材瘦高的他、带来愉悦的惊奇。

(五) 两岸文字的差异对海外华文教育的影响

两岸用字存在着一定的差异，主要在于大陆使用简化字，而台湾还在使用繁体字。

两岸汉字的差异，也给海外华文教学带来了许多困惑。在非移民区的东南亚各国，“海外华人的印刷品多采用繁体字印刷以及中文学校的教学传统等原因使学生绝大部分习惯用注音符号和繁体字，大部分能看懂拼音和简体字，但能同时使用的极少”。在移民地区的欧美等地，“台湾地区移民和印支移民的学校虽然教授国语，但是使用印有繁体字和注音符号的教科书，而中国大陆新移民的学校则自然地采用了普通话、汉语拼音、简体字，另一些中文学校则采取了在低年级教授繁体字注音符号而高年级教授简体字汉语拼音的‘折中’做法”[4]。近些年来，由于汉语热和 HSK 的大范围推广，普通话、简体字、汉语拼音已成华文教学的大趋势，因此在汉字教学上，各地的华文学校就有了教简识繁、教繁识简、繁简两通等不同原则和做法。两套汉字符号，无疑增加了这些华校的老师和学生的负担。

二、对策与建议

语言教学对语言形式规范化和标准化的要求是统一的标准而不是多标准。多标准就会无所适从。两岸汉语的差异无疑使汉语形成了两套标准和规范，这让海外华侨华人学习汉语时感到茫然和困惑。汉语水平考试已经在世界上推行，参加考试的学生尤其是海外华侨华人越来越多，如果汉语的规范化和标准化做得不好，不可避免地给教学实践带来混乱，因其直接关系到学生成绩考核的标准，不尽一致的标准难以评估教学质量、检测教学效果、衡量各所学校的优劣和学生的水平，那就不仅会直接影响这一考试制度的推行，也会影响华侨华人学习汉语的热情。目前两岸虽然处在不同的社会制度下，但作为两岸人民共同的母语，汉语也是联系两岸人民的纽带，所以两岸的汉语学界和汉语教学界的同行，理应携起手来，共同努力，在海外华文教育上加强合作，使汉语成为一种规范化、标准化、现代化的语言，使汉语走向世界，让中华文化在世界各地发扬光大。

（一）两岸合作研究制定汉语的标准，然后合作编写华文教材

既然两岸汉语存在着差异，那么两岸汉语学者就应该合作起来，对两岸汉语的语音、词汇、语法、文字等各方面的差异作比较彻底的梳理，毕竟差异只占两岸汉语很小的部分，比较容易梳理。找出差异，那剩下的就是共同的地方了。两岸可以本着求同存异的原则，在共同的基础上，组织两岸的汉语学界和教学界的同行一起编写华文教材。在编写教材时，尽量避免差异的部分，若避免不了，就应该注明使用的地区。

（二）两岸合作编写工具书

两岸汉语的差异，特别是词汇的差异，造成两岸语言沟通的困难，也给海外华侨华人学习使用汉语带来不便，两岸学者合作编写词典就非常必要了。好在这样的合作

已经开展，并且已经有了成果，目前已经有两部词典出版了，一部是由北京语言大学和台北中华语文研习所合编，由施光亨、李行健、李鍌主编的《两岸现代汉语常用词典》，该词典在2003年就出版了；另一部是由两岸合作编撰，由李行健主编的《两岸常用词典》，该词典于去年出版了。两部词典收录了两岸通用的常用词语和有差异的词语，对有差异的词语进行了解释说明。两岸合作的《中华语文大词典》还在编撰中，"中华语文知识库"网站已开通，并还在建设中，相信这些两岸合作的成果会给海外华文教学提供极大的便利。"海峡两岸在辞书合作编写方面有很广阔的空间，可以开发编纂各种各样有特色、供外国汉语/华文学习者使用的辞书。"[5]相信通过两岸合作，今后会有更多的工具书问世。

（三）两岸合作开发海外华文教学的网络资源库

现在世界已经进入互联网时代，人们学习知识不一定要进入课堂，在互联网上也可以方便地获取所要的知识。因此汉语要走向世界，两岸合作开发海外华文教学的网络资源库就非常必要了。两岸可以开展面向网络教学的汉语语音、汉字、词汇、语法、语用以及与语言相关的文化等方面要素的教学研究，并把这些研究成果应用到网络教学中，开发网络教学资源库。包括网络汉语教学模式的探索和实践；运用多媒体网络技术创设中文教学情景以激发学生更大的学习兴趣；建设汉语网络教学资源（包括平台、素材、课件、课程及工具），包括资源的规划和共享；运用网络空间开展灵活多样的师生互动，能实施教员对学生的督促，能实现学生个性化学习；以网络为平台的汉语水平测试，包括学生在学习过程中的自测自评；运用搜索引擎实现汉语网络教学资源的智能、便捷检索；建立汉语网络教学的标准与规范，包括建设和评估等。

总之，两岸汉语学界和教学界只要本着求同存异的原则和弘扬中华民族文化的精神，精诚合作，一定会使海外华文教育事业蓬勃发展，蒸蒸日上。

参考文献

[1] 李青梅. 海峡两岸字音比较 [J]. 语言文字应用，1992 (3)：42~48.

[2] 李行健. 两岸常用词典 [M]. 北京：高等教育出版社，2012.

[3] 汤志祥. 论华语区域特有词语 [J]. 语言文字应用，2005 (2)：40~48.

[4] 李嘉郁. 海外华人的语言生活与华文教学的内容、方法和目标 [J]. 华侨大学学报，2007 (4)：111~115.

[5] 陆俭明. 全球汉语热背景下的两岸汉语学界合作的内容和思路 [J]. 云南师范大学学报，2011 (4)：51~55.

汉日敬语比较研究

庞纳敏*

摘　要：敬语不仅体现了人的思想情感和思维方式，还反映了其交际艺术。本文通过对汉日敬语的起源发展、划分类别、表现方式和使用语境等四个方面的分析比较，发现两者的共性和差异。两者具有敬语的一般性质：通过扬人和抑己两种方法表敬，通过词汇手段和语法手段表现等。但日语敬语系统性强，使用范围广，更加严谨；汉语敬语则依靠语境，注重意合，灵活性更强。

关键词：汉语敬语；日语敬语；谦语；比较

一、引　言

邵泓（1991）曾指出“在运用语言进行交际时，首先要给对方以尊重，这样，交际才能顺利、有效地进行。在人际交往中，是否相互尊重，标志着一个社会精神文明发展程度。这种尊重表现在语言中，表示许多语言中都有的语言文明现象，如敬辞、谦辞等”[1]。敬辞作为人们交流的润滑剂，日益引起人们的关注。

《礼记·典礼上》说：“夫礼者，自卑而尊人。”所谓“自卑”实质指“谦辞”；所谓“尊人”实质指“敬辞”。短短一句话足以证明汉语敬语的悠久历史。刘宏丽的《现代汉语敬谦辞》[1]对汉语敬语的研究比较透彻。近年来，对汉日敬语对比进行研究的学者比较多，如罗国忠的《现代中日敬语比较》[2]等。但这些论文由于研究时间早，当时很多定义尚未在学术界取得普遍认可，使得研究不够完美；再如张茹的《汉日敬语对比》[3]中的分类不明确，仍有重复部分，也忽略了汉日敬语起源的差异，仅着重表现形式和敬语意识差异的研究。本文采用了刘宏丽在《现代汉语敬谦辞》[1]一书中的定义：凡含恭敬或谦逊的基本意义或附属意义（色彩）的词语都是敬谦辞。一般说来，敬辞，又称敬语。广义的敬语即敬谦辞，包括敬语和谦语。

---

* 庞纳敏，2013届对外汉语专业毕业生，现为广西大学汉语国际教育硕士研究生。本文指导教师为郑继娥副教授。

二、汉日敬语起源发展比较

（一）汉语敬语起源发展

中国五千年的文明是一种“礼”的文明，经过千百年来的继承沿用和反复锤炼，汉语形成了一套独特的敬语系统。究其起源，可追溯到殷商甲骨卜辞。据《甲骨文合集》第3 294片记载，“壬戌卜，今日王视下？于癸亥省象”。这里的“王”就是敬辞，也许就是敬谦词的源头。[4]随着阶级社会的发展，春秋时期宣扬礼教尊卑的儒家思想，成为敬语进一步发展的有机土壤；直到秦朝的统一，由于自身属性有利于王朝统治，敬语得到政治统治者的有力支持，也有了新的发展趋势。臣民称国君为“大王、圣上、圣驾、皇上、万岁、天子”，属敬称；国君自称“孤、孤家、朕、寡人”，属谦称。

近代，新文化运动打开了汉语文化的国门，西方民主平等思潮涌入，人本意识开始普及，给原本在古代中国文化土壤中发展得相当完备的敬语体系带来了重创，部分敬语开始退出历史舞台。建国后，人们又以封建礼教作为阶级斗争的对象，所剩无几的敬语又被削减。到了现当代，人生而平等的思想得到进一步传播，一些等级色彩浓厚的敬语成了不复存在的历史词。

（二）日语敬语起源发展

关于日语敬语的起源，众说纷纭。蒋庆荣在《日语敬语发展的差异性研究》[5]中提出神灵说、夫权说和皇权说；周萍萍则在《日本现代敬语的形成、特征及发展趋向浅析》[6]中认为其起源于古代日本人的“言足”思想、“塔布”思想及阶级社会中统治者与被统治者的上下关系意识。“最早提出日语敬语起源说的是穗积重远。他在著作《緯に関する疑》中指出：敬语起源于古代人们因忌讳对神和权力的象征者——天皇，直呼其名而开始出现的。”[7]上述三种说法不尽相同。但总的来说，日本敬语与古代日本人的“禁忌”思想以及封建社会中统治者与被统治者之间的上下关系意识是紧密相关的。

（三）汉日敬语起源发展比较小结

1. 相同之处

首先，汉日敬语同受儒家思想影响。儒家的礼仪思想催生了两种语言中的敬语体系。儒文化的血缘观念形成了汉族人们“家”的意识，把社会看作一个家，把毫无血缘关系的人也看作家人，如下文的类亲属性敬称。对于大和民族而言，日语“绝对敬语”的形成就是受《论语·颜渊》“君君，臣臣，父父，子子”思想的影响，对权力象征者——天皇的忌讳。

其次，汉日敬语体现着等级制度思想。中日都曾是封建制度的国家，阶级差别和使用敬语系统是一体的，阶级等级的区分越严格，使用敬语的可能性越大。根据古代中日的基本国情和人们的价值取向，汉语和日语当时都形成了一个非常严密的敬语系统。

2. 差异之处

第一，两者发展不平衡。汉语敬语由古代的盛到现代的衰；日语敬语由绝对敬语到相对敬语，在整个日本社会里慢慢普及开来。

第二，两者使用场合不同。汉语敬语主要运用在书面语和庄重严肃的交际场合中，口语和随意的交际场合很少使用。一般情况下，关系亲近者间使用敬语会显得见外和别扭。日语敬语不管是在书面语还是口语上，也不管是在庄重严肃的交际场合还是在随便轻松的场合，都要求使用。可以说，在当代日本社会，敬语是一个人的“教养晴雨表”。

第三，两者的主要影响成分不同。由于中日社会历史发展不同，日本社会局势相对稳定，影响日语敬语的仍为儒家思想；近代中国社会则相对动荡，汉语敬语的主要影响因素开始随着儒家思想的衰弱而变为适合人们交际需要的道德观念，或者可以说是“敬老思想”。

三、汉日敬语表现方式比较

汉语属于汉藏语系，具有孤立语特征；日语属于阿尔泰语系，具有黏着语特征。这使得它们通过不同的手段来表现敬语体系。我们拟通过词汇手段和语法手段来比较两者异同。

（一）词汇手段比较

1. 汉语词汇手段

词汇手段，指利用表敬或表谦的语素和其他语素组合构成新词的方式。它是汉语敬语表达的主要手段，占据着敬语体系的主体地位。由词汇手段形成的词汇非常丰富，如由“高”造出的“高见、高寿、高僧、高徒、德高望重、高抬贵手”。有一部分从古代汉语中继承来的古语表敬词汇，少数还在口语中使用，如拜访、奉陪、光临、失陪；多数在正式的书面语中出现，如惠存、惠教、拜服；还有一部分体现浓厚封建尊卑观念的敬语，如卑职、妾，这些在现代汉语中已基本不用。

2. 日语词汇手段

在日语敬语体系中，这种单纯使用词汇来表敬的手段并不常见。有些指示词、副词、名词既有一般说法也有郑重的说法，如あした和明日、きのう和昨日。还有一些从古代流传下来的名词和动词伴随着其他语法手段一起表敬，如召し上がる（惠顾）。

（二）语法手段比较

1. 汉语语法手段

汉语敬语通过语法手段表敬的现象不多，主要有以下几种：

（1）通过名词表敬。表敬的名词如圣上、殿下、陛下；表谦的名词如在下、鄙人、寡人、晚生、后生。这两种名词表敬的现象较为常见。另外，还可用亲属名词表敬，如“师傅能告诉我这台机的开关在哪里吗”、“姐姐要去哪啊”。这类说法听起来比“您”感觉客气，但敬重程度高一些。[4]

（2）通过人称代词表敬。第一人称代词表谦的，如我们。刘宏丽认为，从某种意义上说，“我们”是现代生活中一个新的自谦代词。[1]“汉语普通话的人称代词谦称主要是用第一人称复数代替单数”[8]。不难发现，在一定的语境如领导讲话、论文阐述中，使用“我们”比“我”显得更加谦虚。第二人称代词中，“您”是一个标志性的敬称，赵元任（1979）在谈及“您”时，指出“您”用于陌生人、晚辈对长辈之间。还可以用表尊敬的词组的合音形式来作为尊称，如“大爷您、您二位”。陈松岑指出，第二人称复数“你们”也可以表敬，“他是借用第二人称代词的复数形式作为对单个听话人的尊称”[8]。

（3）通过副词表敬。副词“特意、特地、谨”表示说话者对听话人的尊敬。如，真劳烦您特意安排这场宴席、学院特地为留学生举行了联欢晚会、谨以此书略表我对母校的眷恋。表谦的副词有“斗胆、窃”，如“我斗胆问一句，这总是能合心意了吧？”

（4）通过量词表敬。汉语量词一般没有表敬功能，但实际运用中，我们习惯用量词“位”以表示对所涉及的人的尊重，如“三位老师”，不说“三位小偷”、“三位小孩”，却说“三个小偷”、“三个小孩”。

（5）通过语气变化表敬。试比较“现在过来吧”与“现在过来，好吗”，后者用疑问语气明显比前者的祈使语气要更客气和礼貌。

（6）通过句型表敬。由“请”、“让”组成的句型含有一定的表敬或表谦色彩，如，请您过来一趟、让您久等了。

此外，汉语还用重复的语法手段，如“谢谢、久仰久仰、恭喜恭喜”就比“谢了、久仰、恭喜”更能表现说话人的尊敬之意。

语法手段是日语敬语的重要表现方法，汉语很少用语法手段来表敬，但这并不意味着不用语法手段。

2. 日语语法手段

日语表敬的语法手段主要有两种：助动词和表敬句型、接头词和接尾词。

助动词附加在动词后，帮助填补动词表达正常意义。在交际运用中可以表达很高

的尊敬程度，如表示“听”，我们会把“聞く”转变成“聞きます”以表敬。谦让语句型，如动词使役态连用形＋てください。句子如“私にも行かせてください”（也让我去吧）。

日语有着丰富的接头词和接尾词，部分接头词加在对方所属事物前，可以表示说话人的敬意。这样的接头词如お和で，构成敬语，如お国、お友だち。接尾词如～さん、～さま加在尊长或与尊长有关的人的后面，如兄さん、田中先生等。接头词和接尾词的手段是通过词语内部形式的变化来表敬，是日语敬语体系区别于汉语敬语体系的一种表现方式。

（三）汉日敬语表现方式比较小结

1. 相同之处

汉语和日语都会通过词汇手段和语法手段来表敬语，不存在缺位现象。日语郑重语的说法基本上用假名表示，金锦珠在《谈日语敬语使用的注意点》[9]中就收集了相当一部分。笔者认为，这是受汉语影响，从古代流传下来的表敬假名。

2. 差异之处

两种语言在使用词汇手段和语法手段时，各有侧重：汉语敬语侧重词汇手段，日语敬语侧重语法手段。

作为孤立语的汉语，多依赖虚词和语序，缺乏形态变化，注重意合。这导致了汉语需要通过语言和非语言等多种手段来表达敬意，在表敬范畴上很难形成像日语那样整齐成套的敬语体系。作为黏着语的日语，可以通过词根与不同语素的结合表敬，词汇手段虽不是主要手段，但也有一席之地。接头词、接尾词、助词、句型等多种语法手段，促使日语敬语体系更加完备，表现出汉语所没有的形式化特点，显得更加条理清晰、有规则可循。

四、汉日敬语语境比较

从历时的角度来看，日语的形成和发展很大程度受到汉语的影响，中日敬语体系都是通过“尊人谦己”的方式以表敬。但由于两个民族的地理环境、人文素质和价值取向存在着种种差异，“上下关系”、“恩惠授受关系”和“内外亲疏关系”等方面会各有不同。

（一）上下关系

1. 汉语敬语的上下关系

汉语敬语的上下关系主要体现在年龄和权力上。“老吾老以及人之老”体现了中华民族的“尊老”传统，对老者的敬语自古有之，如老先生、老父、夕阳红、老夫人、老太君。权力的上下关系源于职位条件的不同，如《红楼梦》第六回刘姥姥一进荣国府，她尊称在场女性为“姑太太、姑奶奶”，这不是不分辈分，而是从所在的社会地位出发，故意把有权有势的王熙凤抬高。

2. 日语敬语的上下关系

日语敬语的上下关系主要体现在年龄、权力和性别差异上。在日本，年幼者需遵从年长者的意见，对年长者恭敬行事，对老者使用敬语也是必需之举。虽然现代日本没有了战前严格的身份等级差别，但各种集团内部仍十分讲究权力的异同，下级对上级、雇员对雇主要正确使用敬语。如对同事会说“きみ、とこへ行く”（喂，你去哪里），对上司会说“山下部长、どちらへいらっしゃいますか”（山下处长，您要去哪里）。

性别的上下关系指女性对男性要使用敬语。这源自日本封建社会的男尊女卑观念，尽管在日本现代家庭中，男女平等的思想日渐普及，仍然有女性对自己丈夫使用敬语的情况。如：“ねえ、ベネット、”ベネット氏の夫人は、ある日夫に言った、“いよいよネザーフィールド荘園に人が入ったってこと、お聞きになって?”［“哎，贝内特，”一天，贝内特太太对丈夫说道，“你有没有听说内瑟菲尔德庄园终于有人住进去了?”（《傲慢与偏见》）］贝内特太太对丈夫就使用了敬语“お聞きになって”。

3. 汉日敬语使用语境上下关系比较小结

（1）相同之处。

汉日敬语系统的上下关系都是阶级社会的产物。当社会的等级划分得越严格，敬语体系就越完备发达。虽然当今的中日两国都不是阶级社会，社会关系也日趋平等，可是上下关系一直作为历史社会的“遗物”残留在人们心中，成为敬语使用的尺度之一。中日敬语的上下关系都能通过年龄和权力体现出来。

（2）差异之处。

汉日敬语体系的上下关系存在着细微的差别，下面我们分类进行说明。

第一，年龄的上下关系。以句子“先輩、お帰りですか”（学长，您回去吗?）为例，这是低年级学生向高年级的学长提问，年龄相差不远，却使用敬语“お帰りです”，语气显得恭敬而客气。这种情况下，汉语可以选用第二人称“您”来表敬，但实际上，对年岁相差不大的学长，我们很少会用到敬语，以免给人生分疏远之感。

第二，权力的上下关系。当今日本人观念里仍存在强烈的上下意识，皇室成员与普通国民、政府官员与平民百姓、上司与下属、雇主与雇员等，他们之间似乎有一道不可逾越的鸿沟，时刻提醒着人们注意使用敬语。在中国，这种关系就相对缓和，人们可以根据自己所处的位置灵活地进行语言交际。

第三，性别的上下关系。女性对男性的尊重，这是中日古代敬语都包含的内容。可是，男女平等观念的普及使得这部分敬语退化。有时，现代日语电视剧里，妻子对丈夫也不一定需要毕恭毕敬使用敬语。但在现代汉语电视剧里，妻子对丈夫使用敬语的情况几乎不存在。

（二）恩惠授受关系

1. 汉语敬语的恩惠授受关系

汉语中恩惠关系的敬语主要通过“光、惠、赐、承、枉”等语素与动词性语素组合构成表敬动词。但汉语副词性表敬语素很少，“杨伯峻先生在《古代汉语语法及其发展》中只列出了19个”[10]，在现代汉语中使用的就更少了，如商店的收款员会跟我们说“收您20元”、“谢谢惠顾”、“欢迎下次光临”。这些敬语多是服务用语或书面语。

2. 日语敬语的恩惠授受关系

日语中，恩惠授受关系方面的敬语经常出现在顾客与店主、医生和患者、贷方和借方、教师与学生、被拜托者与拜托者之间。后者作为接受恩惠的一方，就应该对前者使用敬语。日本服务业的敬语使用最具代表性，如，顾客进门时会说“いらっしゃいませ”（欢迎光临），顾客点完菜时会说“かしこまりました”（明白了）。这些成了套路的经典敬语，能在商业领域中帮助经营者有效地取悦顾客，即为“商业敬语”。它们广泛使用在商业广告、业务洽谈，或是银行、旅馆、商店等接待顾客的活动中，再如“本日は休業させていただきます”（请允许我店今日停业休息），这些都是出于“通过顾客购买商品收到恩惠”的立场。当有求于人时，就使用“いただく，くださる”等谦让语，以示谦卑，期待得到对方的恩惠。

3. 汉日敬语使用语境恩惠授受关系比较小结

（1）相同之处。

从心理学上说，当有求于他人，我们往往处于心理劣势，反映到语言行为上就变成了敬语的使用。反之，如果人处于施恩者的立场时，使用敬语的可能性就大为减少了。在这个关系影响下的敬语使用，在汉语和日语中大致是相同的。

（2）差异之处。

从使用范围来讲，日语恩惠授受关系方面的敬语使用更广，如在听完医生对医药的介绍后，日本人会说“ご説明くださいまして、ありがとうございます”（非常感谢您对我进行了说明），这是说话人认为病人得到了医生的救助，于是就用了“ご～くださる”句型，这是一种较正式的敬语。也许，同样的情况下，我们可能只会简单道一句“谢谢”，甚至认为“医生对医药进行说明”是天经地义的事情。

（三）内外亲疏关系

1. 汉语敬语的内外亲疏关系

中国人重视家庭，总是将个人与家族联系在一起，“在这种家族的理想里，人类不是个人，而是家族的一分子，是家族生活巨流的主要部分……这种家族意识和家族的荣誉的感觉，也许是中国人生活上队伍精神、集团意识的唯一表现"[11]。中国人的"内"是有血缘关系的家族，没有血缘关系的人则为"外"。对外人提起自己的父母、孩子等有血缘关系的亲戚时，都使用亲属性谦称，如"家母、家叔、犬子"等；提起外人的血亲，则使用敬辞，如"尊翁、令叔、令郎"等。

2. 日语敬语的内外亲疏关系

日本人眼中的内外亲疏关系具有相对性，强调集体内外。说话人在外人面前称呼自家人或自己内部的人时，即使话题人是自己的上司或长辈，也要使用谦让语。反之，如果话题人是谈话对方的人，即使话题人比自己身份低或年幼，也要使用一定的尊敬语来表达。简言之，在家庭内部、工作单位内部对长辈和上级通常用敬语，与外部人讲到自己的长辈和上级时要用自谦语或普通用语。如：

（1）こちらは、部長の青木でございます。

这位是我们部长青木。

（2）こちらは、営業部の責任者の青木と申します。

这位是我们营业部的负责人青木。

这两句都是向外公司的人介绍自己公司的领导，但日语中这种场合是要向听话人表示礼貌，而不应该向自己公司的"青木"表敬，因此不能使用敬语。郑重语"～でございます"与谦让语"申します"也都表示对听话人的尊重。

3. 汉日敬语使用语境内外亲疏关系比较小结

（1）相同之处。

内外亲疏关系是汉语和日语中判断是否需要使用敬语的重要原则。从日常生活来看，这一点在汉日敬语使用中是共通的：对关系疏远的人，谈话时用敬语等礼貌形式；越是关系亲密，说话就越随便，敬语使用越少。两个陌生人也会随着彼此间的熟识，使用的语言发生改变，敬语出现的次数会越来越少。

（2）差异之处。

两种语言中的"内外"不一样。中国人的"内外"注重血缘关系：有血缘关系为"内"；无血缘关系为"外"。日本人的"内"不仅包括有血缘关系的亲人，也应该包括自己所隶属的同一社会团体中的其他成员，比如同一家公司的同事、同一所学校的同学等。对"外人"提及自己"集团内部"的人时，使用谦让语；提及对方团体的人时，则使用尊敬语。可见，日语敬语是相对敬语，而不是绝对敬语，是随着语境变换而变换的，不像汉语敬语那样"从一而终"。

另外，内外亲疏关系在汉日敬语具体运用中的重要性不同。汉语敬语在运用中把上下关系、恩惠授受关系、内外亲疏关系综合考虑；而在日语敬语使用中，内外亲疏关系是压倒上下关系和恩惠授受关系的"第一原则"。比起身份地位的高低，日本人更重视对方或话题人是不是有血缘关系的自家人、是不是同一集团的人、是不是伙伴或同事。一旦与集团外部的人接触，就会抹杀集团内部原有的上下关系而优先考虑内外关系。

五、结　语

敬语，作为语言中不可或缺的一部分，它的历史发展一定程度上体现着整个民族文化的浮沉变化。汉语敬语从古代中国的细致严密到现代中国的灵活多样，受到了近代中国文化的影响，但我们不能认为它不再是一个完整的体系，或者说是退出了历史舞台，因为仍有一部分词语被赋予了新的社会色彩沿用至今。同样，日语敬语符合日本人“多礼”的性格习惯，日趋完备。虽同属汉文化圈，汉日敬语无论是在分类、表现形式上，还是在使用语境中，都有共同之处和差异之处。

两国之间的交际日益频繁，一方面，敬语能很好地体现一个国家与民族的礼仪和风尚，另一方面，敬语意识和使用语境的差异也会带来种种错误表达。我们应该在了解汉语敬语自身特点和日语敬语独特文化的基础上，通过对比分析，正确使用敬语。

参考文献

[1] 刘宏丽. 现代汉语敬谦辞 [M]. 北京：北京语言文化大学出版社，2011.

[2] 罗国忠. 现代中日敬语比较 [J]. 四川外语学院学报，1998 (2).

[3] 张茹. 汉日敬语对比 [D]. 湖北工业大学硕士学位论文，2012.

[4] 朴锦梅. 汉韩敬语对比研究 [D]. 延边大学硕士学位论文，2007.

[5] 蒋庆荣. 日语敬语发展的差异性研究 [J]. 江苏教育学院学报（社会科学版），2008 (6)：91～92.

[6] 周萍萍. 日本现代敬语的形成、特征及发展趋向浅析 [J]. 南昌职业技术师范学院学报，2001 (4)：62～67.

[7] 张丹宇. 日语敬语的变迁及其特征 [J]. 云南师范大学学报（哲学社会科学版），2003 (6)：91～96.

[8] 陈松岑. 礼貌语言初探 [M]. 北京：商务印书馆，1989.

[9] 金锦珠. 谈日语敬语使用的注意点 [J]. 日语知识，2008 (12)：20～22.

[10] 刘超班. 古代汉语表敬语素的特点及其类型 [J]. 湖北师范学院学报（哲学社会科学版），1999 (3)：70～73.

[11] 林语堂. 中国人的家族理想 [M]. 海口：海南出版社，1992.

韩语汉字词在对韩汉语词汇教学中的作用

汤湘湘*

摘　要：韩语汉字词在韩国语词汇中的比例甚大，是学习汉韩两种语言的桥梁，对韩国学生学习汉语起着重要的作用。本文以《首尔大学韩国语1》和《首尔大学韩国语2》中的韩语汉字词为材料，以《新汉语水平考试词汇大纲》中的初级汉语词汇为辅助材料，对韩语汉字词与相应的汉语词汇的词义和词形部分进行对比分析。根据韩语汉字词词义词形的特点，将其分为同形同义词、同形异义词和异形同义词三类，分别与相应的汉语词汇进行对比，再根据对比的结果归纳出韩语汉字词对汉语词汇习得的影响，从而提出相应的汉语教学方法。

关键词：韩语汉字词；对比研究；利弊影响；教学策略

一、引　言

同属于汉字文化圈的中韩两国，有着三千年不断的历史关系。在韩国李氏朝鲜第四代世宗大王创制“训民正音”以前，韩国语一直借用中国汉字。中国的汉字传入韩国之初，可以说在字形和字义上基本都是一样的。[1]可是随着历史发展和社会文化环境的不断变化，汉字融入到韩国语言体系后，形、音、义都发生了很大的变化。

韩国语中的汉字词是贯穿整个韩国语词汇发展史的重要环节，是韩国语词汇体系中最重要的部分之一。在韩语词汇系统中，汉字词迄今仍占50%以上的比重，在韩国人的语言生活中具有重要的作用，是学习汉语和韩语的重要影响因素。语言学者凯乐曼（Kelleman）得出过这样的结论：两种语言相差大，学习得慢，但比较准确；相差小，学习得快，但不够准确。[2]对于欧美国家的汉语学习者来说，由于没有受到“汉字文化圈”语言相似性的影响，两种语言相差大，他们习得汉语的时间要比同处“汉字文化圈”国家的汉语学习者习得的时间长，但也正由于没有受到语言相似性的不利影响，往往比较准确；而对于同属“汉字文化圈”的汉韩两国来说，韩语汉字词的大

* 汤湘湘，2013届对外汉语专业毕业生，现为广东省民办南华工商学院辅导员。本文指导教师为赵越副教授。

量存在似乎对习得汉语或韩语有很大的帮助，但一部分韩语汉字词和汉语词汇在词形和词义上差距甚大，这些汉字词对学习者通常会产生负面影响，无论是对中国人学习韩语还是对韩国人学习汉语都会有不同程度的干扰。由此可见，正确理解和把握这些韩语汉字词与汉语词汇的异同，无论是对两国语言的学习者，还是对从事对韩汉语教学而言都是非常重要的事情。

通过对韩语汉字词和汉语词汇的特点归纳分类，从比较语言学的角度对其进行对比分析，明确韩语汉字词对汉语词汇习得的作用，并引起教学者和学习者的重视，进一步探究针对韩国学生汉语教学的理论与方法，设计科学、系统的教学方案，以提高对韩汉语教学及韩国汉语学习者学习汉语的效率。

本文使用对比分析法。所研究的韩国汉字词，选自本校本专业所用的韩国语教材《首尔大学韩国语1》和《首尔大学韩国语2》中的韩语汉字词，这些韩语汉字词是“韩国语能力水平等级考试”初级词汇，也是韩国人日常生活的常用词语。掌握这些基本的韩语词汇，是对韩汉语教学的基本要求。由于所选教材《首尔大学韩国语1》和《首尔大学韩国语2》是中国学生学习韩语的课本，不能完全作为对韩汉语教学的参考依据，因而也在《新汉语水平考试词汇大纲》初级词汇中，选择相关的汉语词汇进行辅助参考，并结合韩国学生学习汉语词汇时的体会进行分析。本文研究的词汇只限于双音节或多音节词中的（代）名词、动词、形容词、副词，且仅限于韩语汉字词与汉语词汇中词义和词形两部分，语音部分不在研究范围内。

根据笔者统计，《首尔大学韩国语1》总共490个词汇中，有134个汉字词，占总词汇的27%；《首尔大学韩国语2》总共605个词汇中，有144个汉字词，占总词汇的24%。在比较分析时，还参考了中国的《现代汉语词典》、《韩汉汉韩辞典》、《汉韩大辞典》和国内外出版的有关论著、语言学资料等。由于在韩国用的汉字是繁体字，所以本文的韩语汉字词均采用繁体字。

这几年在中国大部分的研究成果主要集中在汉韩文化对比、韩语汉字词与同形汉语词对比分析、韩国学生的偏误分析方面，而直接谈及汉字词和相关教学的论著却很少。

二、现代汉语词汇与韩语汉字词的特点

在漫长的岁月里，汉语和韩国语中的汉字词形成了各自独有的特征。

（一）现代汉语词汇的特点和构成

黄伯荣的《现代汉语》里把现代汉语词汇的特点[3]总结为：第一，汉语词形较短，单音节语素多，这些单音节语素构成大量单音词和双音词。第二，双音节词占优势，汉语词汇在发展过程中逐渐趋向双音节化。新的单音节词语很少产生，古代的单

音节词到后来很多都变成了双音节。有些多音节词也缩减成双音节词，如“北京大学——北大”、“彩色电视机——彩电”。第三，由于汉语中单音节语素绝大多数都能充当词根语素，词根语素比较多，因此汉语合成词中运用复合法组合词根语素构成的情况最多，如“江河”、“山峰”等。用附加法组合词根语素构成的词特别少。

（二）韩语汉字词

1. 韩语汉字词的定义及形成

韩语汉字词的定义是：汉字词，是以汉字为基础构成，而读音是韩国语读音的汉源韩字，即“在韩国人的语言生活中，用韩语的发音方式，表达在韩语语法结构中源于中国的词汇”[4]。也可概括为“在韩语中使用汉字构成的词汇”。[5]

公元前3世纪，韩国还没有自己的文字，为了适应生存与交际的需要，他们开始借用汉字进行沟通。随着燕国卫满在公元前3世纪率丁三千人古韩并被韩准王授予“博士”，中国古代书籍也随之传入，汉字也被传入韩国。汉字在传入韩国后，人们用借来的汉字记录韩国的固有人名、地名等。人们最开始借用汉字记录韩语的方法有两种，一种是“音读法”，另一种是“释读法”。所谓“音读法”就是根据汉字的读音而使用韩语标记的一种表达方法；而“释读法”是根据汉字字形或意义而使用韩语标记的一种表达方法。[6]公元7世纪，新罗统一了韩半岛，此时汉字已经融入了韩半岛语言中。在高丽时期汉字就已经作为官方文字被使用，并在上层社会得到普遍的认同。1444年，世宗大王创制了韩国文字，但这并没有影响到汉字词的使用，汉字词沿用至今并且在整个韩语体系中占有举足轻重的地位。但今天的汉字词已经不再是汉语的模样，而是用“音读法”韩化了，也就是我们现在所看见的韩语书写方式。当然，韩语和汉语拼音还是有差别的，汉字在传入韩国后发生了各种各样的变化，导致一些汉字词在理性义、色彩义、词性、读音、写法等多方面都发生了各自不同的变化。随着汉字词在韩国使用的演变，现在的韩语汉字词可分为中国语系统的汉字词、佛教语系统的汉字词、日本语系统的汉字词、韩国自创的汉字词等四种类型。本文研究的韩语汉字词主要是指中国语系统的汉字词。

2. 韩语汉字词的特点

第一，韩国语中双音节汉字词最多。双音节汉字词的使用尤为活跃。在《首尔大学韩国语1》和《首尔大学韩国语2》中找出的汉字词中几乎都是双音节词，单音节或多音节词只有零星几个。第二，汉字词本身不能单独成为动词或形容词，成为动词或形容词必须在一些名词后面加一些成分。比如：“복잡/复杂”必须在词干“복잡”后加上词缀“-하다”才能成为形容词。第三，汉字词具有强大的缩写能力。像“国立科学搜词研究所”——“国科搜”、“劳动组合总联盟”——“劳联”、“工科大学”——“工大”等。这与汉语中的缩略词的情况大致相同。第四，汉字词有很强的造词能力。因此，汉字词可以提高韩国语的创新性和生产性。

（三）韩语汉字词的使用情况

尽管韩语汉字词不断地随时代发展而进步、更新，其在韩国语中仍然占有重要地位，据统计，韩国各类的词典中汉字词所占比重都会超过50%。韩国学者李熙升编纂的《國語大辭典》中所收录的257 854条词语中，汉字词占70%左右，根据韩国学者李庸周在《우리 말 어휘 사용 빈도 조사》一文中的统计，韩国社会日常语言活动中汉字词的使用频率高达70.53%，在书面文体以及诸如政治、法律、财经、文化等专业化程度较高的领域中，汉字词的使用频率更高。[7] 由此可以看出，汉字词作为韩国语词汇系统的主体部分，影响并支配着韩国人的日常交际和社会生活，记录着韩国语言和文化的发展史。

三、韩语汉字词及对应汉语词汇的对比分析

（一）理论背景

对比分析法，也叫比较分析法，是将两种语言的系统进行共时比较，以揭示其相同点和不同点的一种语言分析方法。[8] 通过对第一语言和目的语进行比较研究，确定两种语言的相同点和不同点，可以预测到学习者有可能出现的错误，并推测第一语言对目的语可能产生的负迁移，从而确定教学重难点，采取相应的预防性措施。对比分析法的创始人，美国语言学家罗伯特·拉多（Robert Lado）认为，两种语言最不同的地方是学生最难掌握的，相同的或类似的地方则是比较容易掌握的。[9] 本文根据对比分析的理论，对《首尔大学韩国语1》与《首尔大学韩国语2》中的韩语汉字词和汉语词汇进行对比分析，通过对比分析可以预测出韩国学生在学汉语词汇的过程中遇到的困难和出现的偏误，并且有针对性地提出教学指导方案。

（二）韩语汉字词与汉语词汇的对比

1. 同形同义词

同形同义词是韩语汉字词与汉语词汇相比较，词形相同，词义相同，而且发音也十分相似的词汇。[9] 在《首尔大学韩国语1》和《首尔大学韩国语2》里对应的韩国汉字词中同形同义词所占比例达到53%。韩国学生在学习汉语的过程中，这些与韩语汉字词形词义相同的汉语词汇对其学习产生积极影响，不会有任何干扰，有助于他们对汉语的理解和记忆。这也是韩国人学汉语比其他国家的人学汉语要容易得多的原因之一。如表1所示。

表 1 同形同义词词性分类

	韩语词	韩语汉字词	汉语词
A. 名词类	입구	入口	入口
	전부	全部	全部
	전화	電話	电话
B. 动词类	감사（하다）	感謝	感谢
	실례（하다）	失禮	失礼
	여행（하다）	旅行	旅行
C. 形容词类	자세（하다）	仔細	仔细
	정확（하다）	正確	正确
	친절（하다）	親切	亲切

表 1 中的词汇都是同形同义词，但又有所区别。在 A 中，它们是汉韩两国语言的形态和意思完全相同的名词类词语。在 B 中，与上述 A 的情形相同，在韩语中用作名词，但其后加词缀“－하다”，也就成了动词。在 C 的情形中，后加词缀“－하다”，就成了形容词。由此可发现，同形同义词分为两类，一类是完全同形同义词，即 A 中，这些词不仅字形相同，而且词性和意义也相同。另一类则是同形部分同义词，即 B 和 C 中，这些词在汉字形式上与汉语词汇相同，但是在韩语形式上有后缀成分，形成不同的词性。另外，它们在意义上没有其他特殊的区别，因而无论是对于学习汉语的韩国人还是对于学习韩国语的中国人而言，在学习其词义方面并没有更多的制约。

2. 同形异义词

所谓同形异义词，是指在韩语汉字词与对应的汉语词中，书写形式相同，但用法、搭配关系、意义以及感情色彩上都有着不同程度差异的词。在《首尔大学韩国语1》和《首尔大学韩国语 2》中共有同形异义词 71 个，占 25%。从词义角度来看，可以把同形异义汉字词分为“同形部分异义”和“同形完全异义”两大类，而“同形部分异义”一类又可细分为三小类。

（1）同形部分异义词：所谓“同形部分异义”是指韩语汉字词与汉语词的词义不能一对一完全相同，同一个词有的在韩语的汉字词的意义比较广泛，有的在汉语的意义比较广泛，[10] 或出现与汉语词语义项相互交叉的现象，但是总的来看，并没有完全脱离汉语的词义。如果学生只知道同义的一面就会容易出现错误，所以对韩汉语教师必须对两国词语的不同点作更多的说明使之熟能生巧。

①韩广汉窄。一些汉字词，在韩语体系中的语义项要多于汉语词，我们也可以把这类词称为“韩广汉窄”汉字词。在《首尔大学韩国语 1》和《首尔大学韩国语 2》中共有 8 个，占同形异义汉字词的 11%。如韩语汉字词“내일/來日”，汉语里只表示“未来的日子，即将来”，而韩语解释不仅表示“未来”，也可指“明天”；又如“식당/食堂”，汉语是指“机关、团体中供应本单位成员吃饭的地方”，而在韩语中，

不仅含有这种意思，还泛指“餐厅、饭店、馆子”。

②汉广韩窄。一些韩语汉字词，在韩语词汇体系中的义项要少于汉语词，而且部分韩语汉字词的语义范围狭小，我们也可以把这类词称为“汉广韩窄”汉字词。在《首尔大学韩国语 1》和《首尔大学韩国语 2》中共有 15 个，占同形异义汉字词的 22%。与“韩广汉窄”相比，这类词在数量上相对较多。如韩语汉字词“모자/帽子”，韩语释义为“帽子”，而在汉语中还用于“比喻罪名、坏名义”；又如“기후/氣候”，韩语释义指“气候”即“气象气候”，而在汉语释义中还用于“比喻动向或情势”和“比喻结果或成就”。

③汉韩交叉。这些韩语汉字词的部分词义与现代汉语词义相同，但二者也存在各自独有的语义项。在《首尔大学韩国语 1》和《首尔大学韩国语 2》中仅有 7 个，占同形异义汉字词的 10%。如表 2 所示。

表 2 汉韩交叉汉字词

韩语词	韩语汉字词	韩语释义	汉语释义
동생	同生	弟弟	同父所生，因以指兄弟
		妹妹	同年出生
			一起活着
출발(하다)	出發	出发、上路、启程、动身	离开原来的地方到别的地方去
		起跑	考虑或处理问题时以某一方面为着眼点

其中，阴影部分为韩语汉字词与汉语词汇词义相交的义项，其他则为各自独有的词义义项。

（2）同形完全异义词：是指韩语汉字词和汉语词汇中，词义完全不同，即字形、字数相同，且字的顺序相同，但意义完全不同或相反的词。在《首尔大学韩国语 1》和《首尔大学韩国语 2》中共有 41 个，占同形异义汉字词的 57%。由于此类汉字词的词形完全相同，对初学者来说，可能会导致各种笑话和误会。

一个韩国人在中国就餐就因错误地把“点心”误解成“午饭”，不但饿了肚子，还造成了误会。韩国人直接用汉字词“点心/점심”直接理解为“午饭”，其实“点心/점심”是同形异义汉字词，在韩语中表示“午饭”，但在汉语里则表示“糕饼之类的食品”。除了“点心/점심”外，“学院/학원”、“汽车/기차”、“运转/운전”、“洗手”、“新闻/신문”等同形异义汉字词都是初学者经常弄出笑话和误会的例子。

3. 异形同义词

异形同义词是指词形不同，而意义相同的汉字词。统计《首尔大学韩国语 1》和《首尔大学韩国语 2》中共有异形同义词 105 个，占韩语汉字词的 38%。关于异形同义词形成的原因，最大的理据就是时代的变迁和理念的差异。韩语汉字词在传入时是同形同义词，但随着时间的流逝，在韩国还保持着原义原形，而在中国则产生了新的词汇。本人通过自己的韩语学习和一些韩国朋友学习汉语的经历发现，意思相同但字形不同的词汇反而容易引起学习者的特别注意，比同形异义词更容易熟记和理解。这类汉字词数量不多，主要有顺序不同的逆序汉字词、形态部分相同的汉字词和形态完全不同的汉字词。

（1）同义逆序汉字词：有些韩语汉字词在构成要素上与对应汉语词汇相同，书写顺序相反，但词义相同。即“汉韩逆序词”。[5] 在本人所研究的材料中，仅有一个同义逆序汉字词。如表3所示。

表3　同义逆序汉字词

韩语词	韩语汉字词	汉语词
소개	紹介	介绍

由于书写顺序相反，学生在使用时很容易说反，除了“紹介”，还有“榮光”、“約婚”等词。通过对古代汉语词汇的观察，产生这种现象的原因是这部分汉字词在古代汉语中本身就存在着一对构成要素相同、语序相反的同义词。但是由于变化轨迹的不同，现代汉语和韩语汉字词沿用了不同的同义词，从而产生了韩语汉字词的“逆序”现象。[5]

（2）同义部分异形汉字词：所谓同义部分异形汉字词，就是更换了汉字词中的个别构成要素，但韩语词义与对应汉语词义相同或相近。在《首尔大学韩国语1》和《首尔大学韩国语2》中共有61个，占异形同义汉字词的59%。有的韩语汉字词只更换了一个构成要素，例如“感氣/감기”——“感冒”、“到着/도착”——“到达”、“運動靴/운동화”——“运动鞋”等；有的韩语汉字词则更换了两个或以上构成要素，例如“水泳場/수영장”——“游泳池”、“高等學生/고등학생”——“高中生”、“複寫機/복사기”——“复印机”等；有的韩语汉字词则增加或减少个别构成要素，例如“飛行機/비행기”——“飞机”、“寄宿舍/기숙사”——“宿舍”、“百貨店/백화점”——“百货商店”等。

（3）同义完全异形汉字词：韩国汉字词和汉语词词形完全不同，而其意义相同的词汇。在《首尔大学韩国语1》和《首尔大学韩国语2》中共有43个，占异形同义汉字词的41%。这类韩语汉字词，大多都是直接沿用古代汉语的词形，因而中国学生基本可以通过词形直接找出相对应的汉语词汇。而由于现代汉语词汇是在不断改变古代汉语词汇的词形的过程中发展起来的，韩国学生并不能直接学习汉语词汇的词形而理解其含义。例如“空港/공항”——“机场”、“宿題/숙제”——“家庭作业”、“映畫/영화”——“电影”等词，中国学生基本都能猜出其含义，而韩国学生则不能。

四、韩语汉字词对汉语习得的利与弊

任何人学习外国语时，最自然、最易做的事就是把母语的习惯套在外国语上，有时套得对，有时就会套错。韩语汉字词，可以说是一把“双刃剑”，词形词义的相同或相似，是韩国汉语学习者学习的有利因素，但词形词义的相异是不利因素。

（一）韩语汉字词对汉语习得的有利因素

1. 助于理解汉语词汇

处于“汉字文化圈”的韩国人来说，学习汉语有着得天独厚的优势。根据上一章节的对比分析可以看出，那些汉韩同形同义的汉字词和汉语词是一一对应的关系，韩国学生很容易将其直接转化为母语代码并找到与之相应的汉字词来加以理解。例如，“辭典/사전”、“生日/생일”、“書店/서점”等词，都可以直接转化为相对的汉语词“辞典”、“生日”、“书店”来理解。因此，这类韩语汉字词并不会对韩国学生的学习产生任何干扰，反而有助于他们理解汉语词汇，给韩国学生带来积极的影响。

2. 助于记忆汉语词汇

根据艾宾浩斯遗忘曲线，新元素进入人脑中，要经过反复的信息输入才可以真正储存在大脑中，由短时记忆变为长期记忆。在学习同形汉字词时，信息的输入与学习者大脑中的母语信息相吻合，这些似新实旧的词语就可依附在原有的长期记忆中。这样，与这些汉字词相对应的汉语词汇也就很容易被韩国学生吸收，成为稳定深刻的长期记忆。

3. 助于翻译汉语词汇

韩语汉字词的同形部分，因与汉语词汇相对应，有助于汉韩双语间的翻译。这一点有利因素主要体现在人名、事物、方位、处所的专有名词和政治、经济、文化、科技方面的术语词汇中，与汉语词汇是字与字的一对一关系，可相互直译。例如“慶州/경주”——“庆州”，“國際會館/국제회관”——“国际会馆”，“南大門/남대문”——“南大门”等专有名词。由于专有名词的汉韩词汇都一一相对，本文并没有进行归纳分析。

4. 助于提高学生的自信心和兴趣

我们学习外语时也深有体会，当碰到与母语相似的，容易记忆和理解的第二语言时，倍感亲切，也自然得心应手。在韩国人学习汉语时，汉字词这部分相对容易记忆的词汇学习起来很简单，并使学生有种“老乡见老乡，两眼泪汪汪”的感觉。这会对学习者的汉语学习产生很大的鼓舞作用，也能极大地增强学习者的信心和学习兴趣。

（二）韩语汉字词对汉语习得的不利因素

1. 词义差异的问题

韩语汉语词中，同形异义词部分是最容易受母语干扰而产生负迁移的部分。由于韩语中有许多与汉语词词形完全相同，但词义不尽相同的汉字词，学生往往很难拿捏其中的词义，阻碍对汉字词的理解，从而出现词义的偏误。

例如：同形异义词“食堂——식당”

偏误句：下班后，我们去食堂聚餐吧！

正确句：下班后，我们去饭馆聚餐吧！

在韩语中，食堂指机关、团体中供应本单位成员吃饭的地方，也可指餐馆、饭店、餐厅等意思；而在汉语中，食堂只指机关、团体中供应本单位成员吃饭的地方。

2. 词性标志不同的问题

韩语属于黏着语，词语一般都会有比较明显的词性标记。韩语汉字词中的名词一般是以词干形式存在，即与汉语词汇完全对应，所有的动词和形容词都必须加上“하다（hada）”词尾。但汉语词汇的形态标志很不明显。因此，尽管韩语汉字词与汉语词汇的词义基本相同，但学习者也很容易忽略词性的差异，从而造成偏误的出现。

例如：同形同义词“出發——출발(하다)”

汉语句子：飞机从哪里出发？

韩语句子：비행기는 어디에서 출 발합니까

“出发”在汉语中是动词，而韩语汉字词“出發/출발”仅仅是名词性，必须在“출발”后加上后缀“하다”，形成“출발하다”形式才表示动词。韩语句子中的“출발합니까”正是由动词“출발하다”与疑问句句尾形式“ㅂ니까”结合而成。

3. 词形差异的问题

这一部分的不利因素，主要表现在异形同义汉字词中。由于这些词与汉语词汇的意义相同或相近，但形态不相同，因此很容易使韩国学生将韩语汉字词的词形直接套用于同义的汉语词中，造成偏误。同时也容易混淆词语，阻碍记忆的速度。特别表现在同义逆序汉字词中，例如“紹介——介绍”，韩语汉字词与汉语词的语素顺序互调，在书写或日常交流中，韩国学生很容易直接将“介绍”表达为“紹介”。

五、教学策略的建议

（一）创建以“强利弱弊”为中心的教学思维

由于韩语汉字词有利于韩国学生对汉语词汇的理解、记忆和使用，增强他们学习汉语的归属感，提高他们学习韩语的兴趣。因此在对韩汉语的教学方法上，教师更要鼓励韩国学生借用汉韩同形同义汉字词来迅速掌握大量的汉语词汇，发挥韩语汉字词对汉语习得的积极作用。

另一方面，韩语汉字词对韩国学生的汉语习得也存在不利因素。汉韩同形异义词和异形同义词在词义、词性、词形等方面存在的差异，使韩国学生学习汉语词汇时产生偏误。这些偏误的产生往往是无意识的，如果在教学中不明确地指出并加以正确地引导，将使韩国学生学到一口韩国式的汉语。因此，作为汉语教师，我们要尽力减少这种偏误对学生习得汉语的影响，要能预知学生在学习汉语过程中出现的偏误现象，设计有效的教学方法，提高学生习得汉语的效率。

（二）设置针对性的教学方法

1. 针对同形同义词的教学方法

通过上两章的分析，同形同义词是韩国学生学习汉语的主要积极因素，因其词形和词义都相对应，易于理解和记忆。在实际教学过程中，可以直接罗列出一系列同形同义词。依附同形同义词来吸引学生，使学生产生学习汉语的兴趣。而对此部分汉字词的教学重点，在于对同形同义词的词类划分、分析其词性、消除汉韩词汇词性标志等不同而引起的阻碍。

对于这类同形同义词的教学，应该采取整体归纳的方法，让学生对这类词有总体的印象，从而进行归纳性学习。利用笔者研究的《首尔大学韩国语 1》和《首尔大学韩国语 2》可以将同形同义汉字词的动词、形容词作如下归类，方便学生直接记忆。

表 4　《首尔大学韩国语 1》中的同形同义汉字词归纳

词类	韩国语	韩语汉字词	汉语词
动词	등산（하다）	登山	登山
	복습（하다）	復習	复习
	설명（하다）	說明	说明
	참가（하다）	參加	参加
	청소（하다）	清掃	清扫
	이해（하다）	理解	理解
形容词	간강（하다）	健康	健康
	자세（하다）	仔細	仔细
	정확（하다）	正確	正确
	친절（하다）	親切	亲切
	필요（하다）	必要	必要
	님성적	男性的	男性的
	여성적	女性的	女性的

表5　《首尔大学韩国语2》中的同形同义汉字词归纳

词类	韩国语	韩语汉字词	汉语词
动词	감사（하다）	感謝	感谢
	실례（하다）	失禮	失礼
	여행（하다）	旅行	旅行
	운동（하다）	運動	运动
	연결（하다）	連結	连结
	유행（하다）	流行	流行
	준비（하다）	準備	准备
	초대（하다）	招待	邀请
	축하（하다）	祝賀	恭喜
	출발（하다）	出發	出发
	유행（하다）	流行	流行
形容词	복잡（하다）	複雜	复杂

2. 针对同形异义词的教学方法

汉韩同形异义词，是韩国汉字词与汉语词汇书写形式相同，而词义有一些差异的词汇。这些词语，有的词义交集，有的完全无关，使韩国学生在学习汉语时比较容易产生错误。因此教师应将教学重点放在两词词义的辨别上。

3. 针对异形同义词的教学方法

通过对比我们知道，韩语异形同义汉字词在形式上与汉语词有一定的差异，但是意义一致。对于这类汉字词，学生很难掌握与之对应的汉语词汇，阻碍理解和记忆，容易产生错误。在教学上，应在词义相同的基础上，增强对词形的对比，即首先向学生展示汉语词汇，然后解释该词的含义，再让学生根据词义，联想出对应的韩语词汇，最后，教师作解释。尽量做到教师引导学习内容，学生独立思考，使学生集中注意力，提高学生兴趣。

参考文献

［1］金明华．韩国语汉字词和中文词汇的比较［J］．科教文汇，2010（3）：118～119.

［2］徐建宏．汉语词汇和韩国语汉字词的对比研究［J］．辽宁大学学报，1999（4）：107～110.

［3］黄伯荣，廖序东．现代汉语（上册）［M］．北京：高等教育出版社，2007.

［4］朴雅映．韩国语中的汉字词研究［D］．吉林大学硕士学位论文，2008.

［5］李哲宇．韩语汉字词与对外汉语教学［D］．黑龙江大学硕士学位论文，2012.

[6] 李得春. 古代韩国汉字特殊用法综述 [J]. 解放军外国语学院学报, 2007 (2): 23~26.

[7] 高银姝. 韩国汉字词使用情况的考察分析 [D]. 天津师范大学硕士学位论, 2003.

[8] 刘珣. 对外汉语教育学引论 [M]. 北京: 北京语言大学出版社, 2000.

[9] 朴志炫. 韩国语汉字词与对外汉语词汇教学 [D]. 湖南师范大学研究硕士学位论文, 2011.

[10] 裴颖竖. 韩语汉字词在汉语教学中的影响及教学对策 [D]. 沈阳师范大学硕士学位论文, 2012.

汉语研究

汉字字音频度动态统计与分析

马显彬*

摘　要：字频、词频的研究已经取得了很好的成果，字音是汉字形、音、义三要素之一。但是，目前对字音频度的动态统计还是空白。文章依据《汉字频率表》对4 038个单音字字音频度分别进行了动态统计，并根据声母、韵母和声调进行了统计与分析。字音频度统计结果对普通话语音教学、教材编写和普通话水平测试试题的编制有着重要的指导作用。

关键词：字音；动态；频度；数据

一、统计说明

字音是汉字形、音、义三要素之一，但是，目前对字音频度的动态统计还是空白。中国社会科学院语言文字应用研究所①拼音研究室，根据北京航空学院②现代汉字字频统计材料，对7 754个汉字字音进行了静态统计，得到了字音频度的一些数据[1]。但是这次统计存在两个问题：一是它是静态统计，没有进行动态统计，动态统计的结论更准确一些；二是7 754个汉字中有10%左右的多音字③，这次统计没有考虑多音字的问题。多音字可能有不同的声母、韵母和声调，这个多音字应该归哪个声母、韵母和声调，存在归并问题。实际上，应该排除多音字进行统计。因此，统计结果的准确性存在问题。

本文试图对字音的频度从动态方面进行统计与分析。具体说明如下：

（1）字音成分按照传统分为声母、韵母和声调三个部分。

* 马显彬，湛江师范学院人文学院教授，主要研究方向为现代汉语。

① 现为教育部语言文字应用研究所。

② 现为北京航空航天大学。

③ 多音字在现代常用字中约占10%的比例。

（2）北京语言学院①《汉字频率表》[2]统计方法得当，抽样科学，得出的结果有很高的参考价值，所以我们以它为统计的依据。该表收录4 574字，但是4 574字里面涉及多音字，多音字的声韵调不便归类，所以这里排除多音字，最后是以4 038单音字为依据分别进行动态统计。

（3）动态统计，就是语言成分在使用中呈现出来的统计数据，冯志伟认为[3]，静态数据与动态数据有很大的差异，一般而言，动态数据更可靠一些，更能说明问题。

二、动态统计结果与分析

（一）动态统计结果

表1　声母动态数据表②

序号	声母	字次	频度（%）	累计频度（%）
1	b	70 406	5. 291 5	5. 291 5
2	p	15 391	1. 156 7	6. 448 2
3	m	47 691	3. 584 3	10. 032 5
4	f	28 178	2. 117 8	12. 150 3
5	d	72 741	5. 467	17. 617 3
6	t	63 342	4. 760 6	22. 377 9
7	n	35 786	2. 689 5	25. 067 4
8	l	68 384	5. 139 5	30. 206 9
9	g	67 092	5. 042 4	35. 249 3
10	k	20 752	1. 559 6	36. 808 9
11	h	46 723	3. 511 5	40. 320 4
12	j	90 757	6. 821	47. 141 4
13	q	52 033	3. 910 6	51. 052
14	x	79 933	6. 007 5	57. 059 5
15	z	53 690	4. 035 1	61. 094 6

① 现为北京语言文化大学。1979 年至 1985 年，北京语言学院语言教研室对 180 多万语料进行分析统计，得到了 4 574 个不同的汉字，编成《现代汉语频率词典》（内含《汉字频率表》和《8 000词频表》）。

② “θ”代表零声母。

（续上表）

序号	声母	字次	频度（%）	累计频度（%）
16	c	18 930	1.422 7	62.517 3
17	s	20 385	1.532 1	64.049 4
18	zh	78 210	5.878	69.927 4
19	ch	36 394	2.735 2	72.662 6
20	sh	102 619	7.712 5	80.375 1
21	r	34 292	2.577 3	82.952 4
22	θ	226 830	17.047 7	100
合计		1 330 559	100	

表2　韵母动态数据表①

序号	韵母	字次	频度（%）	累计频度（%）
1	a	40 196	3.020 9	3.020 9
2	ai	67 986	5.109 6	8.130 5
3	an	46 908	3.525 4	11.655 9
4	ang	27 072	2.034 6	13.690 5
5	ao	45 740	3.437 7	17.128 2
6	e	61 770	4.642 4	21.770 6
7	ei	14 325	1.076 6	22.847 2
8	en	45 475	3.417 7	26.264 9
9	eng	39 769	2.988 9	29.253 8
10	er	7 795	0.585 8	29.839 6
11	i	153 052	11.502 8	41.342 4
12	ia	17 112	1.286 1	42.628 5
13	ian	65 179	4.898 6	47.527 1
14	iang	29 454	2.213 7	49.740 8
15	iao	33 508	2.518 3	52.259 1
16	ie	29 329	2.204 3	54.463 4

① 普通话韵母是39个，缺少ê韵母，只有38个。“欸”（ê）在《汉字频率表》中是个多音字，被排除掉了，所以韵母只有38个。

（续上表）

序号	声母	字次	频度（%）	累计频度（%）
17	in	29 941	2. 250 3	57. 713 7
18	ing	41 147	3. 092 5	60. 806 2
19	iong	6 988	0. 525 2	61. 331 4
20	iou	49 952	3. 754 2	65. 085 6
21	o	3 597	0. 270 3	65. 355 9
22	ong	35 878	2. 696 5	68. 052 4
23	ou	30 373	2. 282 7	70. 335 1
24	u	99 661	7. 490 2	77. 825 3
25	ü	27 250	2. 048 1	79. 873 4
26	ua	9 235	0. 694 1	80. 567 5
27	uai	7 037	0. 528 9	81. 096 4
28	uan	17 906	1. 345 8	82. 442 2
29	üan	11 091	0. 833 6	83. 275 8
30	uang	12 099	0. 909 3	84. 185 1
31	üe	15 259	1. 146 8	85. 331 9
32	uei	32 727	2. 459 6	87. 791 5
33	uen	12 619	0. 948 4	88. 739 9
34	ueng	109	0. 008 2	88. 748 1
35	ün	6 432	0. 483 4	89. 231 5
36	uo	55 979	4. 207 2	93. 438 7
37	后 i	83 139	6. 248 4	99. 687 1
38	前 i	17 470	1. 312 9	
合计		1 330 559	100	

表 3　元音动态数据表

序号	声调	字次	频度（%）	累计频度（%）
1	a	430 523	21. 336 4	21. 336 4
2	o	262 015	12. 985 2	34. 316
3	e	206 794	10. 248 5	44. 570 1
4	ê	44 588	2. 209 7	46. 779 8

（续上表）

序号	声母	字次	频度（%）	累计频度（%）
5	i	577 737	28.632 2	75.412
6	u	327 697	16.240 4	91.652 4
7	ü	60 032	2.975 1	94.627 5
8	er	7 795	0.386 3	95.013 8
9	后 i	83 139	4.120 3	99.134 1
10	前 i	17 470	0.865 8	100
合计		2 017 790	100	

表 4　声调动态数据表

序号	声调	字次	频度（%）	累计频度（%）
1	阴平	285 597	21.464 4	21.464 4
2	阳平	262 398	19.720 9	41.185 3
3	上声	274 629	20.640 1	61.825 4
4	去声	499 484	37.539 4	99.364 8
5	轻声	8 451	0.635 2	100
合计		1 330 559	100	

（二）动态数据分析

1. *声母*

（1）从发音部位看：

舌尖后音（zh、ch、sh、r），占 18.9%。

舌尖中音（d、t、n、l），占 18.06%。

舌面音（j、q、x），占 16.74%。

舌根音（g、k、h），占 10.11%。

双唇音（b、p、m），占 10.03%。

舌尖前音（z、c、s），占 6.99%。

唇齿音（f），占 2.12%。

（2）从发音方法看：

塞擦音（z、c、zh、ch、j、q），占 24.8%。

擦音（s、sh、r、h、x、f），占 23.46%。

塞音（b、p、d、t、g、k），占23.28%。

鼻音（m、n），占6.27%。

边音（l），占5.14%。

不送气音（b、d、g、j、z、zh），占32.54%。

送气音（p、t、k、q、c、ch），占15.55%。

清辅音（b、p、f、d、t、g、k、h、j、q、x、z、c、s、zh、ch、sh），占68.96%。

浊辅音（r、n、l、m），占13.99%。

（3）零声母比例较大，占17.05%，非零声母占82.95%。

（4）方音：

z 占 4.04%，zh 占 5.88；c 占 1.42%，ch 占 2.74%；s 占 1.53%，sh 占 7.71%。平舌音占 6.99%，翘舌音（仅 zh、ch、sh）占 16.33%，两项合计23.32%。

n 占2.69%，l 占5.14%，两项合计7.83%。

h 占3.51%，f 占2.12%，两项合计5.63%。

2. 韵母

（1）从传统结构看：

单韵母占37.12%。

复韵母占30.71%。前响复韵母（ai、ao、ei、ou）占11.91%，中响复韵母（uei、uai、iou、iao）占9.26%，后响复韵母（ia、ua、uo、ie、üe）占9.54%。

鼻韵母占32.17%。前鼻音鼻韵母（an、uan、ian、üan、en、uen、in、ün）占17.7%，后鼻音鼻韵母（ang、uang、iang、eng、ueng、ing、ong、iong）占14.47%。

（2）从"四呼"看：

开口呼（非i、u、ü或i、u、ü开头的韵母）占39.95%。

齐齿呼（i或i开头的韵母）占33.72%。

合口呼（u或u开头的韵母）占21.29%。

撮口呼（ü或ü开头的韵母）占5.04%。

（3）方音：

in/ing，in 占2.25%，ing 占3.09%；en/eng，en 占3.42%，eng 占2.99%。前鼻音韵母合计5.67%，后鼻音韵母合计6.08%。

uan/uang，uan 占 1.35%，uang 占 0.91%；an/ang，an 占 3.53%，ang 占 2.03%，ian/iang，ian 占4.9%，iang 占2.21%。前鼻音韵母合计9.78%，后鼻音韵母合计5.15%。

i/ü，i 占11.5%，ü 占 2.05%；in/ün，in 占 2.25%，ün 占 0.48%；ian/üan，

ian 占 4.9%，üan 占 0.83%；ie/üe，ie 占 2.2%，üe 占 1.15%。不圆唇音合计 20.85%，圆唇音合计 4.515%。

3. 声调

去声构字最多，超过三分之一，其次是阴平、上声、阳平。

另外，很多现代汉语教材在讲到汉语音节特点的时候，都提到元音占优势问题[4]。为此，我们将 4 038 个单音字的音节拆解到音素，并从动态方面进行了统计。动态统计结果：总计 3 549 586 个音素（有重复），其中元音音素 2 017 790 个，辅音音素 1 531 796 个，元音音素占 57%，辅音音素占 43%。可见，动态数据证明元音优势不明显，至少不占绝对优势。

三、作　用

字音频度统计结果对普通话语音教学和普通话水平测试试题的编制有着指导作用。如何进行普通话语音教学，以前没有一个语音上的参考标准，各声母、韵母等不分主次平均教学，没有突出重点。现在有字音频度统计结果，我们可以根据它进行针对性的重点教学。例如动态数据，翘舌音（zh、ch、sh、r）占 18.9%，也就是约占了五分之一，平舌音（z、c、s）占 6.99%，两项合计 25.89%。可见，平舌音和翘舌音约占四分之一，应该是教学的重点。统计结果也为编写普通话教材提供了依据。

从 1994 年至今，全国开展了普通话水平测试。试卷主要由读单音节字词、读多音节词语、读短文和说话四题构成。读短文和说话是动态测试，读单音节字词、读多音节词语则是静态测试。在编制读单音节字词、读多音节词语试题的时候，声韵调要按要求分配。例如读单音节字词题，《普通话水平测试大纲》规定，在 100 个音节中，每个声母出现次数不少于 3 次，韵母不少于 2 次，4 个声调出现次数大致均衡[5]。这样的规定显然与动态统计结果不符合。照理应该按照动态统计结果来编制试题。例如零声母大约要占 17 个，zh 大约要占 6 个，sh 大约要占 8 个。所以，统计结果可以为普通话水平测试编制试题提供重要指导。

参考文献

[1] 冯志伟. 语言与数学 [M]. 北京：世界图书出版公司，2011. 52.

[2] 北京语言学院语言教研室. 现代汉语频率词典 [M]. 北京：北京语言学院出版社，1986.

[3] 冯志伟. 现代汉字和计算机 [M]. 北京：北京大学出版社，1989. 138.

[4] 黄伯荣，廖序东. 现代汉语（上册）[M]. 北京：高等教育出版社，2007. 74.

[5] 普通话水平测试实施纲要 [M]. 北京：商务印书馆，2004. 2.

印尼棉兰华文牌匾语言调查分析

郑　军*

摘　要：本文对印尼棉兰华文牌匾的语言进行了调查分析。调查发现，华文牌匾主要使用在饮食、教育、医疗和宗教等领域，牌匾语言既体现了中华传统文化特色，又具有当地华人特色，但需要进一步规范和引导。文章还对华文牌匾简体字与繁体字以及华语与方言和英语的关系进行了探讨。

关键词：印尼；棉兰；华文牌匾；语言分析

牌匾语言是指牌匾上的语言或文字使用状况及其反映的社会文化心理等特征。国内学者（吴继光[1]、韩喜玉[2]、郑梦娟[3]、范文嫣[4]、李现乐[5]）运用社会语言学方法，揭示了牌匾的语言特征和文化内涵，为丰富语言资源和纯洁语言文字作出了贡献，但学者们尚未重视海外华文牌匾语言的研究。而对海外华文牌匾语言进行研究，不仅有助于了解海外华文的语言生活状况和海外华人的文化心理特征，也有助于国家语言政策的制定和汉语的传播与推广。

在印尼，华人约 1 000 多万，主要生活在印尼的雅加达、泗水、棉兰等一些大城市。棉兰位于苏门答腊岛的东北部，是印尼的第三大城市，北苏门答腊省的省府。棉兰市人口约有 200 多万，其中华人约 50 万，占全市人口的 25%。

在印尼，华文被禁以前，“不管是杂货店或金铺或理发店、菜馆、咖啡店，甚至跑运输载货或载客的汽车两侧，都有醒目的华文招牌”（贝仲敏[6]），后来，“印尼政府从 1966 年以后严禁在大街小巷悬挂华文招牌与广告”[7]，从此以后，除了寺庙还能看到华文招牌外，其他地方就看不到华文招牌了。20 世纪 90 年代末，印尼政府主动适应多元文化建设的需要，对华文牌匾采取了开放和默认的态度。那么，作为华人主要居住城市之一的棉兰市，华文牌匾语言的使用状况及其所反映的文化心理特征怎么样？本文将对此进行探讨。

* 郑军，博士，湛江师范学院人文学院副教授，主要研究方向为对外汉语教学和社会语言学。

一、调查对象及调查方法

（一）调查对象

本文的调查对象主要为棉兰市区采用华文文字或汉语拼音书写的室外牌匾。既包括具有名称指称意义的店名或社团组织名称等，也包括具有宣传和广告性质的华文牌匾。

（二）调查方法

由于历史的原因，目前棉兰华文牌匾还比较少，所以我们没有像大多数学者那样确定主要街道进行调查分析，而是采取穷尽调查的方法。2012 年 3 月 12 日和 5 月 8 日，两位棉兰当地中文专业的大学生和笔者带着数码相机，骑着摩托车，穿梭在棉兰的大街小巷，当看到华文牌匾后就拍下来。两次共收集到 207 块华文牌匾。为了确定华文牌匾上的语言种类及意义，我们又先后找了三位当地熟悉印尼语和福建话的亚洲国际友好学院华文系的大学生，逐一分析确定每个牌匾的语言种类及其意义。然后我们把每个牌匾的语言使用情况输入 Excel，借助 Excel 进行相关的量化分析。

二、调查结果

（一）使用领域

使用领域是指华文牌匾的使用范围。社会语言学认为，语言使用领域在一定程度上反映了该语言的当前使用状况。调查发现，华文牌匾主要出现在饮食、教育、宗教、医疗、传媒等领域，另外一些宗亲会、基金会、按摩店和旅馆等也使用华文牌匾，其中饭店使用华文牌匾最多，但没有发现使用华文牌匾的企业。具体情况见表 1。在饮食领域，主要是经营华人特色饮食的饭店，如“海南鸡饭”；教育领域主要是从事三语教育或华文教育的学校和补习班，如“棉兰崇文华文学苑”；宗教领域主要出现在华人所信仰的佛教或基督教的寺庙，如“慈光弥勒佛院”；医疗主要是从事传统中医的诊所，如“陈紫薇中医师”；报社主要是一些华文媒体，如“好报”。

表 1　华文牌匾使用领域

使用领域	牌匾数量	百分比（%）
教育	24	12
饮食	96	46
医疗	15	7
宗教	21	10
报社	9	4
其他	42	20

（二）语言特征分析

我们对牌匾语言的研究，一般从字数、语言种类、凸显语言、字体类型、命名要素等方面对华文牌匾进行语言特征分析。

1. 字数

字数指牌匾上使用华文文字或拼音的数目。如果既有华文文字，又有汉语拼音，我们只记一次。社会语言学认为，无论是名称还是广告，应体现经济的原则，这样便于记忆。调查发现，使用字数最多的牌匾有 16 个字，是一个社团组织的名称，“佛教慈济基金会印尼分会棉兰联络处”；使用字数最少的是 1 个字，主要为饭店经营性特征的“素”字；使用 4 字名称的最多，使用范围较广，既有饭店名称，也有旅馆名称和寺庙标识等，这说明人们仍习惯使用传统的整齐匀称手法来表情达意，如“豪华宿舍”。具体情况见表 2。

表 2　牌匾用字情况

字数	牌匾数量	百分比（%）	字数	牌匾数量	百分比（%）
1	18	9	7	6	3
2	30	14	8	18	9
3	30	14	9	9	4
4	39	19	11	3	1
5	18	9	16	3	1
6	33	16			

2. 语言种类

语言种类是指华文牌匾上使用的语言情况。根据调查情况，我们把华文牌匾的语言类型分为华文式、华文+印尼语式、华文+英语式、华文+印尼语+英语式。这里的"华文"，既包括汉字，也包括汉语拼音和用印尼语书写的福建话。由于用印尼语书写福建话这一格式具有独特性，我们对使用这种方式的牌匾进行了单独统计，称为福建话式，如"喜来登（hee lai ton）大酒楼"。其中使用最多的是"华文+英语式"，共87块牌匾，单纯使用华文的牌匾有27块，而使用福建话式的占29%，主要出现在饮食领域。根据印尼法律规定，在牌匾上应有印尼官方语言的标识，但没有显示印尼语标识的牌匾有114块，占55.07%。具体情况见表3。

表3　牌匾语言种类

语言种类	牌匾数量	百分比（%）
华文式	27	13.04
华文+印尼语式	84	40.58
华文+英语式	87	42.03
华文+印尼语+英语式	9	4.35
福建话式	60	29

3. 凸显语言

凸显语言是指牌匾把其置于突出位置的语言。我们首先根据字号的大小确定哪种语言突出，把字号大的语言确定为凸显语言；在字号大小相同的情况下，根据出现的顺序确定凸显语言，把首先出现的语言确定为凸显语言。如果只有一种语言，那这种语言就是凸显语言。凸显华文的牌匾最多，占75.36%，根据印尼法律规定，凸显印尼语的应该最多，而实际上最少，仅占7.25%。

表4　牌匾凸显语言

种类	牌匾数量	百分比（%）
华文凸显	156	75.36
英语凸显	36	17.39
印尼语凸显	15	7.25

4. 字体类型

字体类型是指使用的华文文字是繁体字还是简体字。我们把汉字的简体字和繁体字书写方式相同的确定为"不确定"，把只用印尼语书写福建话而无华文文字的格式定为"无"。从统计来看，使用繁体字的最多，占62.32%，使用简体字的仅占

18.84%。详细情况见表5。

表5 牌匾字体类型

字体类型	牌匾数量	百分比（%）
简体字	39	18.84
繁体字	129	62.32
不确定	36	17.39
无	3	1.45

5. 命名要素

我们借用郑梦娟（2006）的方法，从地名、属名、业名和通名四个方面分析牌匾的构成。通名使用频率多的主要是“酒楼、中心、学校（苑）、餐馆、会、堂”等。“中心”主要用于语言培训学校名称，如“中华语文中心”，“会”主要用于社团组织，如“鹅城慈善基金会”，“堂”主要用于宗教组织，如“基督耶稣教会国语堂”。业名主要表现经营特点或经营范围，如“素食、云吞面、火锅、海南鸡饭、北京烤鸭、汉英学习、中华语文”等。属名最能表现商家或社团组织的个性，主要使用幸福吉祥的词语。地名使用得较少，主要是一些社团组织，如“印尼苏北客属联谊会”。

（三）文化心理特征

语言是文化心理的反映。华文牌匾反映了棉兰华人既具有传统的华人文化，又具有当地文化的华族特征。如语言使用领域主要为经营华人特色饮食的饭店，语言字数多为体现整齐匀称心理的4字，语言使用上，采用福建话为华文文字注音，字体类型上较多使用繁体字，语言内容上一方面反映幸福吉祥和兴旺发达的心理诉求，较多地使用“喜”、“合心”、“美心”、“幸运”、“真心”等词语，另一方面较多地使用具有中国传统影响的地名作为名称元素，如“北京”、“上海”、“海南”和“四川”等。与国内相比，如韩喜玉[2]发现西宁地区牌匾语言具有三个特征，一是追求祥和、安稳、幸福，二是追求兴旺、发达，三是求新、求异、求洋。我们发现，在印尼棉兰的华文牌匾，具有韩喜玉所讲的前两个方面的特征，而不具有第三个特征，这也从另一侧面反映了棉兰华人具有传统华人文化特征，勤劳朴实而不求新求异。而棉兰华人具有当地文化的特征主要反映在宗教上。根据印尼法律规定，印尼每一位公民都必须有一种宗教信仰，否则被视为异端，为法律所不容。据郑一省[8]调查发现，52%的棉兰华人信仰佛教，12%信仰孔教，而佛教和孔教倡导素食，因此，许多饭店华文牌匾出现“素”或“斋”字。我们这次的调查对象虽然有限，但结果与郑一省[8]和杨宏云[9]的发现相同，他们通过田野调查发现，印尼棉兰的华人，一方面具有中华传统文化的特征，同时又具有土著文化的特征。

三、讨论及建议

（一）华文牌匾语言的规范

印尼政府规定，牌匾语言必须规范使用。据贝仲敏[6]介绍，“1949 年印尼接管政权后，规定印尼文必须置于华文之上”。后来规定，“招牌上的印尼文要比华文大，至少要一样大”。但从我们调查的华文牌匾来看，凸显印尼语的仅有 5 块，占 7.25%，有的华文牌匾甚至没有印尼语标识，这显然不符合印尼法律规定，也不利于华文牌匾的生存和健康持续发展。因此，应当规范华文牌匾的使用，凡是使用华文的牌匾，同时使用和凸显印尼语。在这方面，当地华人社团应当发挥作用，如苏北华联，通过宣传让华人认识到，使用和凸显印尼语是维护华人利益，促进华文健康持续发展的正确手段。

（二）简体字与繁体字

从我们调查的结果来看，目前华文牌匾的文字主要使用繁体字，占 62.32%，如果加上“不确定”，占 79.71%，使用简体字的主要是一些华文学校或三语学校。那么华文牌匾用什么字好呢？有人认为简化字是世界华人使用的大趋势，应当提倡使用简体字；有人认为繁体字有利于继承华人文化，应当提倡繁体字。《中国语言生活状况报告》[10]指出：“简繁汉字都是中华民族的宝贵文化财富，而且其差异严格来讲不到 30%，相互认识并非如想象的那么困难。”郭熙[11]也认为，“就整个华人社会而言，我们觉得‘提倡简体字，但不反对繁体字’的说法应该是可以接受的”。我们赞同这一观点。因此，华文牌匾既可以使用简体字也可以使用繁体字，而且使用繁体字更有利于凸显印尼华人的华族特征。

（三）华语与福建话

从调查结果来看，采用福建话式的华文牌匾占 29%，这反映了福建话在棉兰华人社会中具有独特地位。杨宏云[9]指出：“据采访得知，在棉兰的华人社会中，如果不能说一口流利的闽南话（也称作福建话），不仅有碍生意往来，而且会让人看不起。”在棉兰，我们发现，一些华人诵读的经文，既有华文文字，也有印尼语式的福建话，甚至当地一些友族人也会说福建话。因此，一些华文牌匾出现印尼语式福建话也在所难免。但一些华教人士和华社领袖担心，如果过多使用福建话，会造成华人的不团结，也不利于华文的学习。我们认为，一些商店之所以使用福建话式牌匾，一方面是为了增强亲切感，吸引华人顾客，另一方面，采用印尼语拼写福建话，也体现了当地人的特性。在当前福建话仍是棉兰华人强势方言的情况下，应当尊重现实，顺其自然。

（四）华文与英语

英语作为世界的强势语言，无处不在。从我们调查的结果来看，华文牌匾含有英语的占46.35%。当地华人认为，使用英语代表现代化，再加上英语为印尼第一外语，所以英语在印尼影响较大。陈若芬[12]指出："随着英语在当代印尼影响的深入，与其说英语是外国语不如说印尼语是辅助性语言。"从这里可以看出，华文的使用和传播受到了英语的挑战。我们认为，华文牌匾可以使用英文，但英文一定要小于华文，而且要居于华文之下，而不是像我们调查的那样，有17.39%的华文牌匾是凸显英文，这既不利于华人文化的传播和继承，也不符合印尼国家的法律规定。

（五）华文牌匾的多与少

从上文我们可以看出，和以前相比，目前华文牌匾还较少。那么如何看待这一问题呢？韩旭[13]认为从华文教育环境的营造和吸引华商投资印尼的角度来讲，"现在已是华文招牌重出江湖之际"，容子[14]从当地人对华人看法的角度，认为"挂华文招牌目前不适宜"，因为"在当地人心中，已是'华人都是财主'，一旦挂起华文招牌，满街都是华文招牌，满眼都是华人商店，恐怕别居用心者又多一个借口了"。韩旭[15]后来再次撰文，回顾了华人在印尼的生存状况后指出，"恢复使用华文招牌，需要在天时地利人和的基础下才能实行。所以当前的情况下，恢复使用华文招牌需要逐步展开"。

我们认为，我们要看到可喜的一面，那就是华文牌匾的再现，为华文的延续和发展展现了生机。同时，我们还要认识到，目前的华文教育与1966年以前已不同。正如宗世海和刘文辉[7]所讲，1966年以前印尼华文教育性质是侨民教育，20世纪90年代以来兴起的华文教育，其目的是弘扬华人文化，"前者重心在中国，有政治色彩，后者只谈印尼华族，是个一般概念"[7]。"因为华人已属于居留国公民，华人文化是包括了中华文化和当地文化的新文化。"[16]从这个角度来讲，不存在恢复华文牌匾的问题。华文牌匾应从维护华族利益、促进华族文化传承和健康发展的角度稳步推进，如增加使用福建话式的华文牌匾，这样既不醒目，又起到了传承华人文化的作用。

四、余　论

郭熙[17]指出，要加强“华语使用现状的研究”，“应该抓紧描写记录各地华语的现状，以积极解决华语传播中的各种问题”。从上文我们可以看出，在印尼，华文主要使用在医疗、教育和饮食领域，同时也面临着诸多挑战。既受到当地政策的影响，又受到方言和英语的影响。如何正确处理华文传播与印尼国家政策之间的矛盾，以及如何处理华语与方言以及英语的关系，是当前印尼华文传播的关键。印尼华人应当积极争取合法使用华语和华文的权利，创造更加有利于华文生存的良好社会环境。国家汉办和侨办等组织，应当进一步加强对印尼华文教育的支持，切实解决影响华文教育发展的瓶颈问题，积极做好当地政府的释疑增信工作。同时，要重视对棉兰和世界各地华语方言描写及其与普通话差异的研究。从上文我们可以看出，方言的使用仍然普遍，这不仅表现在华文牌匾上，还表现在当地华人日常语言交流上。而加强对世界各地华语方言的调查和研究意义重大，因为“事实告诉我们：了解方言，掌握方言，正是为了避免滥用方言，为了使普通话（华语）教学取得更佳效果的一项措施，是不容我们忽视的”[18]。其次，要进一步拓宽华文教育的思路，鼓励和帮助当地华人社团开展华语歌曲比赛、书法比赛、朗诵比赛、讲课比赛、中华烹饪比赛等，采取有效措施吸引印尼华裔，尤其是青少年参加比赛，从而减少方言和英语所带来的负面影响；协助进行职业培训，如培训厨师、汽车修理和中医师等，让华裔青年既可以接受语言培训，又可以接受比较好的职业训练，提升华语华文使用的空间。

参考文献

[1] 吴继光. 关于商业用语的几个问题 [J]. 徐州师范大学学报（哲学社会科学版），1998（4）：52～54.

[2] 韩喜玉. 西宁地区牌匾语言浅析 [J]. 青海民族研究（社会科学版），2003（1）：67～70.

[3] 郑梦娟. 当代商业店名的社会语言学分析 [J]. 语言文字应用，2006（3）：11～19.

[4] 范文嫣. 牌匾用语的语言特征和文化内涵 [J]. 湖北社会科学，2006（8）：115～116.

[5] 李现乐. 社会用字中的外文使用状况调查——以街道牌匾用字为例 [J]. 北华大学学报（社会科学版），2010（4）：64～70.

[6] 贝仲敏. 印尼西加重现华文 [N]. 福建侨报，2002－04－19.

[7] 宗世海，刘文辉. 印尼华文教育政策的历史演变及其走向预测 [J]. 暨南大学华文学院学报，2007（3）：1～18.

[8] 郑一省. 印尼棉兰华人族群融入主流社会初探 [J]. 华侨华人历史研究，2008（4）：71～76.

[9] 杨宏云. 印尼棉兰的华人：历史与特征 [J]. 华侨华人历史研究，2011 (1)：40 ~46.

[10] “中国语言生活状况报告”课题组. 中国语言生活状况报告 [M]. 北京：商务印书馆，2007.

[11] 郭熙. 论华语视角下的中国语言规划 [J]，语文研究，2006 (1)：13 ~17.

[12] 陈若芬. 马来西亚和印度尼西亚语言政策探析 [D]. 暨南大学硕士学位论文，2006.

[13] 韩旭. 现在已是华文招牌重出江湖之际 [N]. 印尼国际日报，2011 -12 -15.

[14] 容子. 挂华文招牌目前不适宜 [N]. 印尼国际日报，2011 -12 -19.

[15] 韩旭. 再谈华文招牌的使用 [N]. 印尼国际日报，2011 -12 -27.

[16] 黄昆章，陈维国. 关于印尼发展华文教育的几点思考 [J]. 东南亚纵横，2002 (12)：46 ~49.

[17] 郭熙. 论华语研究 [J]. 语言文字应用，2006 (2)：22 ~28.

[18] 詹伯慧. 谈谈方言和普通话——在新加坡华文研究会的讲话 [J]. 暨南大学学报（哲学社会科学），1988 (4)：92 ~98.

跨文化交际中的不虞现象

张鲁昌*

摘　要：“不虞现象”就是始料不及的现象。不虞现象不仅可以产生在语义层面和语用层面，还可能产生在文字层面、语音层面和语法层面。语义层面还可能产生在词汇层面和句子层面，而语用层面还可以包括文化层面和语境层面，而且这些不虞现象还可能相互交叉在一起出现。通过对大量跨文化交际中不虞现象产生层面的分析，找出其产生的原因及解决的方法，以免给言语交际造成某些障碍与不良后果。对不虞现象进行分析，也对对外汉语教学有所启发。

关键词：跨文化交际；不虞现象；对外汉语教学

“不虞现象”就是始料不及的现象。伍铁平认为语言使用中的不虞现象，可能产生在两个层面：语义层和语用层。[1] 但我们通过对大量跨文化交际现象的观察发现：“不虞现象”不仅可能产生在语义层面和语用层面，还可能产生在文字层面、语音层面和语法层面，语义层面还可能产生在词汇层面和句子层面，而语用层面还可以包括文化层面和语境层面，而且这些不虞现象还可能相互交叉在一起出现。在运用语言进行言语交际的过程中，“不虞现象”会使交际出现始料不及的新情况，产生意想不到的结果。结果当然有优劣好坏之别，我们这里着重要探讨的，主要是跨文化交际中不虞现象产生的各个层面及产生的原因，以免给言语交际造成某些障碍与不良后果。对不虞现象进行分析，也对对外汉语教学有所启发。

一、文字层面的不虞现象

文字层面的不虞现象主要是由书写形式引发的。网上有一则笑话是这样说的：

（1）一天老妈的同事在接待客户，拿着那客户手写的一张单子。

瞅了好久，弱弱地问：“木棍，你叫木棍？”

那客户脸都绿了，回：“我叫林昆！”

然后整个办公室在3秒内一片静寂……

* 张鲁昌，湛江师范学院人文学院讲师。主要研究方向为语用学与对外汉语教学。

由于该客户书写的不规范，别人会把他的名字认错，进而引起交际的尴尬。在跨文化交际中，这样的由文字书写引发的不虞现象也是存在的。

（2）2007 年 10 月 23 日中央四套节目播出报道《海外华人名字遇尴尬》，由于在英语中华人的姓氏是直接用拼音拼写而成，何、佘、游三个姓氏译成英语后在书面上就可能会出现类似下面这样的一些奇奇怪怪的句子：

She is He.

He is She.

I am You.

由于这些姓氏的拼音在英语中是有意义的，因此会产生这些奇奇怪怪的句子。要避免这类不虞现象的出现，可以使用以下方法：把何、佘、游等姓氏译成英语后，再加上名字，也可以在这些姓氏前加上“Mr.”、“Mrs.”或“Miss”，一般就不会引起误解了。

当 AIDS 进入中文的时候，有人将它译成“爱滋病”，就曾引起一些人的批评，更多的人主张译成“艾滋病”。这些都是由两套文字系统兼容时的一些不适应性所产生的一些文字层面的不虞现象。在将英语音译成汉语时，要尽量避免使用汉语现有的词或者几个语素组合后能产生与原义不同联想的词。

二、语音层面的不虞现象

在跨文化交际中，语音层面的不虞现象主要是由语音的偶然巧合引起的，其次，是由对对方语言的不熟悉引起的。如（3）和（4）两个例子。

（3）笔者正在给留学生上课，要求他们介绍一下假期的所见所闻。

韩国学生：我们到上海去旅游，去了动物园，还见到了“迷路”。

笔者：麋鹿是一种动物，又叫“四不像”。角像鹿，尾像驴，蹄像牛，颈像骆驼，但从整体看哪种也不像。

韩国学生：老师，不是，不是动物，是弯弯曲曲的路，很难走出来。我给你画一下。

笔者：哦，是“迷宫”啊！

韩国学生：对，在韩语里叫“迷路”。

（4）（室内剧《家有儿女 II》第 31 集）美国青年旅行者迈克有一个走遍世界的宏伟计划。迈克和孩子们见面后，大家被迈克的计划所感动，都准备跟随迈克去远行。家长（夏东海、刘梅）开始担心，并把迈克叫到家里进行交谈。

刘梅：迈克，欢迎你到寒舍来。

迈克：谢谢，你姓韩，谢谢韩夫人。

这两例中不虞现象的产生首先是由语音的偶然巧合导致的，其次，不了解对方语言中“迷路”和“寒舍”两个词的词义，导致了不虞现象的产生，所以这种不虞现象还涉及了词汇层面的问题。当然在例（3）中还涉及了语境（动物园）的问题。

三、语义层面的不虞现象

语义层面的不虞现象，常常是由歧义引发的。言语片断有歧义，但语言运用者没有察觉，而在语境中又没有排除歧义的机制，有时语境甚至强化了可能产生不良后果的那一种意义，于是引发说话人意想不到的问题。[1] 例（3）中的“动物园”语境就强化了“麋鹿”这一歧义的产生。语义层面的不虞现象往往是由于一词多义，而语境又没有排除其他义项，从而产生误解。如网络上的两则笑话。

（5）女同事买了部汽车，我问她：你买的是什么车？

她：汽车呀。

我：我是问你什么牌子！

她：牌子还没上呢！

（6）丢包人：警察叔叔，我的包丢了。

警察：放心吧，包在我身上。

丢包人：那你还我吧。

由于“牌子”有“品牌”和“号牌”两个义项，“包”有名词义项“装东西的口袋”和动词义项“把整个任务承担下来，负责完成”，而语境并不能完全排除任何一个义项，导致不虞现象的产生。

在跨文化交际中，这样的不虞现象也时常发生。例（7）是室内剧《家有儿女 II》第31集的一段，背景同例（4）。

（7）室内剧《家有儿女》：

刘梅：我们呀，就是尽一下地主之谊。

迈克：地主？地主在中国不是早就消灭了吗？

夏东海：迈克，他说的那个地主不是你理解的那个地主。你到我们国家来，我们就是地主，我们到了你们国家，你们就是地主。

迈克：明白了，明白了，在自己的国家就是地主。

汉语中“地主”一词有两个义项，迈克只知道一个义项，而刘梅和夏东海又没能解释清楚，导致了迈克的误解。

表现在语义层面的不虞现象还有很多，尤其是在把一些汉语品牌名称译成英语时，更是出现了许许多多始料未及的现象。例如，White Elephant（白象牌电池）、Fang Fang（芳芳牌唇膏）、Dabao SOD（大宝 SOD 蜜）、Golden Cock（金鸡牌鞋油）、Dragon（龙牌卷闸）等。White Elephant 在英语里一般会理解成“大而不当或无用之物”，曾被一些国王赐予臣下以示惩罚。汉语拼音“fang”正好与英语中的单词

“fang”同形。而“fang”在英语中被释义为“a long，sharp tooth，esp. of dogs and wolves”（长而锋利的牙齿，尤指狗和狼的牙齿）和“a snake's poison tooth”（蛇的毒牙）。在英语字典中，“sod”被定义为“something or someone considered unpleasant”，是用作骂人的禁忌语，而“cock”的另一个含义更是难以启齿的禁忌语。[2]

除了词义层面，句子层面也可能引发不虞现象。句子层面的不虞现象常常是由于对整句话的理解失误引发的，如（8）。[3]

（8）一个美国留学生拜访他的中国老师。

美国留学生：你的太太很漂亮！

（老师的妻子脸红了）

老师：哪里，哪里。

（学生纳闷老师为什么要问他的妻子哪儿最漂亮）

美国留学生：脸漂亮，眼睛也漂亮，鼻子也漂亮，都漂亮。

老师：……

留学生对“哪里，哪里”的句义理解失误引发语义层面的不虞现象。而句子层面也常常与语用层面相互交叉，形成一种语义和语用因素混杂在一起的不虞现象。

四、语法层面的不虞现象

语法层面的不虞现象常常是由语法结构的歧义或对语法结构的理解失误引起的。我们再看网络上的两则笑话。

（9）小朋友A掉进路边井里，大声呼救。小朋友B听见，问：你没事儿吧？

A忙说：快叫我爸！

B：不管你了，凭什么让我叫你爸！

（10）一位外国人到市场上买鳖，他走到卖鳖的人跟前问：你这鳖是怎么卖的？

卖主一听大为不悦。

在上面两例中，说话人使用领属关系对“我爸”和“你这鳖”进行编码，但受话人使用了同位关系对其进行解码，以致产生误解，导致交际产生说话人没有料想到的后果。[3]

（11）室内剧《家有儿女II》第31集，背景同例（4）。

刘梅：你父母是做什么的呀？

迈克：我不知道。

刘梅：“我不知道”是做什么呀？

迈克：他们做什么，我怎么知道。我不知道他们正在干什么。

此例中不虞现象的产生是由于迈克对“是做什么的”这一语法结构用来询问职业的理解失误造成的，即他把“是做什么的”理解成了“正在干什么”。

五、语用层面的不虞现象

语用层面的不虞现象可能产生于文化层面和语境层面。首先我们来看文化层面产生的不虞现象。

(12) 室内剧《家有儿女II》第31集，背景同例(4)。

刘梅：我问的，是你父母的职业。

迈克：这是警察问的问题。我父母的职业，跟我都没有什么关系，跟别人就更没有关系了。

夏东海：我听说我们的孩子要跟你去周游世界?

迈克：你去问他们自己吧。

中美文化的差异导致刘、夏与迈克的交际并不顺利。又如在一次运动会上，一位教师跑完100米，并取得了冠军。回来后，他的外国学生迎上去夸奖说："老师，您跑得像狗一样快!"这显然是误用了本族语中的文化观念。在西方，常将狗视为家庭成员，但在汉文化中狗往往是负向文化倾向，多为贬义。[4]

语境方面的不虞现象以赵本山和宋丹丹表演的小品《马甲》中的一段最为典型(13)。

(13) 赵：这样吧，大妹子我给你讲个小笑话，我给你打开一下尴尬局面。这笑话老招笑了，我这半辈子就指这笑话活着。说，有一只老虎，被蛇咬了一口，老虎急了，就想把这蛇踩死，追啊追追追，追到一个小河边，这蛇，钻水里去了，老虎就在河岸上就这么等，小样的我就不信你不出来。不一会，从里面钻出来一只王八，老虎上去就把它按住了，"小样，你穿个马甲我就不认识你了?"哈哈哈哈，哈哈哈哈哈，哈哈。

宋：(眼神)

赵(看到了宋穿的马甲)：大妹子，我重讲，我讲错了啊。不对，是一个王八钻水里去了，完事出来一条蛇，(宋脱马甲)老虎说了，"你把马甲脱了我照样认识你!"大妹子，你看你，我给你讲笑话，你老整个马甲配合我干啥?

由于赵只顾在那儿讲笑话，没有注意到宋穿着马甲，后来又没注意到宋脱了马甲，对语境的忽视导致宋极大不悦。在跨文化交际中，忽视语境而导致的不虞现象也有一些，如《洋妞在北京》中一位嫁进北京四合院的洋妞，事事以中国媳妇的标准要求自己，居然在公厕门口，端着痰盂跟刚从厕所出来的同院打招呼："大爷，您吃了吗?"[4]

这令人哭笑不得的失误是由于这位洋妞只注重了语言的形式和内容，却完全忽视了具体的语境。

六、结　语

不虞现象可产生于文字、语音、语义、语法和语用等多个层面。无论哪个层面的不虞现象，我们都应该尽量避免——虽然有时这种不虞现象可能会带给我们意想不到的笑料或幽默，但它毕竟影响到了人们之间正常的交际，也达不到彼此沟通的效果。在对外汉语教学中，教师尤其应注意书写规范、语音正确、正确解析语义语法、注重语用规范，对于已经产生的不虞现象，要找出其产生的原因，并找到相应的解决办法，以使我们的教学取得良好的效果。

参考文献

[1] 伍铁平. 普通语言学概要 [M]. 北京：高等教育出版社，2006.

[2] 郝钦海. 广告语言中的跨文化语用失误——简析中译英广告语言 [J]. 外语教学，2000 (3)：26～31.

[3] 杨宏. 跨文化交际与外语教学 [M]. 西安：西北农林科技大学出版社，2005.

[4] 毛嘉宾. 外国人学汉语的语用失误成因探析 [J]. 云南师范大学学报，2003 (3)：12～16.

后 记

湛江师范学院人文学院对外汉语（现为汉语国际教育）专业自2003年创立以来，经过了10年的发展，现已成为广东省培养对外汉语师资的重要基地。从2003年第一次招生，2007年第一届毕业生走出校门，到现在已经培养出7届共400多名学子。他们带着对外汉语专业教师和领导的殷切希望，走出校门，或者从事汉语教学工作，或者继续深造。

经过认真筛选，我们这本《汉语国际教育研究》共收入10位教师和15位对外汉语专业毕业生的29篇科研论文。作者中有长期从事汉语教学、研究及领导工作的教授、博士，有刚走上教学岗位的年轻教师，也有从湛江师范学院对外汉语专业毕业的校友。论文涉及专业建设、教学改革、教材研究、课堂教学、网络与多媒体、对比研究和汉语研究等方面，涉及对外汉语和汉语国际教育所面临的各种问题。不同的视角、不同的感受、不同的风格，将湛江师范学院对外汉语师生深入思考、勇于探索的风貌呈现在读者面前。15位校友的论文都是优秀毕业论文压缩之后的结果，也间接反映了指导教师的研究能力。

我们深深知道，汉语国际教育是一个广阔的领域，新理论、新观点层出不穷，同时新的问题每天都出现在我们面前。这本《汉语国际教育研究》只能算浩瀚大海的几朵浪花，不可能反映领域的各个方面。很多方面还需要继续探索，很多问题还需要深入思考。我们真诚地希望，这本论文集可以为从事国际汉语教学的教师提供一点参考。倘若如此，我们的目的就达到了。

论文集的编辑和出版，得到了湛江师范学院人文学院几任领导的大力支持，也得到了朱城、熊家良、程可拉、刘惠卿等教授主持项目的基金资助，在此一并表示谢意。同时感谢编辑们的热情支持和精心审稿。

编 者

2013年11月2日

于广东湛江师范学院